# Indice

# Introduzione

Microsoft Access è uno strumento per creare *database*, raccolte strutturate di dati sulle attività di un singolo ufficio o di un'intera azienda. Un database è un componente software creato come base per i dati (da qui il suo nome) di un'*applicazione gestionale*, che è un insieme di programmi per gestire le attività di un'organizzazione.

Per realizzare una buona applicazione gestionale servono l'esperienza del manager dell'impresa che utilizza quella applicazione e la creatività del programmatore che la realizza.

"Sposiamoci!" – disse una avvenente ammiratrice a George Bernard Shaw – "Con la mia bellezza e la sua intelligenza nostro figlio sarà un essere perfetto!".

"Signora .... e ... se avesse la *mia* bellezza e la *sua* intelligenza?"

Ecco.

Access è uno strumento per evitare che l'applicazione abbia la creatività del manager e l'esperienza gestionale del programmatore.

È un sistema che agevola il dialogo fra i due esperti, quello di programmazione e quello di gestione aziendale, perché consente di realizzare in poche ore il prototipo di un'applicazione gestionale per esaminarlo e concordare modifiche, miglioramenti, aggiunte di funzionalità, sulla base di uno schema di riferimento comune.

Una volta raggiunta l'intesa sugli obiettivi e le caratteristiche dell'applicazione, con Access è facile modificare il prototipo e trasformarlo in uno strumento software di qualità professionale, sfruttando i numerosi strumenti di sviluppo di cui è dotato, alcuni molto semplici e intuitivi da usare, altri più complessi, ma più potenti.

Questo libro presenta una panoramica completa delle funzionalità di Microsoft Access per farle conoscere a chi è interessato sia alle applicazioni gestionali ... sia a una matrimonio senza rischi.

***Le versioni di Access***
*Esistono in commercio diverse versioni di Microsoft Access, distinte una dall'altra da un indicativo numerico, che per quelle più recenti è l'anno di immissione nel mercato. Le schermate e gli esempi presentati in questo libro sono stati creati con Access 2003, che si differenzia dalle versioni precedenti (2000 e 2002) soltanto per poche funzionalità avanzate, che qui non trattiamo perché interessano soltanto gli specialisti: il libro, quindi, può essere utile a chiunque disponga di una versione di Access dalla 2000 in poi.*

Marco Ferrero
*Milano, aprile 2005*

ferrero_m@libero.it

## Convenzioni utilizzate nel libro

Nel libro sono presenti alcune icone che identificano tipi particolari di informazioni relative agli argomenti trattati.

***Terminologia*** *Il testo in questa sezione spiega termini nuovi o poco familiari.*

***Suggerimenti*** *Questa icona contrassegna spunti e consigli per risparmiare tempo ed evitare confusioni, come per esempio il modo più semplice per eseguire una determinata operazione.*

***Attenzione*** *Accanto all'icona di attenzione sono riportate indicazioni da non trascurare per evitare le difficoltà in cui gli utenti, soprattutto alle prime armi, possono imbattersi.*

## Capitolo 1

# Un'applicazione dimostrativa

Non è possibile attivare Access e iniziare a utilizzarlo senza aver prima preso confidenza con gli strumenti di cui è dotato e con gli elementi che costituiscono un database.

Per prendere confidenza con Access, inizieremo con l'esame di un'applicazione realizzata con questo strumento e che viene distribuita insieme con il prodotto. I file creati con Access si distinguono per l'estensione *.mdb* associata al loro nome, e il file dell'applicazione che ci interessa si chiama *Northwind.mdb* e si trova al termine del percorso C:\Programmi\Microsoft Office\OFFICE11\SAMPLES, che viene creato quando si installa Access 2003 insieme con Microsoft Office 2003.

Apriamo quindi Access selezionandone il nome ufficiale (MICROSOFT OFFICE ACCESS 2003) dal menu *Start* di Windows. Si apre la finestra dell'applicazione Access, dove scegliamo il comando *Apri* dal menu *File*, facendo così aprire una finestra di dialogo, tramite la quale andiamo in cerca del file Northwind.mdb e quando lo abbiamo trovato premiamo il pulsante *Apri*. Si apre la schermata riprodotta nella Figura 1.1, che ha lo scopo di spiegare le caratteristiche dell'applicazione.

Un clic sul pulsante OK chiude questa schermata e subito dopo compare quella riprodotta nella Figura 1.2, che nel titolo porta la dicitura *Pannello comandi principale*. Questa schermata è una *maschera*, uno degli elementi strutturali di Access, che si utilizza per presentare informazioni, acquisire dati ed eseguire comandi. In questo caso specifico, la maschera PANNELLO COMANDI PRINCIPALE serve per mettere a disposizione dell'utente sette comandi diversi, che si attivano facendo clic sui *pulsanti di comando*, elementi grafici di forma rettangolare che portano al loro interno una dicitura.

Quando si appoggia il puntatore del mouse su uno dei pulsanti del PANNELLO COMANDI PRINCIPALE, compare una scritta esplicativa su fondo giallo, come vediamo nella figura, che chiarisce l'effetto che si otterrebbe facendo clic su quel pulsante.

**Figura 1.1** La schermata esplicativa che si attiva quando si apre il file Access Northwind.mdb.

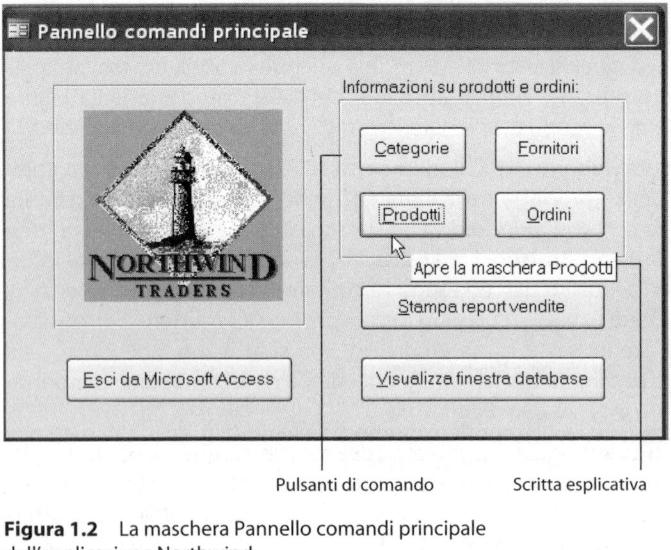


**Figura 1.2** La maschera Pannello comandi principale dell'applicazione Northwind.

Quattro pulsanti di comando – con le diciture *Categorie, Fornitori, Prodotti, Ordini* – sono racchiusi in un riquadro con la scritta *Informazioni su prodotti e ordini.* Un clic su uno di questi pulsanti fa scomparire la maschera PANNELLO COMANDI PRINCIPALE e apre al suo posto la maschera corrispondente alla dicitura del pulsante. Nella Figura 1.3 vediamo la maschera PRODOTTI, aperta con questa procedura.

L'intera maschera è caratterizzata come una tipica finestra Windows, con una barra del titolo di colore azzurro che contiene un titolo in bianco e i tre pulsanti per chiudere, ridurre a icona e ripristinare la finestra. La maschera può essere spostata come una normale finestra Windows, agganciando col mouse la barra del titolo e trascinandola ed è anche possibile ridimensionarla trascinandone i bordi.

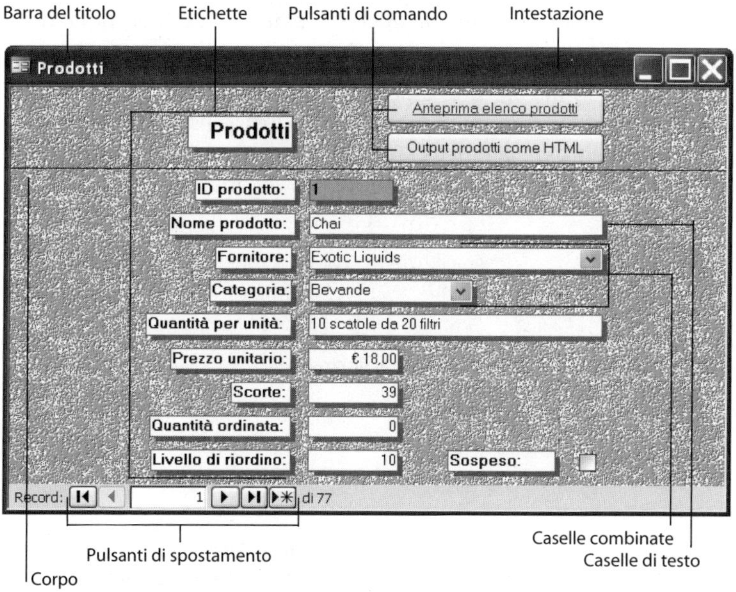


**Figura 1.3** La maschera Prodotti e i suoi controlli.

La maschera PRODOTTI contiene numerosi elementi grafici, chiamati genericamente *controlli*, che la rendono più ricca di funzionalità della maschera precedente ed è concepita per visualizzare una serie di dati sui prodotti commercializzati dalla società Northwind, che opera nel settore degli alimentari confezionati. I dati sono conservati in una tabella, formata da tante righe quanti sono i prodotti commercializzati; queste righe sono dette anche *record*. Ogni riga è suddivisa in segmenti, detti *campi* o *colonne*, ciascuno dei quali contiene un dato specifico di quel prodotto. I contenuti dei campi sono visualizzati nelle *caselle di testo* e nelle *caselle combinate* della maschera, mentre una descrizione del loro significato è contenuta nelle *etichette*.

Le caselle combinate si distinguono dalle caselle di testo perché hanno un pulsante all'estremità destra: un clic su quel pulsante fa scendere un elenco dei valori predefiniti che è possibile selezionare per il campo al quale la casella combinata fa riferimento.

Le caselle di testo, le caselle combinate e le etichette sono raggruppate nella sezione centrale della maschera, detta *Corpo*, separata tramite una sottile linea di divisione da una sezione superiore, detta *Intestazione*, nella quale si trovano un'etichetta e due pulsanti di comando.

Nell'angolo inferiore sinistro della maschera si trova un insieme di controlli che forma un tutto unico chiamato *pulsanti di spostamento* e che vediamo nella Figura 1.4. Agendo su questi pulsanti si passa da un record a un altro della tabella sulla quale è basata la maschera, visualizzando il contenuto dei campi del record sul quale ci si è spostati.

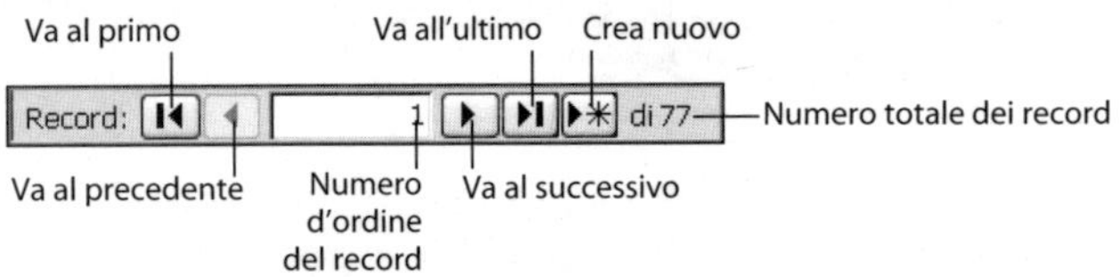


**Figura 1.4** I pulsanti di spostamento di una maschera.

I cinque piccoli riquadri che contengono un triangolino nero sono pulsanti di comando e facendovi sopra un clic si ottiene l'effetto descritto nella figura. All'estrema destra dei pulsanti compare il numero totale dei record contenuti nella tabella. Ogni volta che ci si sposta da un record all'altro il suo numero d'ordine appare nella casella di testo che sta in mezzo ai pulsanti. È possibile portarsi istantaneamente su un record digitando il suo numero d'ordine in questa casella (sovrascrivendo il numero visualizzato al momento) e premendo poi il tasto Invio.

Nella sezione *Intestazione* della maschera PRODOTTI troviamo, oltre all'etichetta, due pulsanti di comando, che portano le diciture *Anteprima elenco prodotti* e *Output prodotti come HTML*. Un clic su quest'ultimo pulsante avvia un breve ciclo di elaborazione, segnalato da una finestra di messaggio, che si conclude con l'apertura del browser Internet Explorer sul documento in formato HTML che possiamo vedere nella Figura 1.5.

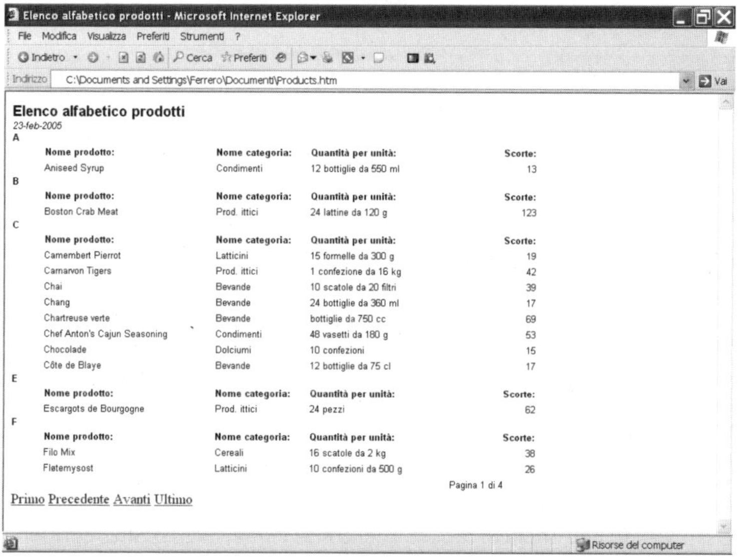


**Figura 1.5** L'elenco dei prodotti Northwind generato automaticamente dal pulsante di comando della maschera Prodotti.

Il documento che vediamo nella figura è un file chiamato PRODUCTS.HTM, che è stato creato automaticamente e salvato nella posizione C:\Documents and Settings*[nome utente]*\Documenti\. Il contenuto del file è quello della tabella PRODOTTI, opportunamente riorganizzato per agevolarne la consultazione.

Possiamo chiudere Internet Explorer e tornare ad Access (che è rimasto attivo) e provare l'effetto che si ottiene facendo clic sul pulsante di comando con la dicitura *Anteprima elenco prodotti*.

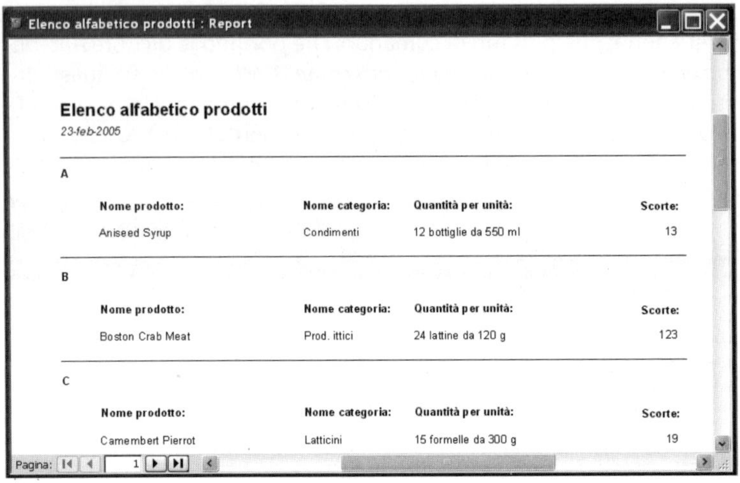


**Figura 1.6** Il report Elenco alfabetico prodotti visto in anteprima di stampa.

Questa volta si provoca l'apertura di una finestra di lavoro Access che visualizza un report, cioè un documento destinato alla stampa su carta, che contiene una selezione strutturata dei dati contenuti nella tabella PRODOTTI sulla quale si basa la maschera PRODOTTI. I report, come le maschere e le tabelle, sono elementi strutturali di Access. Possiamo vedere come si presenta il report nella Figura 1.6.

Osserviamo che anche il report, così come viene visualizzato, contiene nell'angolo inferiore sinistro i pulsanti di spostamento, che in questo caso servono per passare da una pagina all'altra.

Chiudiamo il report facendo clic sul suo pulsante di chiusura all'estrema destra della barra del titolo e chiudiamo anche la maschera PRODOTTI con lo stesso sistema.

Torna ad aprirsi la maschera PANNELLO COMANDI PRINCIPALE, nella quale selezioniamo il pulsante di comando CATEGORIE, facendo così ridurre a icona il PANNELLO COMANDI e provocando l'apertura della maschera CATEGORIE, che vediamo nella Figura 1.7.

I 77 prodotti commercializzati dalla Northwind sono raggruppati in otto categorie. La maschera CATEGORIE visualizza i record della tabella CATEGORIE e contemporaneamente, per ciascuna categoria, elenca i prodotti che ne fanno parte. Questa doppia visualizzazione viene ottenuta utilizzando una seconda maschera, basata sulla tabella PRODOT-

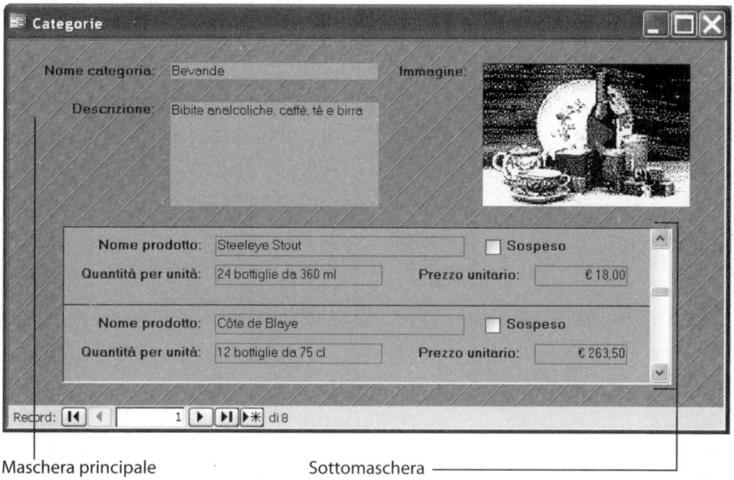


**Figura 1.7** La maschera Categorie contiene una sottomaschera.

TI, che si trova all'interno della maschera CATEGORIE e per il suo ruolo subalterno prende il nome di *sottomaschera.* I record della sottomaschera si possono visualizzare agendo sulla barra di scorrimento verticale che si trova all'estremità destra della sottomaschera. Anche la maschera ORDINI, attivabile direttamente dal PANNELLO COMANDI PRINCIPALE, contiene una sottomaschera.

Gli oggetti software che abbiamo visto finora – maschere, sottomaschere e report – servono per agevolare l'accesso ai dati gestionali della società, hanno cioè una funzione di *interfaccia* fra l'utente e i dati effettivi sulla gestione, che sono conservati in tabelle, che nel loro insieme formano il database propriamente detto. Per esaminare il database e capirne le caratteristiche dobbiamo abbandonare la maschera PANNELLO COMANDI PRINCIPALE e passare alla finestra Database, cosa che otteniamo facendo clic sul pulsante di comando con la dicitura *Visualizza finestra database.*

## La finestra Database

La chiusura del PANNELLO COMANDI PRINCIPALE rende visibile la finestra dell'applicazione Access, che contiene al suo interno la finestra DATABASE. Diversamente dagli altri strumenti di Office quali Word o Excel, che possono contenere più documenti o più cartelle di lavoro aperti

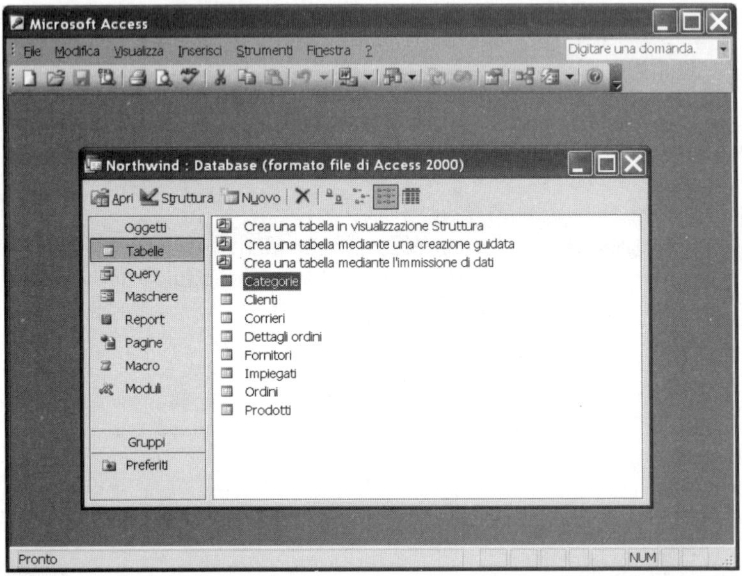


**Figura 1.8** La finestra dell'applicazione Access contiene la finestra Database aperta sul file Northwind.mdb.

entro la finestra dell'applicazione, in Access è possibile lavorare su un solo file .mdb per volta, il cui contenuto viene visualizzato nella finestra Database, che vediamo nella Figura 1.8.

La finestra dell'applicazione (cioè, quella di Access) contiene una barra dei menu e una barra degli strumenti chiamata *Database*. La finestra Database vera e propria si trova all'interno della finestra dell'applicazione ed è dotata di una sua barra degli strumenti e di una barra specifica, disposta in verticale sulla sinistra, chiamata *Barra Oggetti*, nella quale sono elencate sette voci: un clic su una di queste voci fa comparire nel pannello che si trova a destra della *Barra Oggetti* l'elenco degli oggetti Access presenti nel file .mdb che è stato aperto. Il nome del file Access compare, senza estensione, nella barra del titolo della finestra Database, seguito da un'indicazione fra parentesi, che dice:

(formato file di Access 2000)

anche se si sta lavorando con una versione successiva (2002 o 2003) di Access: il formato dei file per la versione 2000 di Access è utilizzato senza problemi dalle versioni successive, ma non è vero il contrario, per cui il formato predefinito è quello di Access 2000, che va bene per tutte le versioni recenti.

Un file Access può contenere sette tipi di oggetti diversi, due dei quali (le maschere e i report) abbiamo visto all'opera nelle pagine precedenti. Dei restanti cinque, i più importanti in assoluto sono le *tabelle*, strutture logiche predisposte per accogliere i dati e che nel loro insieme formano il database vero e proprio.

Le *query* sono tabelle virtuali, costruite con elementi tratti dalle tabelle fisiche mediante istruzioni formulate con un linguaggio interno ad Access che si chiama *Structured Query Language* (SQL).

La voce *Pagine* della *Barra Oggetti* apre un pannello che dà accesso alle *pagine di accesso ai dati*, oggetti simili alle maschere, costruiti con il linguaggio HTML e che risiedono fuori dal file .mdb.

Le *macro* sono programmi predefiniti in un altro linguaggio interno ad Access, chiamato Visual Basic for Applications (VBA), utilizzabili per eseguire elaborazioni specifiche di varia natura (presentare una finestra di messaggio, trasferire un insieme di dati, selezionare un valore in una tabella e così via).

I *moduli* sono programmi in Visual Basic for Applications scritti liberamente da chi sviluppa l'applicazione Access.

A eccezione delle pagine di accesso ai dati, tutti gli oggetti in cui si può articolare un'applicazione Access risiedono in un unico file.

## Tabelle

L'applicazione Northwind che stiamo esaminando utilizza otto *tabelle fisiche* o *tabelle di base*, che sono accessibili dal pannello *Tabelle* della finestra Database. L'applicazione è stata creata per gestire gli ordini dei clienti della società. Questi clienti sono distributori di prodotti alimentari confezionati, sparsi in tutto il mondo. La società Northwind acquista prodotti da vari fornitori e li vende ai suoi clienti. Gli ordini dei clienti vengono acquisiti da nove impiegati, che trattano con i responsabili acquisti delle società clienti. Le merci vendute vengono fatturate e spedite mediante corrieri. Per seguire l'attività commerciale sono state create le tabelle elencate nella pagina seguente.

Dal pannello *Tabelle* della finestra Database è possibile esaminare il contenuto di ciascuna tabella, per vedere i record in cui si articola e il contenuto dei campi di ogni record.

| | |
|---|---|
| **Clienti** | Dati sui clienti che acquistano i prodotti commercializzati dalla Northwind. |
| **Prodotti** | Dati sui prodotti commercializzati. |
| **Categorie** | Criteri di classificazione dei prodotti |
| **Fornitori** | Dati sui fornitori dei prodotti commercializzati. |
| **Ordini** | Dati sugli ordini emessi dai clienti finali. |
| **Dettagli ordini** | Elenco dei prodotti richiesti nei singoli ordini. |
| **Impiegati** | Dati sul personale commerciale. |
| **Corrieri** | Dati sui corrieri che consegnano le merci vendute. |

Per esaminare il contenuto di una tabella basta selezionarla facendo clic sul suo nome nel pannello *Tabelle* e quindi fare clic sul comando *Apri* nella barra degli strumenti della finestra Database, oppure, più semplicemente, si fa doppio clic sul nome della tabella da aprire. La Figura 1.9 mostra il contenuto parziale della tabella PRODOTTI.

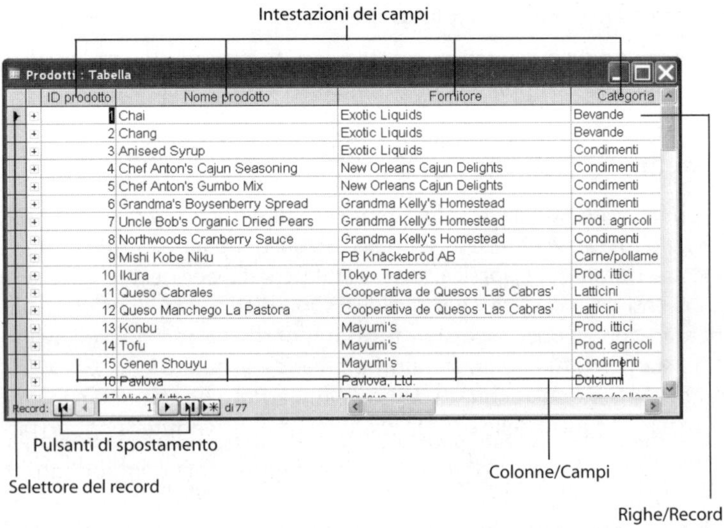


**Figura 1.9** La tabella Prodotti aperta in visualizzazione Foglio dati.

*In Access si hanno a disposizione fino a sei modi diversi per eseguire qualunque comando: per non tediare eccessivamente i lettori, ci limiteremo a indicarne al massimo due, come in questo caso, oppure uno solo, lasciando a chi ci legge il compito di scoprire le modalità alternative per emettere i singoli comandi.*

Quando viene aperta all'interno del panello *Tabelle* della finestra Database, una tabella si presenta con una struttura molto simile a quella di un foglio di lavoro Excel e questa modalità di visualizzazione viene detta *Foglio dati*.

I record di una tabella hanno tutti la stessa struttura e ogni campo ha un nome, che lo identifica e che nella visualizzazione Foglio dati compare come intestazione. Per esaminare i campi che non sono visibili nella finestra si scorre la tabella in orizzontale agendo sulla barra di scorrimento orizzontale posta alla sua base.

Per esaminare i singoli record si può utilizzare indifferentemente la barra di scorrimento verticale oppure i pulsanti di spostamento.

Per modificare il contenuto di un campo si fa clic sul campo che interessa e si digita da tastiera il nuovo valore: la modifica diventa effettiva quando si fa clic su un altro record. Si può eliminare un record selezionandolo per intero con un clic sul *selettore del record* (la casella con il triangolino nero posta all'estremità sinistra di ogni record) e quindi dando il comando *Elimina record* dal menu *Modifica* oppure premendo il pulsante *Elimina record* nella barra degli strumenti di Access. Le modifiche fatte al contenuto di una tabella vengono salvate automaticamente da Access, senza l'intervento dell'operatore.

*Raccomandiamo vivamente di non modificare in alcun modo l'applicazione Northwind, che è bene conservare integra per poterla consultare e ricavarne spunti e idee per il proprio lavoro. Se si desidera intervenire sui dati e sulle strutture, è opportuno fare prima una copia del file Northwind.mdb e lavorare sulla copia.*

I nomi dei campi, l'ordine con cui si succedono nel record, la tipologia dei dati che possono contenere e altre caratteristiche importanti di una tabella ne determinano la struttura, che può essere esaminata (e modificata) aprendo la tabella in visualizzazione *Struttura*, anziché Foglio dati.

Chiudiamo quindi la tabella PRODOTTI facendo clic sul suo pulsante di chiusura all'estrema destra della barra del titolo, torniamo a selezionarla e facciamo clic sul pulsante *Struttura* nella barra degli strumenti della finestra Database. La struttura della tabella PRODOTTI è riportata nella Figura 1.10.

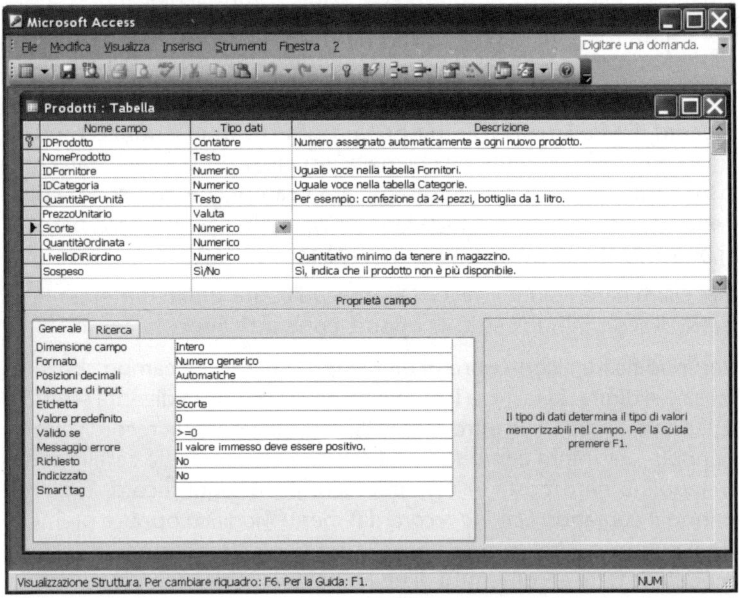


**Figura 1.10** La tabella Prodotti aperta in visualizzazione Struttura.

La schermata *Struttura* di una tabella è articolata in due pannelli. In quello superiore si hanno a disposizione tre colonne – *Nome campo, Tipo dati* e *Descrizione* – per definire i nomi dei campi, il tipo di dato che ciascun campo potrà contenere e per annotare una descrizione del significato e del ruolo del campo.

Nella colonna *Nome campo* si digita un nome per il campo: questo nome identifica univocamente il campo distinguendolo dagli altri nella stessa tabella, quindi non sono consentite ripetizioni. Il nome può essere lungo al massimo 64 caratteri (di solito se ne usano meno), deve cominciare con una lettera e non può contenere segni di interpunzione o altri caratteri diversi dalle 26 lettere dell'alfabeto, a eccezione del trattino basso ( _ ), detto in inglese *underscore*. Anche se lo spazio è ammesso all'interno del nome di un campo è opportuno evitare di usarlo, perché la presenza di spazi nei nomi dei campi complica leggermente il loro utilizzo con i linguaggio di programmazione di Access (SQL e VBA).

Le caselle della colonna *Tipo dati* sono tutte caselle combinate, come si vede dalla figura, perché un campo può contenere soltanto dati di uno fra i tipi predefiniti previsti da Access. Approfondiremo questo aspetto più avanti, per ora basterà ricordare che un campo con *Tipo dati* `Numerico` non può contenere stringhe di testo, mentre in un campo con tipo dati `Testo` qualunque stringa di caratteri viene considerata testo, anche se formata da cifre.

La colonna *Descrizione* serve per annotare una descrizione del contenuto del campo; questa descrizione è utile per ricordare meglio le caratteristiche del campo e le sue finalità; la descrizione è facoltativa, ma è sempre opportuno digitarne una per ogni campo.

Il pannello inferiore della finestra Struttura si intitola *Proprietà campo* e presenta, per ogni campo selezionato nel pannello superiore, una serie di opzioni per impostare le *proprietà*, cioè il modo di operare di quel campo.

Le proprietà di un campo variano a seconda del suo *Tipo dati* e possono essere impostate selezionandole da un elenco chiuso, che compare in una casella combinata, come vediamo nella Figura 1.11, oppure digitate direttamente nella casella di una proprietà che prevede l'immissione di una stringa o di un valore (è il caso delle proprietà *Valido se* e *Messaggio errore*, che si vedono nella Figura 1.10). Quando si seleziona una casella nel pannello superiore o in quello inferiore, sul lato destro della finestra compare una scritta esplicativa, che dovrebbe servire come guida per la scelta del dato da immettere: malauguratamente, i testi di questi suggerimenti sono molto spesso criptici, probabilmente perché devono essere contenuti in uno spazio ristretto. Un orientamento più chiaro si può ottenere premendo il tasto di funzione F1 dopo aver selezionata una casella: si apre una sezione della Guida in linea di Access su quell'argomento, che di norma è più articolata e leggermente meno oscura.

La casella della proprietà *Etichetta* può contenere una stringa di testo che presenta in maniera più elegante il nome del campo: se selezioniamo nel pannello superiore i campi IDPRODOTTO o QUANTITÀPERUNITÀ, vediamo che per questi campi è stata impostata la proprietà *Etichetta* rispettivamente su `ID prodotto` e `Quantità per unità`; l'etichet-

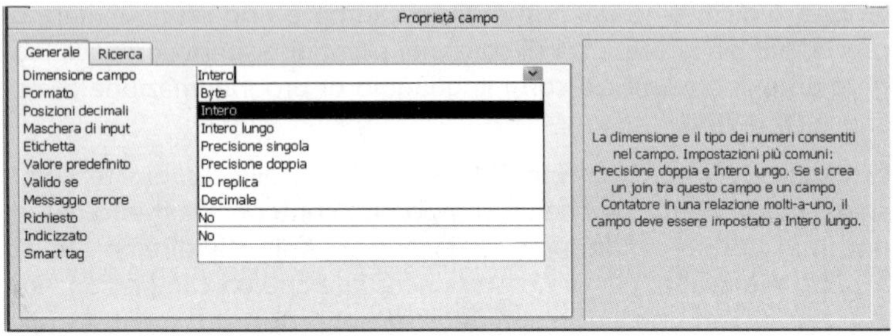


**Figura 1.11** Le opzioni per la proprietà Dimensione di un campo di tipo Numerico.

ta definita in questo modo compare nell'intestazione della colonna al posto del suo nome quando la tabella viene aperta in visualizzazione Foglio dati.

Approfondiremo il significato delle altre proprietà dei campi nel resto del libro, per ora possiamo chiudere la finestra Struttura e passare a esaminare un altro aspetto delle tabelle, essenziale ai fini del funzionamento del database.

`Relazioni` Se proviamo ad aprire in visualizzazione Struttura tutte le otto tabelle del database Northwind notiamo che il primo campo (o i primi due o tre) di ogni tabella contiene l'icona di una chiave a sinistra del suo nome, nella casella riservata al selettore del campo. Quella icona segnala che quel campo (o quel gruppo di campi) ha la funzione di *chiave primaria* nella tabella. Che cosa significa?

Supponiamo di avere una tabella Persone i cui record sono composti dai campi Nome, Cognome e Residenza. Se la tabella contiene molti record, la probabilità che esista più di un Antonio Rossi residente a Milano è molto elevata. Possiamo distinguere i record uno dall'altro aggiungendo alla tabella Persone un campo supplementare, che contiene un codice numerico o di altro tipo, diverso per ciascun record, che lo identifica in modo univoco. Questo campo prende il nome di *chiave primaria* e può essere, semplicemente, un numero progressivo.

La chiave primaria non deve necessariamente coincidere con un campo, ma può essere composta da più campi, che vengono gestiti come un valore unico: è il caso della tabella Dettagli ordini nel database che stiamo esaminando, la cui chiave primaria è composta dai campi IDOrdine e IDProdotto.

Le otto tabelle del database contengono ciascuna dati specifici ed esclusivi dell'entità che rappresentano (clienti, fornitori, prodotti e così via). Fra queste entità esistono alcune relazioni importanti: ogni ordine è stato emesso da un cliente, è stato ottenuto da un impiegato e fa riferimento a uno o più prodotti (la tabella Dettagli ordini). Queste relazioni sono vincolanti e asimmetriche, vale a dire: non può esistere un ordine se non c'è un cliente che lo ha emesso (vincolo) e, mentre un cliente può emettere più ordini (cosa auspicabile), non è concepibile un ordine emesso da più clienti (asimmetria).

Relazioni di questo tipo nel gergo dei database si chiamano *uno a molti*, e valgono, nel nostro caso, per le coppie di tabelle Clienti (*uno*) e Ordini (*molti*), Categorie (*uno*) e Prodotti (*molti*) e così via.

Possiamo vedere quali relazioni sono state impostate per il database Northwind facendo clic sul pulsante *Relazioni* nella barra degli strumenti *Database* oppure selezionando il comando *Relazioni* dal menu *Strumenti*: compare la finestra che vediamo nella Figura 1.12.

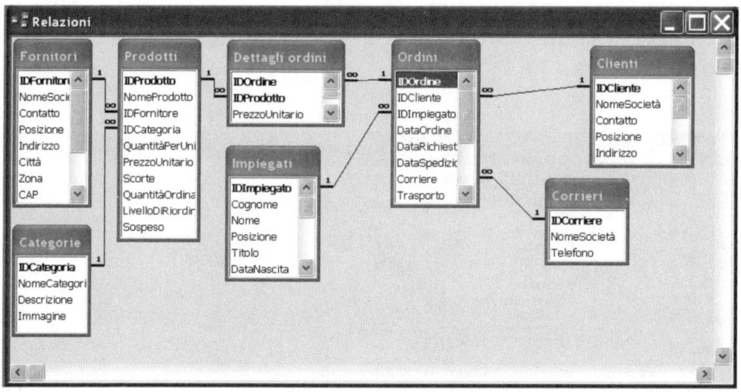


**Figura 1.12** Le relazioni fra le tabelle del database Northwind.

Il simbolismo grafico utilizzato per identificare le relazioni in questa finestra è molto intuitivo: accanto alla chiave primaria della tabella che si trova dal lato *uno* di una relazione *uno a molti* c'è un numero 1 e compare il simbolo dell'infinito () a fianco del campo della tabella che si trova dal lato *molti*.

Il campo che, nella tabella dal lato molti, si aggancia con la chiave primaria della tabella dal lato uno si chiama *chiave esterna* e *non* può essere chiave primaria nella tabella dal lato molti, anche se, come nell'esempio che stiamo vedendo, porta lo stesso nome della chiave primaria della tabella con la quale si aggancia.

Le relazioni si impostano con comandi particolari, che vedremo in un altro capitolo. Per il momento diamole per conosciute e passiamo a esaminare un altro pilastro dei database Access, le query.

## Query

La parola *query* in inglese vuol dire domanda o interrogazione ed è proprio questa la funzione delle query in Access: interrogare una o più tabelle del database per ottenere, in risposta, un insieme di record formati da campi selezionati in base a determinati criteri. L'applicazione Northwind contiene 21 query, che servono per generare tabelle virtuali utilizzate da maschere e report.

Proviamo a esaminarne una, selezionandola query PRODOTTI PER CATEGORIA nel pannello *Query* della finestra Database, quindi facciamo clic sul pulsante *Struttura* della barra degli strumenti della finestra Database, in modo che la query si apra in visualizzazione Struttura, come vediamo nella Figura 1.13.

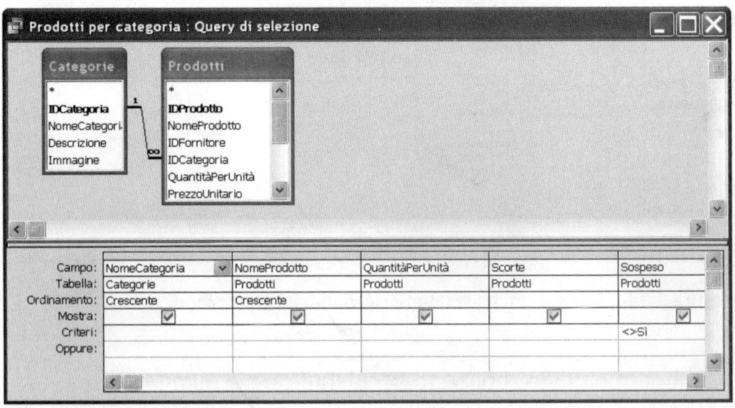


**Figura 1.13** La query Prodotti per categoria in visualizzazione Struttura.

La finestra della query si articola in due pannelli: in quello superiore vediamo la riproduzione schematica della struttura di due tabelle,

PRODOTTI e CATEGORIE, collegate da una linea che evidenzia la relazione uno a molti che intercorre fra la tabella CATEGORIE e la tabella PRODOTTI.

Il pannello inferiore si chiama *griglia di struttura* o anche *griglia QBE*, dalle iniziali dell'espressione *Query By Example*: con questa griglia, infatti, si costruisce un esempio del risultato che si vuole ottenere.

Ciascuna colonna della griglia è predisposta per ricevere il nome di un campo e quello della tabella dal quale proviene: vediamo in questo caso che sono stati selezionati i campi NOMECATEGORIA, NOMEPRODOTTO, QUANTITÀPERUNITÀ, SCORTE e SOSPESO; di questi campi il primo proviene dalla tabella CATEGORIE e tutti gli altri dalla tabella PRODOTTI.

Nella casella che si trova nel punto di intersezione fra le colonne e la riga denominata *Ordinamento* è stato selezionata l'opzione *Crescente* in corrispondenza dei campi NOMECATEGORIA e NOMEPRODOTTO.

Le caselle di controllo che si trovano nel punto di intersezione fra le colonne e la riga denominata *Mostra* sono tutte col segno di spunta, quindi attivate.

Infine, nella casella *Criteri* della colonna dove è selezionato il campo SOSPESO troviamo l'indicazione

```
<>Sì
```

Non è necessario uno sforzo intellettuale particolarmente arduo per capire dall'esempio impostato nella griglia di struttura che la query deve creare una tabella virtuale con record che contengono il campo NOMECATEGORIA della tabella CATEGORIE, i campi NOMEPRODOTTO, QUANTITÀPERUNITÀ, SCORTE e SOSPESO della tabella PRODOTTI, trascurando i record della tabella PRODOTTI che contengono il valore *Sì* nel campo SOSPESO. I record così ottenuti dovranno essere ordinati in base al valore del campo NOMECATEGORIA e ordinati ulteriormente, all'interno del nome della categoria, in base al contenuto del campo NOMEPRODOTTO.

Verifichiamo se questa interpretazione è corretta eseguendo la query, con un clic sul pulsante *Esegui* (quello col punto esclamativo rosso) nella barra degli strumenti di Access oppure scegliendo il comando *Esegui* dal menu *Query* (che è visibile soltanto quando una query è aperta in visualizzazione Struttura): nella Figura 1.14 abbiamo la conferma della nostra ipotesi.

Il comando *Esegui* fa aprire la tabella virtuale in visualizzazione Foglio dati, come se fosse una tabella reale. Il conteggio dei record di questa tabella virtuale indica 68 record, mentre, come sappiamo, nella tabella PRODOTTI i record sono 77: la differenza è dovuta al criterio indicato per

| | Nome categoria | Nome prodotto | Quantità per unità | Scorte | Sospeso |
|---|---|---|---|---|---|
| ▶ | Bevande | Chai | 10 scatole da 20 filtri | 39 | |
| | Bevande | Chang | 24 bottiglie da 360 ml | 17 | |
| | Bevande | Chartreuse verte | bottiglie da 750 cc | 69 | |
| | Bevande | Côte de Blaye | 12 bottiglie da 75 cl | 17 | |
| | Bevande | Ipoh Coffee | 16 lattine da 500 g | 17 | |
| | Bevande | Lakkalikööri | 500 ml | 57 | |
| | Bevande | Laughing Lumberjack Lager | 24 bottiglie da 360 ml | 52 | |
| | Bevande | Outback Lager | 24 bottiglie da 355 ml | 15 | |
| | Bevande | Rhönbräu Klosterbier | 24 bottiglie da 0,5 l | 125 | |
| | Bevande | Sasquatch Ale | 24 bottiglie da 360 ml | 111 | |
| | Bevande | Steeleye Stout | 24 bottiglie da 360 ml | 20 | |
| | Carne/pollame | Pâté chinois | 24 scatole da 2 pezzi | 115 | |
| | Carne/pollame | Tourtière | 16 confezioni | 21 | |
| | Cereali | Filo Mix | 16 scatole da 2 kg | 38 | |
| | Cereali | Gnocchi di nonna Alice | 24 confezioni da 250 g | 21 | |
| | Cereali | Gustaf's Knäckebröd | 24 confezioni da 500 g | 104 | |

**Figura 1.14** La query Prodotti per categoria in visualizzazione Foglio dati.

il campo SOSPESO, che contiene un valore logico che può essere `Sì` oppure No; l'indicazione <>`Sì`, che abbiamo visto sopra nella casella *Criteri* della griglia di struttura per il campo SOSPESO, ha fatto escludere i record della tabella PRODOTTI che hanno un valore diverso da `Sì` in quel campo.

L'esistenza di una relazione uno a molti fra le tabelle utilizzate dalla query, basata sulla chiave primaria IDCATEGORIA della tabella CATEGORIE, che sta dal lato uno della relazione, e sulla chiave esterna con lo stesso nome (IDCATEGORIA) nella tabella PRODOTTI, che sta sul lato molti, ha fatto sì che la query associasse correttamente i nomi delle categorie a quelli dei prodotti, come vediamo nella Figura 1.14.

Le query sono estremamente utili quando si lavora con i database, perché permettono di creare al momento tabelle virtuali semplici o complesse, componendo record con campi ricavati da una o più tabelle, in base a criteri che possono essere molto articolati: non è un caso che l'applicazione Northwind a fronte di sole otto tabelle fisiche utilizzi ben 21 query.

Un'altra caratteristica interessante delle query è che possono utilizzare come origine dei loro dati anche altre query, oltre alle tabelle fisiche, cosa che rende questi strumenti enormemente flessibili.

Quando si compone una query tramite la griglia di struttura in realtà si danno ordini a un meccanismo interno di Access che trasforma gli esempi creati graficamente in elementi di un'istruzione dello Structured Query Language, in sigla SQL, un linguaggio integrato in Access: è questa istruzione che viene eseguita quando diamo il comando *Esegui* ed è ancora questa istruzione che viene salvata nel file .mdb quando si salva una nuova query dopo averla creata con la griglia QBE.

Se avessimo voglia di esaminare l'istruzione SQL che viene generata dalla griglia di struttura, possiamo aprire la query che abbiamo visto prima in visualizzazione Struttura, quindi selezionare il comando *Visualizzazione SQL* dal menu *Visualizza*, ottenendo l'apertura della finestra che vediamo nella Figura 1.15.

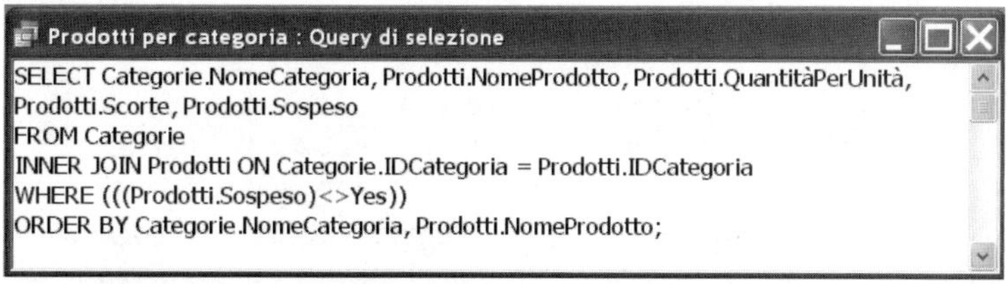


**Figura 1.15** L'istruzione SQL che produce il risultato della query Prodotti per categoria.

Torneremo a parlare più diffusamente delle query e avremo modo di capire meglio come sono fatte le istruzioni SQL. Per il momento chiudiamo la query e portiamoci nel pannello *Maschere*, per avere qualche indicazione in più su questi oggetti.

## Maschere

Abbiamo già esaminato alcune maschere dell'applicazione Northwind, riprendiamo brevemente l'argomento per capire la struttura di questi oggetti. Selezioniamo quindi la maschera PRODOTTI nel pannello *Maschere* della finestra Database e scegliamo il comando *Struttura*, in modo che la maschera si presenti come nella Figura 1.16.

L'aspetto di questa maschera non è molto diverso da quello che aveva quando l'avevamo esaminata in visualizzazione Maschera, ma adesso che è in visualizzazione Struttura la reazione al mouse cambia radicalmente: infatti, se facciamo clic sulla casella combinata del fornitore, questa non si apre, ma compare invece circondata da una serie di quadratini, che si estendono anche all'etichetta che sta a sinistra della casella combinata, come si vede nella figura. La comparsa dei quadrati-

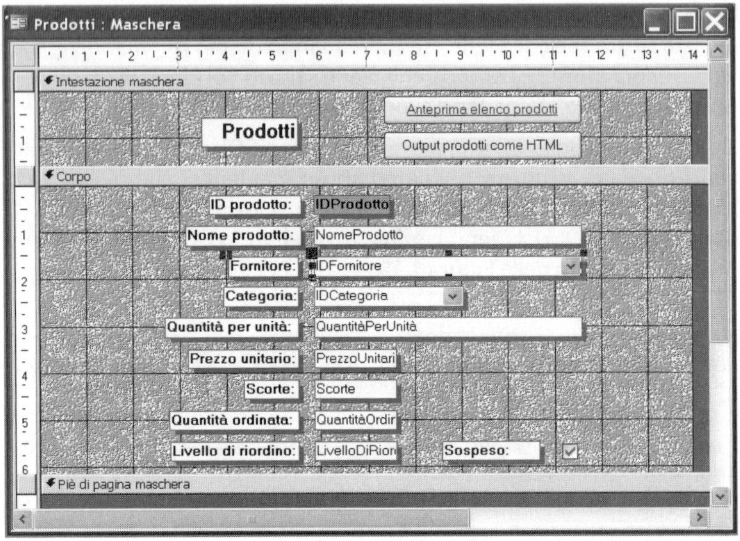


**Figura 1.16** La maschera Prodotti in visualizzazione Struttura.

ni, che servono da aggancio per ridimensionare col mouse la casella, segnala che la casella combinata è stata selezionate e può essere spostata, ridimensionata, modificata in altri modi o addirittura eliminata.

La maschera, le sue sezioni (*Intestazione*, *Corpo* e *Piè di pagina*) e tutti i controlli che queste contengono dispongono di numerose proprietà, i cui valori si possono impostare individualmente per determinare il layout, il formato e il modo di operare di ogni singolo oggetto.

Per esaminare (e impostare) le proprietà di un oggetto lo si seleziona e quindi si sceglie il comando *Proprietà* dal menu *Visualizza* (oppure si fa doppio clic sul controllo).

Il comando fa uscire la *Finestra Proprietà*, che porta nel titolo il nome generico dell'oggetto (casella combinata, sezione, pulsante di comando e così via) e il nome specifico che gli è stato attribuito da chi ha creato la maschera (tutti gli oggetti devono avere un nome per poter essere gestiti da Access). La Figura 1.17 mostra la *Finestra Proprietà* di un controllo casella di testo che si chiama *NomeProdotto*.

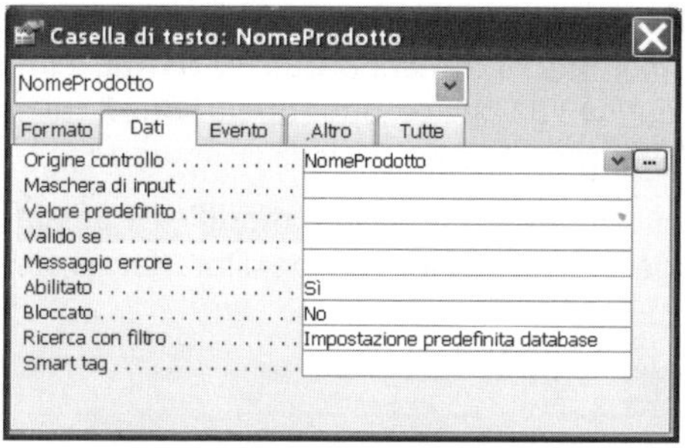


**Figura 1.17** La Finestra Proprietà di una casella di testo.

Le proprietà di maschere e controlli sono numerosissime (quelle di una maschera superano il centinaio) e per semplificarne le impostazioni la *Finestra Proprietà* le presenta raggruppate per famiglie, in quattro schede chiamate *Formato*, *Dati*, *Evento* e *Altro*, più una, chiamata *Tutte*, che le elenca tutte.

Le proprietà elencate nella scheda *Formato* definiscono il layout del controllo (dimensioni, posizione rispetto al margine superiore e a quello di sinistra della maschera, colore, bordi eccetera), eventuali diciture fisse e lo stile dei caratteri usati per presentare i dati.

Nella scheda *Dati*, che vediamo nella figura, si imposta l'origine dei dati che il controllo deve visualizzare (in questo caso, il campo NomeProdotto della tabella Prodotti); si possono impostare anche altre proprietà, quali una maschera di input per guidare graficamente l'immissione di un dato, funzionalità di convalida e così via.

La scheda *Evento* elenca gli eventi che il controllo può avvertire e consente di impostare le azioni da eseguire al verificarsi di ciascuno di essi. Di che cosa si tratta? Un evento è un'azione specifica che si verifica su o con un determinato oggetto. Gli eventi sono in genere il risultato di un'azione dell'utente: clic del mouse, battute sulla tastiera, apertura o chiusura di maschere, attivazione di controlli e via enumerando. Sono eventi anche azioni del sistema, per esempio un errore o l'esecuzione di una query. Gli eventi possibili sono una sessantina e gli oggetti più complessi, come le maschere, ne avvertono un numero maggiore di quanti non ne avvertano gli oggetti più semplici quali le etichette o i pulsanti di opzione.

È possibile predisporre un'azione che viene eseguita da Access quando si verifica un evento: l'azione è l'esecuzione di una macro o di una routine in Visual Basic for Applications. Nella maschera che stiamo esaminando, per l'evento *Clic* sul pulsante di comando OutputSuHTML è impostato un richiamo a una routine VBA che esegue l'operazione il cui risultato abbiamo visto nelle pagine precedenti (si veda la Figura 1.5).

Chiudiamo la maschera Prodotti senza fare alcuna modifica e passiamo a esaminare un altro oggetto Access che serve per l'interfaccia con l'utente, il report.

## Report

I report sono strumenti per stampare in forma strutturata selezioni di dati attinti dal database, per lo più utilizzando query come origine del flusso di dati da stampare. Nelle applicazioni gestionali sono molto utili, perché, nonostante il diffondersi dei personal computer e di Internet, molte comunicazioni verso l'esterno dell'impresa si fanno ancora con la carta (le fatture, per esempio, o i cedolini degli stipendi). L'applicazione Northwind contiene 14 report, accessibili dal pannello *Report* della finestra Database. In questo pannello il primo pulsante di comando della barra degli strumenti invece di avere la dicitura *Apri*, come nei pannelli *Tabelle*, *Query* e *Maschere*, porta la scritta *Anteprima*: se selezioniamo un report nel pannello e poi facciamo clic sul pulsante *Anteprima*, il report viene visualizzato in anteprima di stampa, invece di essere stampato direttamente; è così possibile controllare il layout del testo da stampare prima di dare l'ordine di stampa su carta premendo il pulsante di comando *Stampa* che si trova nella barra degli strumenti della finestra di anteprima.

Possiamo vedere nella Figura 1.18 il report Catalogo in anteprima di stampa.

Il puntatore del mouse cambia forma quando viene fatto scorrere sul report aperto in anteprima, assumendo l'aspetto di una lente di ingrandimento che contiene all'interno un segno più: un clic quando il puntatore ha questa forma ingrandisce la visualizzazione e il segno più viene sostituito da un segno meno, per segnalare che un clic successivo riporterà la visualizzazione alla dimensione ridotta precedente.

I report sono strutturalmente molto simili alle maschere, quindi possono contenere controlli e sottoreport, questi ultimi utilizzati, come le sottomaschere nelle maschere, per integrare in un report un flusso di

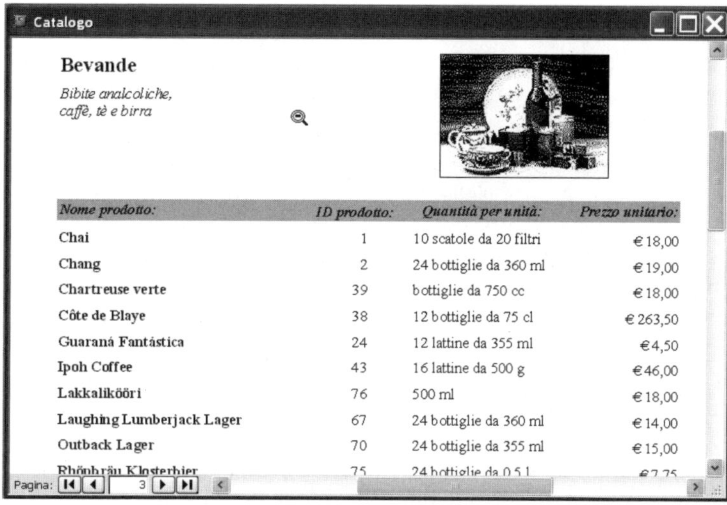


**Figura 1.18** Il report Catalogo in anteprima di stampa.

dati complementare. Nella Figura 1.19 vediamo la struttura del sottoreport utilizzato dal report CATALOGO.

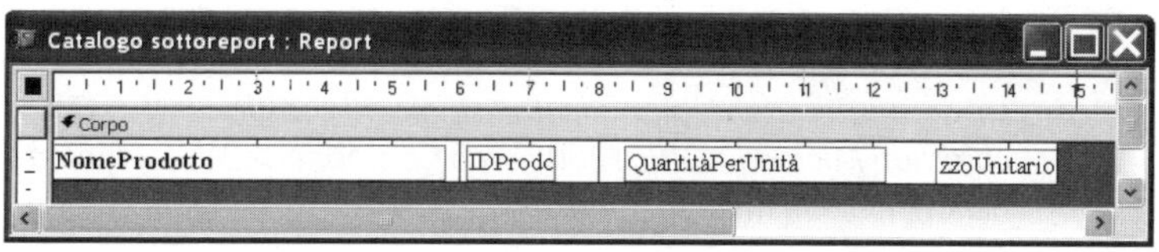


**Figura 1.19** La struttura del sottoreport utilizzato nel Catalogo.

Il sottoreport utilizza come origine dati la tabella PRODOTTI e contiene tre controlli casella di testo, che visualizzano il contenuto dei campi NOMEPRODOTTO, IDPRODOTTO, QUANTITÀPERUNITÀ e PREZZOUNITARIO: è questo sottoreport a generare l'elenco dei prodotti che vediamo nella figura precedente, sotto l'intestazione della categoria.

Chiudiamo il report senza modificarlo e passiamo a esaminare un altro oggetto Access, la pagina per l'accesso ai dati.

## Pagine

Dal pannello *Pagine* della finestra Database si accede alle *pagine di accesso ai dati*, nome un po' troppo lungo e abbreviato convenzionalmente in *pagine*.

Prima di esaminare questi oggetti è opportuno dare qualche informazione sui file di Access. Nelle prime cinque versioni di questo strumento, dalla 1.0 alla 97, tutti i componenti di un'applicazione, quindi le tabelle, le query e gli oggetti per l'interfaccia utente quali le maschere e i report, erano integrati in un unico file .mdb, e per consultare, anche occasionalmente, qualche dato era necessario che nel computer dell'interessato fosse installato Access. A partire dalla versione 2000, è stato introdotto in Access un nuovo oggetto, la pagina di accesso ai dati, col quale è possibile creare una maschera basata su una tabella o su una query, che viene salvata come file HTML esternamente al file .mdb. Siccome la pagina è scritta in linguaggio HTML, può essere aperta e consultata con qualunque browser, per esempio con Internet Explorer, che è il browser integrato in tutte le versioni di Windows. Tramite una pagina, quindi, si può dare accesso ai dati di un'applicazione Access anche a chi non ha installato Access sul suo computer.

***Vincoli per le pagine***

*Una pagina è fisicamente un file HTML, quindi qualunque browser può visualizzarne il contenuto. Per poter interagire con i dati Access ai quali la pagina fa riferimento, però, è necessario che sul computer utente siano installati alcuni componenti di Office chiamati Microsoft Office 2000 Web Components, che si trovano nel CD-ROM di installazione di Office.*

Nel pannello *Pagine* della finestra Database troviamo alcune pagine di accesso ai dati contraddistinte da questa icona: 

Come si può vedere, l'icona porta il caratteristico simbolo della freccia ricurva che punta verso l'alto, che contraddistingue in Windows i *collegamenti*: in effetti, le pagine che vediamo in questo pannello non stanno nel file Northwind.mdb, ma risiedono altrove e nel pannello *Pagine* è presente soltanto un collegamento. I file HTML corrispondenti alle pagine si trovano nella stessa posizione del file dell'applicazione, cioè in fondo al percorso C:\Programmi\Microsoft Office\OFFICE11\SAMPLES.

Possiamo aprire una pagina e visualizzarne il contenuto facendo doppio clic sul nome di una pagina nel pannello *Pagine* (oppure selezionandolo e poi facendo clic sul pulsante *Apri*) oppure, senza che Access sia aperto, portandoci nella posizione in cui si trova il file della pagina e aprendolo con Internet Explorer. Nella Figura 1.20 vediamo come si presenta la pagina che nel pannello *Pagine* si chiama IMPIEGATI e nel percorso che abbiamo indicato sopra è un file chiamato IMPIEGATI.HTM.

**Figura 1.20** La pagina Impiegati aperta con Internet Explorer.

Le diciture che vediamo in fondo alla schermata (Primo, Precedente, Successivo, Ultimo e così via) sono collegamenti ipertestuali, che fungono da pulsanti di comando: i primi quattro svolgono le funzioni dei pulsanti di spostamento che abbiamo visto parlando delle maschere e dei report, mentre i tre successivi servono per rendere esecutiva una modifica, per annullarla e per chiudere la pagina.

Una caratteristica importante delle pagine è il fatto di essere *dinamiche*, vale a dire che, pur essendo file separati dal file Access, quando le si apre con un browser attingono all'ultima versione dei dati d'origine, per cui, se con l'applicazione Northwind apportassimo qualche modifica alla tabella IMPIEGATI, chi aprisse il file IMPIEGATI.HTM in un secondo tempo vedrebbe la versione aggiornata della tabella corrispondente.

Eventuali modifiche apportate nelle caselle di testo vengono recepite dalla tabella sulla quale si basa la pagina, che in questo caso è la tabella IMPIEGATI del database Northwind.

Le pagine, come gli altri oggetti Access che abbiamo visto fin qui, si costruiscono e si modificano in visualizzazione Struttura, come vedremo meglio più avanti.

Nella rassegna degli oggetti Access che stiamo facendo abbiamo esaminato gli elementi che compongono il database vero e proprio, cioè tabelle e query, e gli strumenti per l'interfaccia utente, vale a dire maschere, report e pagine, con i quali si accede al database per consultarlo, aggiungere dati e modificarli.

Gli altri due oggetti Access che restano da esaminare, le macro e i moduli, non sono componenti del database né strumenti di interfaccia, ma *strumenti di programmazione*, con i quali si mettono insieme sequenze di istruzioni (dette *routine*) in linguaggio Visual Basic for Applications (VBA) da utilizzare in varie occasioni, prevalentemente per eseguire azioni specifiche in concomitanza con il verificarsi di uno di quegli *eventi* di cui abbiamo parlato prima a proposito delle maschere e dei loro controlli.

## Macro

Il nome *macro* viene dalla contrazione di *macro-istruzione*, termine che risale agli albori dell'informatica, quando si iniziò ad aggregare blocchi di istruzioni elementari in linguaggio macchina formando con queste un'istruzione più grande – una macro istruzione, per l'appunto – caratterizzata da un codice simbolico più semplice da scrivere (e da ricordare) della serie di istruzioni elementari che rappresentava.

Le macro di Access sono schemi predefiniti di routine VBA, chiamati *azioni*, da completare fornendo opportuni parametri o *argomenti* per definire l'oggetto destinatario dell'azione e le modalità in cui l'azione dovrà essere eseguita.

Le macro presenti nell'applicazione Northwind sono piuttosto complesse e risulterebbe troppo laborioso esaminarne qualcuna per far vedere che cosa fa e come è strutturata. Per capire che cos'è una macro proviamo a crearne una, procedendo in questo modo, dopo aver selezionato il pannello *Macro* nella finestra Database.

Nella barra degli strumenti della finestra Database facciamo clic sul pulsante *Nuovo*.

Si apre una finestra che porta nel titolo la dicitura *Macro1* e presenta uno schema su due pannelli simile a quello della struttura di una tabella.

Le caselle della colonna *Azione* sono tutte caselle combinate: facciamo clic sulla prima e scorriamo l'elenco delle azioni possibili (sono 56) fino a trovare l'azione che si chiama *FinestraMessaggio* ( si veda la Figura 1.21).

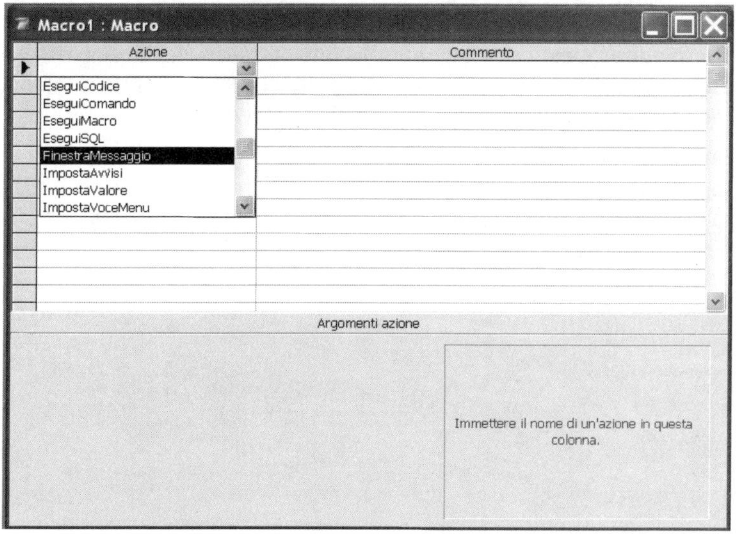


**Figura 1.21** La selezione di un'azione macro nella colonna Azione.

Dopo che abbiamo selezionato l'azione *FinestraMessaggio*, nel pannello inferiore della finestra *Macro1*, intitolato *Argomenti macro*, si delinea uno schema di caselle, nelle quali si devono digitare o selezionare gli argomenti necessari alla macro: questi argomenti variano a seconda del tipo di azione selezionata nella colonna *Azione*. Nel nostro caso, l'azione deve produrre una finestra di messaggio, quindi ci vorrà un testo da visualizzare come messaggio (obbligatorio), un'icona per caratterizzare il messaggio (facoltativa) e un titolo per la finestra (anch'esso facoltativo). Possiamo anche decidere se l'apertura della finestra di messaggio sia segnalata oppure no da un bip.

Come nel pannello *Proprietà campo* della schermata di struttura delle tabelle, anche in questo pannello *Argomenti macro* ogni volta che si seleziona una casella a sinistra sulla destra compare una scritta esplicativa per orientare l'operatore nella sua scelta.

Impostiamo quindi tutti gli argomenti, compresi quelli facoltativi, in questo modo:

| Argomento | Valore |
|---|---|
| Messaggio | Messaggio con macro |
| SegnaleAcustico | Sì |
| Tipo | Informazione |
| Titolo | Prova di messaggio |

Completate queste operazioni, salviamo la macro (non può essere eseguita se prima non viene salvata) scegliendo il comando di menu *File/Salva* e accettiamo il nome predefinito *Macro1*.

Facciamo clic sul pulsante *Esegui* nella barra degli strumenti (è lo stesso pulsante con l'icona del punto esclamativo rosso che abbiamo usato per eseguire una query) e siamo gratificati dalla comparsa della finestra di messaggio che vediamo nella Figura 1.22.

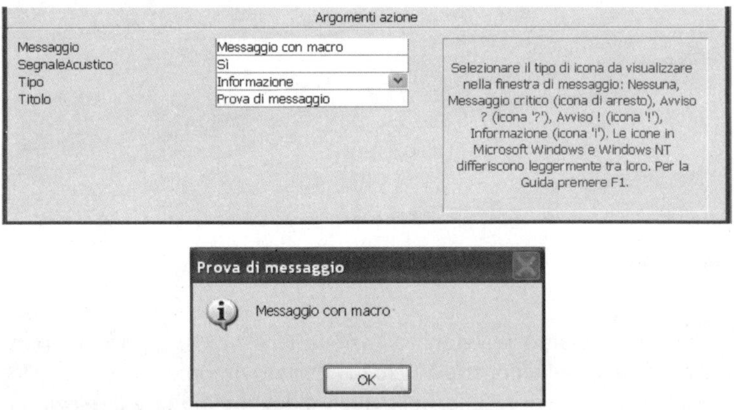


**Figura 1.22** Gli argomenti per la macro di prova e il risultato della sua esecuzione.

Possiamo eliminare la MACRO1 per non modificare il file Northwind.mdb (per eliminare un oggetto Access basta selezionarlo nella finestra Database, premere il tasto Canc e fare clic su *Sì* nella finestra di messaggio che chiede la conferma dell'eliminazione).

Chiudiamo qui, per il momento, l'argomento delle macro, sul quale torneremo nell'ultimo capitolo, e concludiamo la nostra panoramica degli oggetti Access dando un'occhiata ai Moduli.

## Moduli

Nel pannello *Moduli*, il primo pulsante a sinistra nella barra degli strumenti della finestra Database, pur avendo la dicitura *Esegui*, non è mai attivabile, perché è sempre offuscato: i moduli, infatti, non si possono "aprire" nello stesso senso in cui si apre una maschera o una query, e neppure "eseguire" come una macro, ma è soltanto possibile esaminarne la struttura (ed eventualmente modificarla) e crearne di nuovi. Questo dipende dal fatto che i moduli Access sono contenitori di programmi, detti genericamente *routine*, scritti nel linguaggio Visual Basic for Applications (VBA) che è interno ad Access e col quale si possono creare sequenze di istruzioni da eseguire quando si verifica un evento o viene dato un comando particolare.

I moduli contengono blocchi di testo formati con istruzioni VBA; nell'applicazione Northwind ce ne sono due, chiamati FINESTRA INIZIALE e FUNZIONI DI UTILITÀ.

Possiamo avere un'idea della relazione fra i moduli e gli altri oggetti dell'applicazione esaminando la maschera FINESTRA INIZIALE (che è quella che compare quando si apre il file Northwind.mdb). La maschera contiene un pulsante di comando con la dicitura *OK*: un clic su questo pulsante chiude la maschera e apre quella chiamata PANNELLO COMANDI PRINCIPALE.

Apriamo la maschera FINESTRA INIZIALE in visualizzazione Struttura e selezioniamo il pulsante OK, quindi facciamo uscire la sua finestra *Proprietà* ed esaminiamo la scheda *Evento*. Qui notiamo che la casella dell'evento *Su clic* contiene questa stringa di caratteri:

```
=ChiudiMaschera()
```

All'estremità destra della stessa casella, quando è selezionata, compare un pulsante con tre puntini di sospensione: questo simbolo si chiama "ellissi" nel gergo di Office e caratterizza i pulsanti predisposti per aprire una finestra di servizio, che dovrebbe aiutare a lavorare col contenuto della casella in cui compare l'ellissi. Vediamo il risultato di queste operazioni preliminari nella Figura 1.23.

La stringa che vediamo nella casella per l'evento *Su clic* è un'istruzione del linguaggio VBA che viene eseguita quando si fa clic sul pulsante di

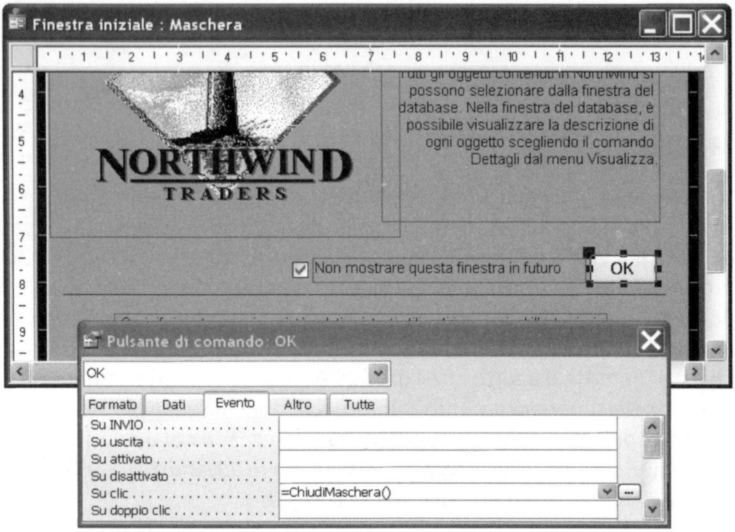


**Figura 1.23** Il pulsante di comando della maschera Finestra iniziale e la sua proprietà Evento.

comando OK; l'istruzione a sua volta esegue una routine contenuta nel modulo FINESTRA INIZIALE.

Se premiamo il pulsante con i tre puntini, viene automaticamente aperta una nuova finestra, che si sovrappone a quella dell'applicazione: si tratta della finestra di un'applicazione complementare di Access, chiamata *Editor di Visual Basic*, nella quale possiamo vedere l'insieme di istruzioni VBA che compongono la funzione che viene eseguita quando si fa clic sul pulsante OK (Figura 1.24).

L'Editor di Visual Basic, come il suo nome lascia capire, è un elaboratore di testi col quale si scrivono programmi nel linguaggio VBA, che vengono salvati in un modulo integrato nel file .mdb.

Un modulo può contenere due tipi di routine, *subroutine* e *funzioni*, che hanno sempre la stessa struttura: una riga iniziale col nome della routine, preceduto dalla parola chiave `Sub` se si tratta di una subroutine o `Function` se si tratta di una funzione, seguito da una coppia di parentesi tonde; una riga finale composta con le parole chiave `End Sub` quando è una subroutine, oppure `End Function` se è una funzione.

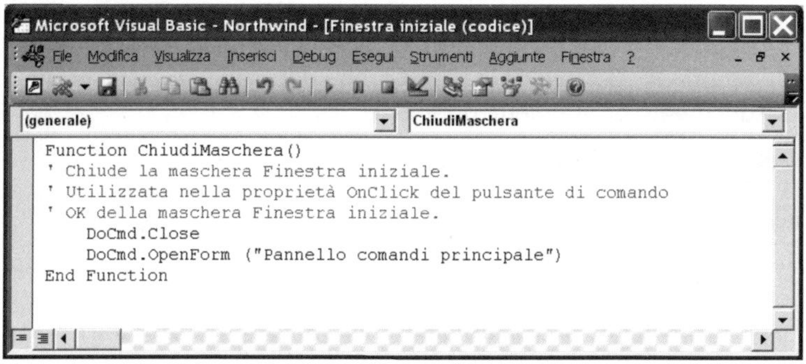


**Figura 1.24** La finestra dell'Editor di Visual Basic aperta sulla funzione ChiudiMaschera().

Fra le due righe iniziale e finale si trovano gli *enunciati*, cioè istruzioni del linguaggio VBA completate da opportuni richiami ai dati.

È consuetudine inserire in vari punti di una routine annotazioni esplicative, che aiutano chi la scrive a ricordarne le finalità e il modo in cui sono organizzati gli enunciati. Queste annotazioni si chiamano *commenti* e si distinguono dagli enunciati perché sono precedute da un apostrofo: l'Editor di Visual Basic visualizza il testo dei commenti in colore verde perché l'operatore possa più facilmente distinguerli dalle istruzioni vere e proprie; quando la routine viene eseguita, le righe con i commenti vengono ignorate.

La funzione `ChiudiMaschera()` si sviluppa su sette righe, ma, se escludiamo le righe iniziale e finale e quelle dei commenti, gli enunciati veri e propri, che fanno qualcosa, sono soltanto questi due:

```
DoCmd.Close
DoCmd.OpenForm ("Pannello comandi principale")
```

Gli enunciati usano entrambi l'istruzione `DoCmd`, che attiva una funzionalità interna ad Access per eseguire comandi sui suoi oggetti. Dopo `DoCmd` deve venire una parola chiave, che specifica quale comando eseguire:

- la prima riga usa la parola chiave `Close`, che chiude l'oggetto che in quel momento è attivo (in questo caso la maschera FINESTRA INIZIALE);

- la seconda riga usa la parola chiave `OpenForm`, che è il comando di apertura di una maschera (in inglese *Form*): il nome della maschera da aprire viene indicato subito dopo, fra parentesi tonde e delimitato da virgolette doppie.

***Oggetti attivi***

*Nella finestra Database si possono tenere aperti contemporaneamente più oggetti (maschere, tabelle, query o altro), ma in qualunque momento è attivo un solo oggetto, quello selezionato, che è pronto a ricevere i comandi dell'operatore dati col mouse o con la tastiera e si distingue dagli altri perché è in primo piano e la sua barra del titolo è visualizzata in colore contrastato, mentre le barre del titolo di tutti gli altri oggetti aperti sono offuscate.*

Possiamo tornare alla finestra Database facendo clic sul primo pulsante a sinistra della barra degli strumenti dell'Editor di Visual Basic (quello con l'icona di Access) oppure chiudendo semplicemente la finestra dell'Editor con un clic sul suo pulsante di chiusura.

La nostra panoramica generale di Access con l'aiuto dell'applicazione Northwind è terminata: adesso che abbiamo le idee più chiare di come sia fatta e come funzioni un'applicazione database realizzata con Access vedremo, nei prossimi capitoli, come costruire qualcosa di utile con questo strumento.

## Capitolo 2

# Le tabelle

Le tabelle (e con loro le query, che ne derivano direttamente) sono la pietra angolare sulla quale si fondano tutti i database e quindi è necessario capire bene come funzionano e come sono fatte per poter utilizzare correttamente Access.

Una tabella si compone di *righe*, strutturalmente tutte uguali, che vengono dette comunemente *record*. Ogni record è articolato in un numero predefinito di segmenti, che sono detti *campi*. Dal momento che i record vengono disposti verticalmente, uno dietro l'altro, i loro campi definiscono le *colonne* di una tabella, come si può vedere dalla Figura 2.1.

I campi si distinguono uno dall'altro in base a un nome che viene loro attribuito quando si crea una tabella e l'insieme di questi nomi costituisce l'*intestazione* della tabella, che NON è una riga della tabella, ma viene gestita a parte dal sistema.

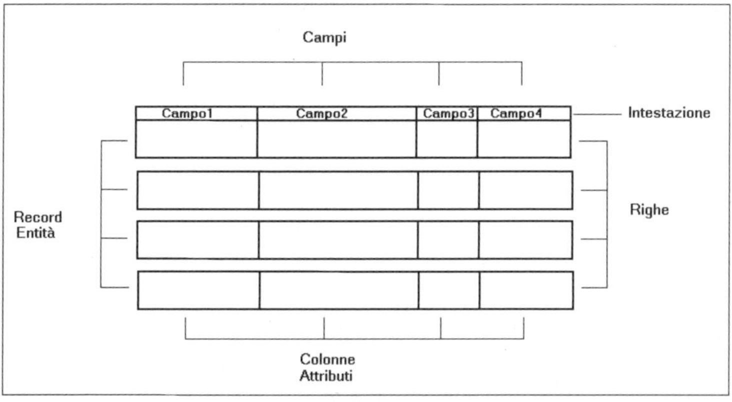


**Figura 2.1** Lo schema generico di una tabella usata in un database.

Una tabella si usa per immagazzinare in modo ordinato dati relativi a una specifica realtà. Ogni riga di una tabella rappresenta una *entità* e nei campi si scrivono dati relativi agli *attributi* di quella entità: per esempio, le entità di una tabella Prodotti sono i singoli prodotti gestiti da un'azienda e per ciascun prodotto si decide quali attributi mettere nei campi dei record, per esempio nome, unità di misura, prezzo unitario, colore e così via.

Nel lavoro di ufficio, come nella vita privata, si usano spesso tabelle di vari tipi, ma per poterle utilizzare in un database le tabelle devono essere costruite nel rispetto di alcuni vincoli, che le rendono strutturalmente simili, anche se hanno contenuti diversi. Vediamo quali sono i vincoli più importanti, con l'aiuto di qualche esempio. Una tabella di indirizzi fatta nel modo seguente può, forse, andar bene per una rubrica tenuta a mano e composta da pochi indirizzi, ma non può essere utilizzata in un database:

| **Nominativo e qualifica** | **Indirizzo** | **Città** |
|---|---|---|
| Radiologo Dottor Giovanni Rossi | via Dante, 15 | 20100 MILANO |
| Dr. Antonio Bianchi, Anestesista | piazza Bengasi, 19 Torino | 10149 (TO) |
| Dott. Zavattini, Amilcare, Pneumologia | Milano | Foro Bonaparte, 54 |

Le entità rappresentate dai record di questa tabella sono, verosimilmente, medici ospedalieri, ma il primo campo (Nominativo e qualifica) mette insieme due attributi diversi (il nome e la qualifica professionale) e per di più nei singoli record non sono scritti nello stesso modo; addirittura il terzo record indica un reparto e non una qualifica. Inoltre, il titolo di studio è scritto ogni volta in modo diverso e nei primi record il nominativo è espresso indicando prima il nome e poi il cognome mentre nel terzo record è stato scritto prima il cognome e poi il nome.

Il campo Indirizzo contiene un solo attributo, ma il campo Città ne contiene tre (il CAP, il nome della città e la sigla della provincia) e inoltre chi ha immesso i dati ha operato in modo poco omogeneo, per cui nel terzo record i dati risultano invertiti e nel secondo la città sta nel campo Indirizzo invece che nel campo Città.

Anche una distribuzione dei dati più razionale, come potrebbe essere quella che vediamo qui di seguito, non fa di questa tabella un insieme di dati facili da gestire:

| Nominativo e qualifica | Indirizzo | Città |
|---|---|---|
| Dr. Giovanni Rossi, Radiologo | via Dante, 15 | 20100 MILANO (MI |
| Dr. Antonio Bianchi, Anestesista | piazza Bengasi, 19 | 10149 TORINO (TO) |
| Dr. Amilcare Zavattini, Pneumologo | Foro Bonaparte, 54 | 20121 MILANO (MI) |

Se la tabella contenesse, per esempio, un migliaio di record, si potrebbe consultare più agevolmente se i record fossero ordinati in base al cognome o alla qualifica ma, siccome questi attributi sono affastellati in un solo campo, bisognerebbe creare un programma per isolare il cognome o la qualifica e poi procedere a ordinare i record in base all'attributo così identificato.

Per soddisfare l'esigenza, che si manifesta spesso quando si lavora su tabelle con molti record, di prendere in considerazione soltanto i record di una determinata città o provincia, creando quindi un filtro, si dovrebbe, anche in questo caso, sviluppare un programma apposito, che isoli nel campo Città l'attributo in base al quale fare la selezione.

Non si tratta di programmi particolarmente impegnativi da realizzare, ma sarebbe un modo costoso e dispersivo di lavorare, perché quei programmi servirebbero soltanto per gestire i dati di quella particolare tabella e andrebbero rifatti quando si presentasse la necessità di elaborare altre tabelle, con una diversa impostazione delle colonne. Dal momento che sono tantissime le realtà e le serie di eventi che si possono comodamente rappresentare mediante tabelle, l'approccio giusto non consiste nello sviluppare programmi adatti alle tabelle ma, al contrario, nel creare tabelle adeguate a un unico programma, cioè a un sistema per la gestione di database qual è Access.

## La normalizzazione

Per poterle gestire vantaggiosamente con Access, le tabelle devono avere una struttura uniforme, che rispetti alcune regole, chiamate *forme normali* nel gergo dei database, per cui si parla genericamente di *normalizzazione* delle tabelle. Le forme normali sono vincoli logici molto rigorosi, sviluppati per livelli crescenti di complessità e formulati in modo piuttosto arduo e per addetti ai lavori. Fortunatamente, la normalizzazione nasce dall'esperienza pratica e può essere spiegata e capita anche senza ricorrere al rigore logico delle forme normali.

Il primo e fondamentale criterio da seguire per normalizzare una tabella è quello della *univocità*, che vale sia per i record sia per i campi. Che cosa vuol dire? Ogni record deve rappresentare una e una sola entità, ovvero una tabella non deve contenere duplicati. Estendendo lo stesso criterio ai campi, ciascun di essi deve contenere uno e un solo attributo. Tenendo conto del principio dell'univocità, la tabella dell'esempio precedente potrebbe essere ristrutturata come segue:

| **Titolo** | **Nome** | **Cognome** | **Qualifica** | **Indirizzo** | **Città** | **CAP** | **Prov** |
|---|---|---|---|---|---|---|---|
| Dr. | Giovanni | Rossi | Radiologo | via Dante, 15 | MILANO | 20100 | MI |
| Dr. | Antonio | Bianchi | Anestesista | piazza Bengasi, 19 | TORINO | 10149 | TO |
| Dr. | Amilcare | Zavattini | Pneumologo | Foro Bonaparte, 54 | MILANO | 20121 | MI |

In questo modo, tutti i record sono diversi l'uno dall'altro, non ci sono doppioni e ogni campo contiene un solo attributo, ovvero è *atomico*, come si dice in gergo.

I record di una tabella non sono numerati e l'ordine col quale si susseguono non è noto, quindi per distinguere i singoli record l'uno dall'altro è necessario esaminare il contenuto dei loro campi. Dato che un record può contenere decine di campi, per ridurre il numero delle letture necessarie per distinguere ciascun record è opportuno identificare in una tabella le colonne che potrebbero avere un contenuto diverso in ogni riga. I campi o colonne che hanno queste caratteristiche si chiamano *chiavi candidate* e fra queste se ne sceglie una che assume il ruolo e il nome di *chiave primaria*. Una tabella può avere una sola chiave primaria e la sua presenza garantisce l'univocità dei record; la chiave primaria può essere *semplice*, se formata da una sola colonna, o *composta*, quando risulta dalla combinazione di più colonne (non necessariamente contigue). Vediamo un altro esempio:

| **Cognome** | **Nome** | **Indirizzo** | **Città** | **CAP** | **Provincia** |
|---|---|---|---|---|---|
| Rossi | Giuseppe | via Manzoni, 40 | Milano | 20121 | MI |
| Rossi | Anna | via Manzoni, 40 | Milano | 20121 | MI |
| Rossi | Giuseppe | via Montenapoleone, 12 | Milano | 20121 | MI |

In questa tabella, nessuna delle sei colonne può essere una chiave candidata, perché ognuna contiene valori ripetuti, quindi l'unica possibilità che abbiamo è definire una chiave primaria composta con le colonne Cognome+Nome+Indirizzo.

Che cosa succede, però, se un altro Giuseppe Rossi va ad abitare in via Manzoni, 40 a Milano? Ci troveremmo con un record ridondante, ma in realtà individua una persona diversa, anche se tutti i campi sono uguali. Quando la natura dei dati raccolti in una tabella può creare ambiguità di questo genere, è opportuno aggiungere una nuova colonna alla struttura della tabella, creando con questa una chiave primaria, che potrebbe essere, per esempio, un codice numerico diverso per ogni record; in questo modo si garantisce l'univocità di ciascuna riga, anche se vi fossero righe che contengono gli stessi valori in tutte le altre colonne. Ecco quindi la tabella precedente con una chiave primaria (la colonna IDPersona) semplice e diversa per ciascun record.

| IDPersona | Cognome | Nome | Indirizzo | Città | CAP | Provincia |
|---|---|---|---|---|---|---|
| 1 | Rossi | Giuseppe | via Manzoni, 40 | Milano | 20121 | MI |
| 2 | Rossi | Anna | via Manzoni, 40 | Milano | 20121 | MI |
| 3 | Rossi | Giuseppe | via Montenapoleone, 12 | Milano | 20121 | MI |
| 4 | Rossi | Giuseppe | via Manzoni, 40 | Milano | 20121 | MI |

In considerazione della sua importanza per garantire l'univocità dei record, anche se non è obbligatorio farlo, è sempre opportuno definire una chiave primaria quando si crea una tabella.

La normalizzazione non vale soltanto per le singole tabelle che compongono un database, ma riguarda tutte le tabelle nel loro complesso: per capire questo concetto vediamo come le tabelle si correlano tra loro.

## Chiavi esterne e relazioni

Si crea un database di solito per gestire più tabelle, ciascuna delle quali aggrega dati relativi ad attributi di entità diverse, ma in un qualche modo correlate: Clienti, Prodotti e Ordini, per esempio, possono essere le tipiche tabelle che si utilizzano per gestire l'attività commerciale di un'impresa; in questo caso la correlazione è fra Clienti, che emettono Ordini, i quali si riferiscono a Prodotti.

Come abbiamo visto nel paragrafo "Relazioni" del Capitolo 1, Access consente di definire una correlazione fra due tabelle utilizzando la chiave primaria di una tabella (che è la tabella *genitore* o *master*) e una colonna, chiamata *chiave esterna*, dell'altra (la tabella *figlia*).

Le relazioni che si stabiliscono in questo modo fra due tabelle possono essere di tre tipi: uno a uno, uno a molti e molti a molti.

## Relazione uno a uno

Due tabelle sono in una relazione *uno a uno* se, per ciascuna riga della tabella master, esiste non più di una sola riga nella tabella figlia.

Nella realtà organizzativa difficilmente si danno casi di relazioni uno a uno fra famiglie di entità, ma nella pratica operativa dei database una relazione di questo tipo può essere creata deliberatamente per tenere separati su due tabelle attributi diversi riferiti alle stesse entità. È il caso, per esempio, delle tabelle schematizzate qui di seguito, che contengono dati clinici sui pazienti e sono in una relazione uno a uno stabilita, in questo caso, sulla chiave primaria di entrambe le cartelle, che nella seconda funge anche da chiave esterna. La tabella CartelleCliniche può essere esaminata e aggiornata con dati su visite e analisi, senza accedere ai dati che identificano il paziente, conservati nella tabella Pazienti.

| **CartelleCliniche** | **Pazienti** | |
|---|---|---|
| *CodicePaziente* | *CodicePaziente* | ← *chiave primaria* |
| DataNascita | Nome | |
| DataRicovero | Cognome | |
| Sesso | TesseraSanitaria | |
| VES | Indirizzo | |
| ECG | Città | |
| PSA | Provincia | |
| Bilirubina | DataNascita | |
| | DataRicovero | |

Organizzando i dati in questo modo, si possono stabilire per il database regole di accesso diverse per la tabella CartelleCliniche rispetto alla tabella Pazienti, anche se i record sono riferiti alle stesse persone.

### Relazione uno a molti

Due tabelle sono in una relazione *uno a molti* quando, per ciascuna riga della prima tabella, possono esserci zero, uno o molti record nella seconda, ma per ciascun record della seconda esiste uno e un solo record nella prima.

Diversamente dal caso precedente, quello della relazione uno a uno, la relazione uno a molti è molto frequente nella realtà organizzativa, si può anzi dire che è la norma, ed è quindi molto importante capire in che modo si può stabilire questa relazione fra due tabelle in Access. Vediamo un esempio molto semplice.

Vogliamo completare la tabella Indirizzi che abbiamo visto in precedenza, aggiungendo un campo per il numero di telefono a quelli già definiti, cioè

| | |
|---|---|
| IDPersona | ← *chiave primaria* |
| Cognome | |
| Nome | |
| Indirizzo | |
| Città | |
| CAP | |
| Provincia | |

Ci accorgiamo, però, esaminando la rubrica cartacea dalla quale trascriviamo gli indirizzi, che alcune persone hanno un solo numero di telefono, altre ne hanno due (fisso e cellulare, o fisso di casa e fisso dell'ufficio), altre tre (fisso di casa, fisso dell'ufficio, cellulare) e altre ancora arrivano a quattro, aggiungendo agli ultimi tre anche il numero del telefono fisso della casa al mare o in montagna. Per tener conto di tutte le possibilità dovremmo aggiungere quattro colonne alla tabella:

| |
|---|
| TelefonoCasa |
| TelefonoUfficio |
| TelefonoCellulare |
| TelefonoSecondaCasa |

ma non sarebbe una soluzione corretta, perché si sprecherebbe spazio su disco in quanto molte righe avrebbero due o tre campi vuoti e potrebbe poi sempre capitare il caso di una persona che di numeri di telefono ne ha addirittura cinque o sei.

La soluzione giusta consiste nell'aggiungere al database una seconda tabella, che chiamiamo Telefoni, che può essere strutturata in questo modo:

| | |
|---|---|
| CodiceTelefono | ← *chiave primaria* |
| Raccordo | ← *chiave esterna* |
| NumeroTelefono | |

Nella tabella Telefoni il campo *CodiceTelefono* è la chiave primaria, mentre il campo *Raccordo* è la chiave esterna e contiene un valore identico a quello del campo *IDPersona*, che è la chiave primaria della tabella Indirizzi.

Ogni persona elencata nella tabella Indirizzi può avere uno o più numeri di telefono, registrati nella tabella Telefoni. La corrispondenza fra i record delle due tabelle è data dal fatto che il valore della chiave primaria di Indirizzi viene utilizzato (mettendo lo stesso valore nel campo Raccordo) per identificare con certezza a chi appartiene ogni singolo numero di telefono.

Quando due tabelle sono legate da una relazione uno a molti, si collocano in uno spazio ideale, dove la tabella master sta a sinistra (detto *lato uno* della relazione) e la tabella figlia si trova a destra (detto *lato molti* della relazione).

Non è obbligatorio che a tutti i record della tabella master corrisponda un record nella tabella figlia. In termini concreti, potremmo avere nella nostra tabella Indirizzi nomi di persone di cui non conosciamo il numero di telefono.

È invece obbligatorio che nella tabella che si trova dal lato molti della relazione ogni record sia correlato (tramite la sua chiave esterna) a uno e un solo record della tabella che sta nel lato uno (distinto dalla sua chiave primaria). Nel nostro esempio, non avrebbe senso avere un record nella tabella Telefoni che non corrisponde a un record nella tabella Indirizzi.

Lo schema della relazione uno a molti è riportato nella Figura 2.2.

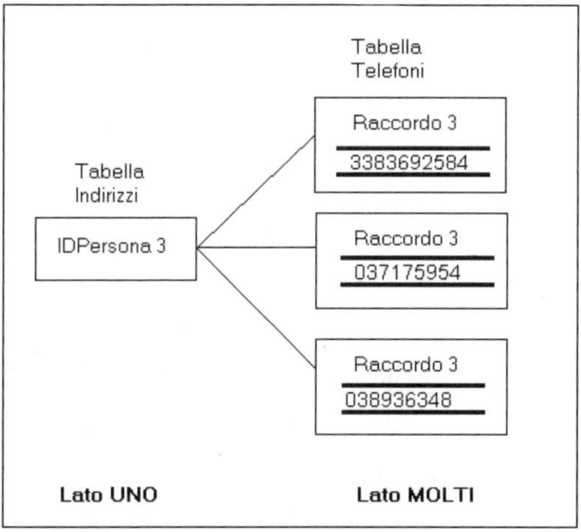


**Figura 2.2** Una relazione uno a molti

## Relazione molti a molti

Si ha questo tipo di relazione quando si aggregano in tabelle informazioni su entità che per loro natura sono caratterizzate da una molteplicità di relazioni logiche e pratiche. È il caso, per esempio, dei libri scientifici e dei corsi universitari. Molti manuali universitari e libri scientifici in genere sono opera di più autori e gli stessi autori scrivono anche libri da soli o insieme con altri. Concettualmente simile è il caso degli studenti e dei corsi: ogni studente universitario segue più corsi, ma non tutti i corsi sono seguiti dagli stessi studenti.

Per gestire correttamente tabelle che contengono dati di questo tipo – titoli e autori, autori e titoli, oppure studenti e corsi, corsi e studenti – che sono correlati con relazioni molti a molti, è necessario scomporre queste relazioni con l'aiuto di tabelle intermedie, che fungano da raccordo, in modo da poter rientrare nella casistica delle relazioni uno a molti. Vediamo un esempio nella Figura 2.3.

In un database utilizzato per gestire una biblioteca abbiamo tre tabelle, Titoli, Autori ed Editori. La tabella Titoli contiene informazioni sui libri e utilizza come chiave primaria il codice ISBN, cioè l'International Standard Book Number, che identifica in modo univoco ciascun libro in circolazione. Questa tabella sta dal lato molti di una relazione uno a molti con la tabella Editori, dove lo stesso codice ISBN è la chiave esterna.

La tabella Autori contiene due sole colonne: *ID_Au*, la chiave primaria che identifica univocamente ciascun autore, e *Autore*, che contiene il nome di ciascun autore.

Dato che fra Autori e Titoli esiste una relazione molti a molti, è stata creata una tabella di raccordo Titolo_Autore, che fa da ponte fra Autori e Titoli, avendo un campo *ISBN* e un campo *ID_Au* per ogni coppia autore-libro.

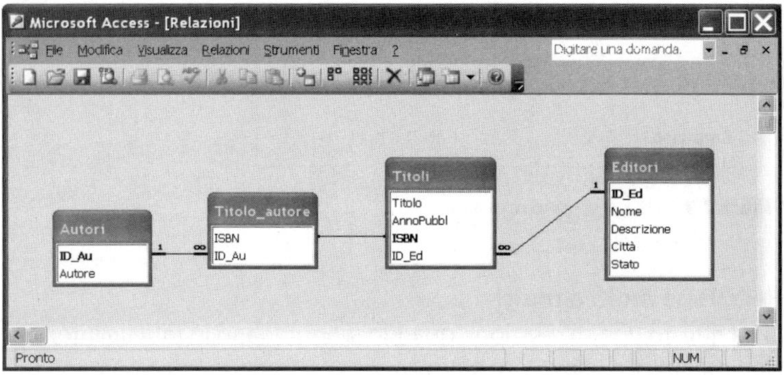


**Figura 2.3** Strutture e relazioni delle tabelle Autori, Titolo_Autore, Titoli ed Editori.

Come si può vedere dalla figura, che riproduce una schermata di Access simile a quella della Figura 1.12 del Capitolo 1, le relazioni fra tabelle si rappresentano graficamente come una linea che congiunge la chiave primaria con la chiave esterna, affiancando il simbolo dell'infinito al nome della chiave esterna (lato *molti*) e il numero 1 al nome della chiave primaria (lato *uno*).

## Normalizzazione del database

Torniamo alla normalizzazione esaminando un esempio un po' più complesso. Nella tabella che segue, creata per raccogliere dati sulle ore lavorate da ciascun impiegato su vari progetti, i tre campi *Nominativo, Progetto* e *OreLavorate* non sono atomici.

| Matricola | Nominativo | Progetto | OreLavorate |
|---|---|---|---|
| DN-26 | Antonio Rossi | ALFA-1; ALFA-3; ALFA-4 | 25; 40; 30 |
| DN-30 | Giovanna Trizzi | ALFA-1; ALFA-3; ALFA-5 | 5; 35; 60 |
| DN-35 | Marco Esposito | ALFA-1; ALFA-2 | 15; 80 |
| DN-36 | Felice Gennari | BETA-1 | 90 |
| DN-40 | Elena Bantini | BETA-2 | 75 |
| DN-45 | Pasquale Panni | ALFA-2; BETA-3 | 20; 70 |

Con i dati organizzati in questo modo non è possibile distinguere i singoli progetti e neppure eseguire calcoli sulle ore lavorate per ciascun progetto. Una riorganizzazione dei dati in forma atomica potrebbe essere la seguente:

| Matricola | Cognome | Nome | Progetto 1 | Ore Progetto1 | Progetto 2 | Ore Progetto2 | Progetto 3 | Ore Progetto3 |
|---|---|---|---|---|---|---|---|---|
| DN-26 | Rossi | Antonio | ALFA-1 | 25 | ALFA-3 | 40 | ALFA-4 | 30 |
| DN-30 | Trizzi | Giovanna | ALFA-1 | 5 | ALFA-3 | 35 | ALFA-5 | 60 |
| DN-35 | Esposito | Marco | ALFA-1 | 15 | ALFA-2 | 80 | | |
| DN-36 | Gennari | Felice | BETA-1 | 90 | | | | |
| DN-40 | Bantini | Elena | BETA-2 | 75 | | | | |
| DN-45 | Panni | Pasquale | ALFA-2 | 20 | BETA-3 | 70 | | |

Questa nuova disposizione dei dati rispetta il principio base della normalizzazione, ma lascia molti campi vuoti; inoltre, se a un impiegato venisse assegnato un quarto progetto, si dovrebbero aggiungere altri due campi, che resterebbero vuoti in tutti gli altri record. La situazione è simile a quella che abbiamo visto nel paragrafo "Relazione uno a molti", quando abbiamo provato ad aggiungere i numeri di telefono a una tabella di indirizzi.

La normalizzazione dei dati richiede, in questo caso, la creazione di due tabelle, entrambe concepite nel rispetto della univocità, correlate da una relazione uno a molti.

Avremo quindi una tabella *Dipendenti*, come questa, nella quale la chiave primaria è data dal campo *Matricola*.

| Matricola | Cognome | Nome |
|---|---|---|
| DN-26 | Rossi | Antonio |
| DN-30 | Trizzi | Giovanna |

| | | |
|---|---|---|
| DN-35 | Esposito | Marco |
| DN-36 | Gennari | Felice |
| DN-40 | Bantini | Elena |
| DN-45 | Panni | Pasquale |

Una seconda tabella, che possiamo chiamare *AvanzamentoProgetti*, utilizza il campo *Matricola* come chiave esterna, che la correla con la tabella *Dipendenti*.

| **Matricola** | **Progetto** | **OreLavorate** |
|---|---|---|
| DN-26 | ALFA-1 | 25 |
| DN-26 | ALFA-3 | 40 |
| DN-26 | ALFA-4 | 30 |
| DN-30 | ALFA-1 | 5 |
| DN-30 | ALFA-3 | 35 |
| DN-30 | ALFA-5 | 60 |
| DN-35 | ALFA-1 | 15 |
| DN-35 | ALFA-2 | 80 |
| DN-36 | BETA-1 | 90 |
| DN-40 | BETA-2 | 75 |
| DN-45 | ALFA-2 | 20 |
| DN-45 | BETA-3 | 70 |

Nella tabella *AvanzamentoProgetti* si può utilizzare una chiave primaria composta, formata dalla coppia di campi *Matricola+Progetto*.

Un livello successivo di normalizzazione stabilisce che una tabella non deve contenere campi con informazioni ridondanti. Supponiamo di aver bisogno di associare una descrizione a ciascun progetto; potremmo modificare la tabella *AvanzamentoProgetti* in questo modo:

| **Matricola** | **Progetto** | **Descrizione** | **OreLavorate** |
|---|---|---|---|
| DN-26 | ALFA-1 | Sviluppo sito Web | 25 |
| DN-26 | ALFA-3 | Sviluppo grafica | 40 |
| DN-26 | ALFA-4 | Acquisizione immagini fisse | 30 |
| DN-30 | ALFA-1 | Sviluppo sito Web | 5 |
| DN-30 | ALFA-3 | Sviluppo grafica | 35 |
| DN-30 | ALFA-5 | Acquisizione immagini dinamiche | 60 |

| | | | |
|---|---|---|---|
| DN-35 | ALFA-1 | Sviluppo sito Web | 15 |
| DN-35 | ALFA-2 | Nuova interfaccia applicativa | 80 |
| DN-36 | BETA-1 | Documentazione sito Web | 90 |
| DN-40 | BETA-2 | Sviluppo XML | 75 |
| DN-45 | ALFA-2 | Nuova interfaccia applicativa | 20 |
| DN-45 | BETA-3 | Ottimizzazione query | 70 |

La tabella così modificata contiene una colonna ridondante (la *Descrizione*) che viene ripetuta ogni volta che cambia il valore della colonna *Progetto*. Se la descrizione dei singoli progetti è importante, va gestita con una tabella separata, che potrebbe chiamarsi *Progetti* e avere questa struttura:

| **Progetto** | **Descrizione** |
|---|---|
| ALFA-1 | Sviluppo sito Web |
| ALFA-2 | Nuova interfaccia applicativa |
| ALFA-3 | Sviluppo grafica |
| ALFA-4 | Acquisizione immagini fisse |
| ALFA-5 | Acquisizione immagini dinamiche |
| BETA-1 | Documentazione sito Web |
| BETA-2 | Sviluppo XML |
| BETA-3 | Ottimizzazione query |

Un altro vincolo importante per la normalizzazione è il seguente: nessun attributo può dipendere da un attributo che non sia la chiave primaria. Se volessimo associare ai progetti alcune informazioni sui loro responsabili, l'aggiunta di un paio di colonne alla tabella Progetti fatta nel modo seguente:

| **Progetto** | **Descrizione** | **IDResponsabile** | **Responsabile** |
|---|---|---|---|
| ALFA-1 | Sviluppo sito Web | G-1 | Bianchini |
| ALFA-2 | Nuova interfaccia applicativa | G-2 | Gabetti |
| ALFA-3 | Sviluppo grafica | G-2 | Gabetti |
| ALFA-4 | Acquisizione immagini fisse | G-2 | Gabetti |
| ALFA-5 | Acquisizione immagini dinamiche | G-2 | Gabetti |
| BETA-1 | Documentazione sito Web | G-3 | Russo |
| BETA-2 | Sviluppo XML | G-1 | Bianchini |
| BETA-3 | Ottimizzazione query | G-1 | Bianchini |

violerebbe questo vincolo, perché l'attributo *Responsabile* non dipende dalla chiave primaria *Progetto*, ma dalla colonna *IDResponsabile*, che è un attributo. I dati sui responsabili dei progetti vanno quindi gestiti con una tabella separata, che si colloca dal lato uno di una relazione uno a molti con la tabella Progetti, in questo modo:

| IDResponsabile | Responsabile |
|---|---|
| G-1 | Bianchini |
| G-2 | Gabetti |
| G-3 | Russo |

La normalizzazione delle tabelle produrrebbe quindi, continuando con l'esempio che stiamo illustrando, un database articolato in quattro tabelle, come si può vedere dalla Figura 2.4.

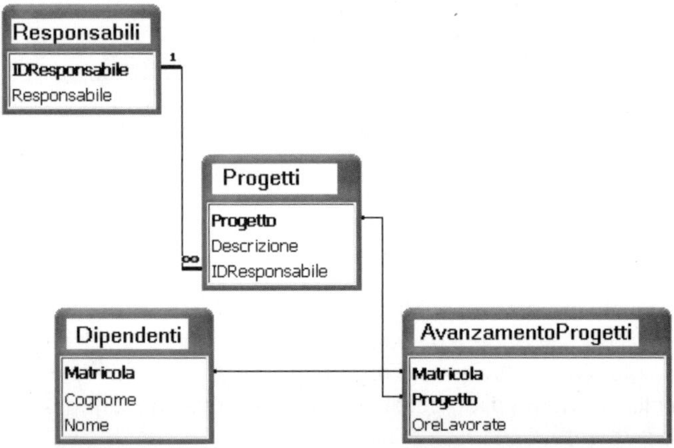


**Figura 2.4** L'insieme delle tabelle rispetta tutti i vincoli della normalizzazione.

Nella progettazione di tabelle e database, l'aiuto concettuale che deriva dai criteri di normalizzazione che abbiamo appena illustrato è importante, ma l'orientamento principale deve venire da un'accurata analisi dei risultati che si vogliono ottenere; un database non è un fine in sé, ma uno strumento per gestire agevolmente dati che si utilizzano per produrre o vendere merci, per esempio, o per amministrare personale, impianti, magazzini e risorse in genere: in una tabella con righe che rappresentano impiegati, una colonna che contiene l'attributo *Età* è atomica e rispetta le regole della normalizzazione, ma i dati in quella colonna saranno privi di valore un anno dopo essere stati inseriti; meglio, in questo caso, una colonna con l'attributo *DataDiNascita*, i cui valori possono essere utilizzati per ricavare correttamente, con una semplice operazione aritmetica, l'età di ciascun impiegato ogni volta che serve.

Prendendo spunto da questo semplice esempio, è bene evitare di inserire colonne che contengono valori calcolati. In una tabella con situazioni di magazzino come quella che vediamo qui di seguito:

| Codice | Descrizione | Quantità | ValoreUnitario | ValoreTotale |
|---|---|---|---|---|
| BZ05 | Bullone zincato 5x10 | 5.000 | € 0,15 | € 750,00 |
| BZ06 | Bullone zincato 6x10 | 6.000 | € 0,16 | € 960,00 |
| BZ08 | Bullone zincato 8x10 | 4.500 | € 0,18 | € 810,00 |
| BZ10 | Bullone zincato10x12 | 2.800 | € 0,20 | € 560,00 |
| BZ12 | Bullone zincato 12x18 | 3.000 | € 0,22 | € 660,00 |
| RP52 | Rondella piana 5x2 | 9.000 | € 0,05 | € 450,00 |
| RP53 | Rondella piana 5x3 | 9.000 | € 0,05 | € 450,00 |
| RP54 | Rondella piana 5x4 | 8.000 | € 0,05 | € 400,00 |
| RP55 | Rondella piana 5x5 | 7.000 | € 0,06 | € 420,00 |
| RP56 | Rondella piana 5x6 | 5.000 | € 0,07 | € 350,00 |
| DZ05 | Dado esag zinc 5 | 5.500 | € 0,15 | € 825,00 |
| DZ06 | Dado esag zinc 6 | 6.500 | € 0,16 | € 1.040,00 |
| DZ08 | Dado esag zinc 8 | 5.000 | € 0,18 | € 900,00 |
| DZ10 | Dado esag zinc 10 | 3.000 | € 0,20 | € 600,00 |
| DZ12 | Dado esag zinc 12 | 3.200 | € 0,22 | € 704,00 |

La colonna *ValoreTotale* non rispetta la normalizzazione, perché il suo contenuto dipende da quello delle colonne *Quantità* e *ValoreUnitario*, e questo già ne giustificherebbe l'eliminazione. Ma a parte questa considerazione formale, la sua presenza rende la tabella difficile da gestire, perché i contenuti andrebbero ricalcolati ogni volta che interviene una modifica nella quantità o nel valore unitario: meglio, quindi, eliminarla del tutto e generare per altra via il valore totale ogni volta che serve.

## Creare tabelle in Access

Proviamo ora a costruire un semplice database con Access, tenendo conto degli orientamenti generali presentati nei paragrafi precedenti.

Il nostro database si chiamerà *Rubrica* e servirà per gestire dati elementari su amici, conoscenze occasionali, persone con cui abbiamo rapporti di lavoro e imprese con le quali teniamo contatti abituali.

Stabiliamo di creare un'unica tabella per contenere dati su persone e imprese e la chiameremo *Indirizzi*. Per gestire i numeri di telefono prepareremo altre due tabelle, una chiamata *Telefoni* e l'altra *TipoTelefono*.

Visto che abbiamo un personal computer a disposizione nel quale sono installati anche Word ed Excel, serviamoci di uno di questi strumenti per cominciare a preparare un elenco di campi per le nostre tre tabelle: se non ci vengono in mente tutti subito non è un problema, perché è sempre possibile aggiungere nuovi campi alla struttura dei record di una tabella Access.

La tabella più semplice è sicuramente quella che abbiamo chiamato *TipoTelefono*: i suoi record potrebbero essere composti da un solo campo, ma siccome non ci costa nulla farlo, aggiungiamo anche un campo per la chiave primaria, in questo modo

Tabella TipoTelefono

| **Campo** | **Descrizione** |
|---|---|
| IDTipo | Chiave primaria |
| Tipo | Tipo di numero di telefono |

Per la tabella *Telefoni* usiamo lo stesso schema che abbiamo visto sopra nel paragrafo "Relazione uno a molti":

Tabella Telefoni

| **Campo** | **Descrizione** |
|---|---|
| CodiceTelefono | Chiave primaria |
| Raccordo | Chiave esterna per raccordo con Indirizzi |
| NumeroTelefono | Numero telefonico della persona o dell'azienda |
| Tipo | Tipo di numero di telefono |

La tabella *Indirizzi* è naturalmente più ricca di dati e può avere questa struttura:

Tabella Indirizzi

| Campo | Descrizione |
|---|---|
| IDIndirizzo | Chiave primaria |
| Appellativo | Forma di saluto o qualifica, solo per persone |
| Nome | Nome di battesimo, solo per persone |
| CognRagSoc | Cognome per le persone, Ragione sociale per le imprese |
| DataNascita | Solo per le persone |
| PIVA | Partita IVA |
| CodFisc | Codice fiscale |
| Indirizzo | Indirizzo stradale |
| Città | Città dell'indirizzo |
| CAP | Codice Avviamento Postale |
| Prov | Provincia |
| Attivo | Se barrato l'indirizzo è utilizzato, altrimenti è storico |
| Tipo | Tipo di contatto: Amico, Familiare, Collega, Fornitore, Cliente, Altro |
| Note | Campo per annotazioni libere |

Esaurita questa importante fase preliminare, salviamo il file Word o Excel nel quale abbiamo annotato i nomi dei campi e le loro descrizioni e possiamo finalmente metterci al lavoro avviando Access.

Quando si avvia Access, scegliendo in Windows il comando *Start/Programmi/Microsoft Office Access 2003*, si apre la finestra dell'applicazione presentando sulla destra un pannello piuttosto grande chiamato *Riquadro attività iniziale*, in fondo al quale troviamo un comando che dice *Crea un nuovo file*. Un clic su quel comando modifica l'aspetto del Riquadro attività, che si presenta come nella Figura 2.5.

Qui scegliamo il comando *Database vuoto*, che fa aprire la finestra di dialogo Windows per salvare un nuovo file, intitolata *Salva nuovo database*. Viene proposto il nome predefinito *db1.mdb*, che modifichiamo in *Rubrica* (l'estensione .mdb viene aggiunta automaticamente), scegliamo di salvare il nuovo database in una cartella del disco C che chiamiamo *Esempi*; un clic sul pulsante *Crea* nella finestra di dialogo *Salva nuovo database* completa le operazioni preliminari e siamo di fronte alla finestra Database del nuovo database, che presenta i pannelli che abbiamo visto nel Capitolo 1, ma ovviamente senza alcun oggetto.

Nei pannelli Tabelle, Query, Maschere, Report e Pagine sono presenti indicazioni tipo *Crea una tabella mediante una creazione guidata*, oppure *Crea una query mediante una creazione guidata*: un clic su una di queste scritte avvia una procedura semi automatica, chiamata Creazione guidata, che consente di ottenere un nuovo oggetto Access rispondendo alle domande presentate da una successione di schermate. Le creazioni guidate sono ottimi strumenti di lavoro, che fanno ri-

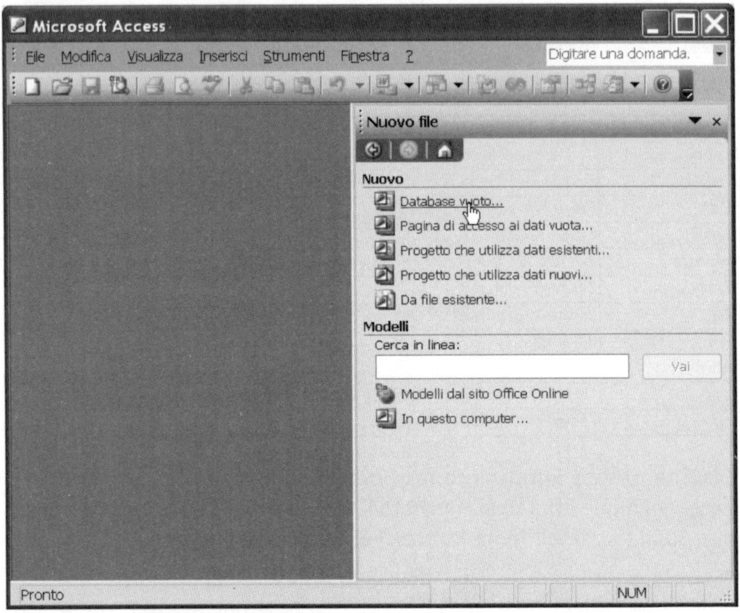


**Figura 2.5** Dal Riquadro attività si sceglie il comando per creare un nuovo file Access.

sparmiare tempo e fatica, e ce ne serviremo più avanti: adesso, però, vogliamo vedere come si costruiscono le tabelle, quindi – invece di farci guidare da Access – procediamo con i nostri mezzi, selezionando la prima opzione che si trova nel pannello Tabelle, che dice *Crea una tabella in visualizzazione Struttura* e vi facciamo sopra un doppio clic (in alternativa, potremmo fare clic sul pulsante *Nuovo* nella barra degli strumenti della finestra Database e selezionare *Visualizzazione Struttura* nella piccola finestra di dialogo *Nuova tabella* che si sovrappone al pannello Tabelle).

Si apre una schermata strutturalmente identica a quella della Figura 1.0 del Capitolo 1, ma senza alcun dato nella griglia superiore né nel pannello inferiore; nella barra del titolo c'è il titolo provvisorio *Tabella1*.

Dobbiamo ora scrivere i nomi dei campi a uno a uno nelle caselle della colonna *Nome campo* e le descrizioni nelle caselle corrispondenti della colonna *Descrizione*: se abbiamo predisposto queste scritte in un documento Word o in un foglio di lavoro Excel, possiamo comodamente selezionarle a una a una, copiarle e incollarle nella caselle di destinazione della struttura della nuova tabella.

Ogni volta che inseriamo un nome nella colonna *Nome campo*, nella casella corrispondente della colonna immediatamente a fianco, intitolata *Tipo dati*, si imposta automaticamente il valore predefinito *Testo*: possiamo lasciarlo impostato così fino al termine del lavoro di scrittura dei nomi dei campi. Per la tabella Indirizzi dovremmo ottenere un risultato simile a quello che si vede nella Figura 2.6.

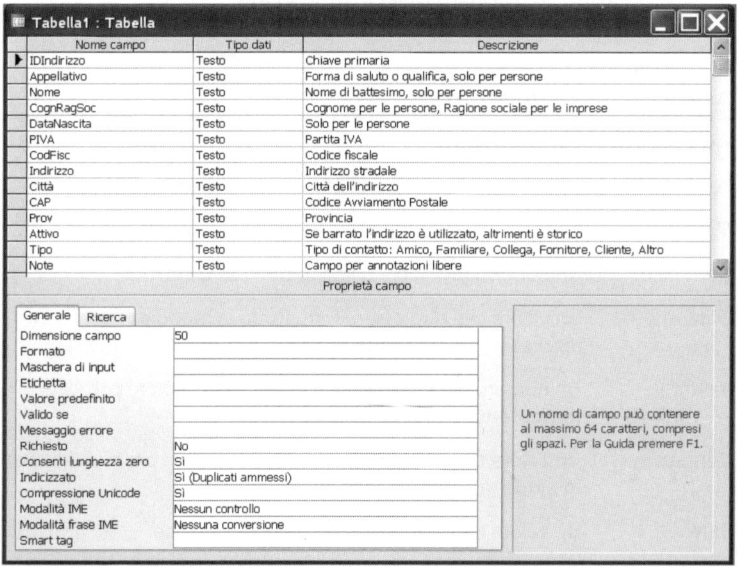


**Figura 2.6** La struttura della tabella Indirizzi in costruzione.

Un record può contenere fino a 255 campi, ma la lunghezza complessiva di un record non può superare i 2000 caratteri. La nostra tabella Indirizzi contiene soltanto 14 campi, quindi siamo ampiamente al di sotto dei limiti massimi consentiti.

## I dati nei campi

La colonna *Tipo dati* della struttura di una tabella è di importanza fondamentale e merita alcuni approfondimenti. Abbiamo spiegato prima che, per ragioni logiche, i campi di una tabella devono essere atomici, cioè contenere un solo dato che definisce un attributo dell'entità. Per ragioni di sistema, il dato di un campo deve essere sempre dello stesso tipo: una stringa di caratteri oppure un numero o una data o un valore logico Vero/Falso, non è fisicamente possibile gestire una tabella nella quale lo stesso campo in un record contiene una data e in un altro una stringa di testo. È per questa ragione che Access imposta sempre automaticamente un valore predefinito per il tipo del dato non appena scriviamo il nome di un nuovo campo.

Le caselle della colonna *Tipo dati* sono tutte caselle combinate, dalle quali si possono selezionare dieci distinti valori, i primi nove dei quali sono riepilogati nella Tabella 2.1.

**Tabella 2.1** I tipi di dati dei campi.

| **Tipo di dato** | **Caratteristiche** |
|---|---|
| Testo | Una stringa di non più di 255 caratteri alfanumerici |
| Memo | Un testo libero lungo al massimo 65.535 caratteri |
| Numerico | Un numero intero o decimale, con o senza segno |
| Data/ora | Un valore che può essere formattato in modo da rappresentare una data, un orario o entrambi |
| Valuta | Un numero decimale con un formato particolare per rappresentare importi di denaro |
| Contatore | Un valore numerico di tipo particolare, usato per individuare in modo univoco i record di una tabella |
| Sì/No | Un valore logico che può essere o vero o falso |
| Oggetto OLE | Un elemento software (file immagine, file audio o di altro tipo), associato al campo, ma residente in un file separato |
| Collegamento ipertestuale | Stringa di caratteri particolari, che individuano un elemento di informazione collegato al record. Tale elemento può essere interno o esterno al file del database |

I campi di tipo *Memo* e *Oggetto OLE* non contengono dati effettivi, ma soltanto un riferimento, lungo dieci caratteri, al documento Memo o all'Oggetto OLE, pertanto ogni campo di questo tipo assorbe soltanto dieci dei duemila caratteri disponibili per un record.

In ogni casella combinata Tipo dati è presente anche una voce *Ricerca guidata*. Come il nome lascia immaginare, non si tratta di un tipo di dato, ma del nome di una funzionalità che può essere attivata selezionando quella voce. Possiamo trascurarla, per il momento, ce ne occuperemo più avanti.

Dobbiamo ora assegnare il tipo di dato corretto a ciascun campo, sostituendo quando è il caso il tipo predefinito *Testo* che viene impostato automaticamente da Access quando si crea un nuovo campo. I tipi appropriati per i dati dei campi della tabella Indirizzi sono i seguenti:

| **Campo** | **Tipo dati** |
|---|---|
| IDIndirizzo | Contatore |
| Appellativo | Testo |
| Nome | Testo |
| CognRagSoc | Testo |
| DataNascita | Data/ora |
| PIVA | Testo |
| CodFisc | Testo |
| Indirizzo | Testo |
| Città | Testo |
| CAP | Testo |
| Prov | Testo |
| Attivo | Sì/no |
| Tipo | Testo |
| Note | Memo |

Mentre assegniamo i tipi dei dati per le varie colonne notiamo che nel pannello inferiore, *Proprietà campo*, vengono automaticamente impostati alcuni valori predefiniti, che variano a seconda del tipo di dato per quel campo. In particolare, per i campi con tipo dati *Testo* la proprietà *Dimensione campo* viene impostata su 50: un campo di tipo *Testo* può contenere un massimo di 250 caratteri, il valore impostato nella proprietà *Dimensione campo* rappresenta un limite superiore, per cui il valore 50, che viene assegnato automaticamente, consente di inserire nel campo fino a 50 caratteri, una dimensione più che adeguata per i dati che verranno inseriti nei record.

Dopo aver impostato i valori nella colonna Tipo dati, selezioniamo il campo *IDIndirizzo* e facciamo clic sul pulsante della barra degli strumenti che porta l'icona di una chiave: a lato del selettore della riga compare la stessa icona della chiave, per segnalare che quel campo è ora impostato come chiave primaria della tabella. Il risultato di questa seconda fase del nostro lavoro di preparazione è riportato nella Figura 2.7.

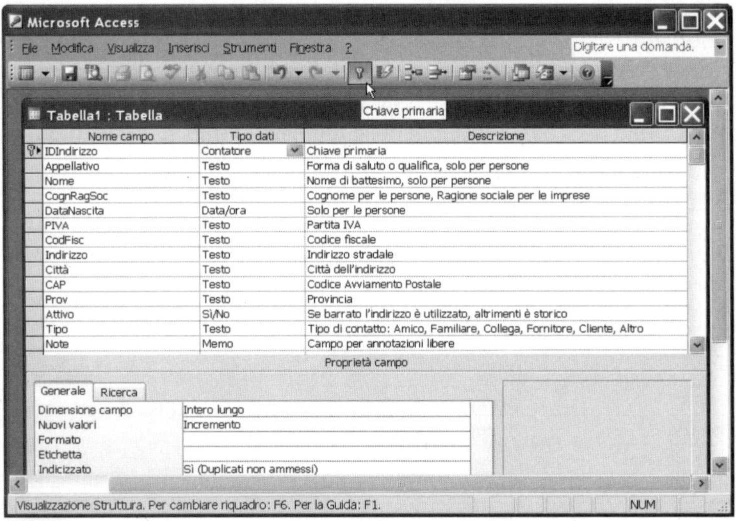


**Figura 2.7** La struttura della tabella Indirizzi con i tipi dei dati impostati.

La struttura della tabella Indirizzi ora è pronta, non ci resta che salvarla scegliendo il comando *Salva* dal menu *File*: una piccola finestra di dialogo intitolata *Salva con nome* ci chiede un nome alternativo a quello predefinito, digitiamo **Indirizzi** nella casella e quindi premiamo il pulsante OK, la finestra di dialogo si chiude e nella barra del titolo della finestra di struttura, che resta aperta, compare il nome *Indirizzi* al posto del nome provvisorio *Tabella1*.

Chiudiamo la finestra di struttura con un clic sul suo pulsante di chiusura e ripetiamo le stesse operazioni che abbiamo eseguito fin qui per creare le altre due tabelle che ci occorrono, *Telefoni* e *TipoTelefono*: per quest'ultima imposteremo il tipo dei suoi due soli campi in questo modo:

| **Campo** | **Tipo dati** |
|---|---|
| IDTipo | Contatore |
| Tipo | Testo |

mentre per la tabella *Telefoni* i tipi saranno i seguenti:

| Campo | Tipo dati |
|---|---|
| CodiceTelefono | Contatore |
| Raccordo | Numerico |
| NumeroTelefono | Testo |
| Tipo | Testo |

***Chiave primaria e contatore***

*Per i campi IDIndirizzo, IDTipo e CodiceTelefono, che sono la chiave primaria delle tabelle Indirizzi, TipoTelefono e Telefoni, abbiamo scelto il tipo di dato Contatore. Questo è un tipo di dato Numerico che viene gestito direttamente da Access, senza che l'utente possa interferire. I dati di tipo Numerico si articolano in vari sottotipi, uno dei quali si chiama Intero lungo ed è utilizzato per i contatori; un Intero lungo è un numero intero che può avere un valore compreso fra -2.147.483.648 e +2.147.483.647.*

*Quando un campo è impostato come chiave primaria ed è di tipo Contatore, il valore memorizzato in quel campo viene gestito direttamente da Access, che provvede a modificarlo opportunamente ogni volta che viene inserito un nuovo record, in modo da garantire che il valore della chiave primaria sia sempre diverso per ogni record. Se si elimina un record, il numero che era stato generato per la sua chiave primaria di tipo Contatore non viene più utilizzato. Se in una tabella con otto record si elimina l'ultimo, al quale è stato assegnato il numero 8 come chiave primaria, e successivamente si inserisce un nuovo record, questo avrà come chiave primaria il numero 9 anche se i record sono in tutto otto.*

## Creare una relazione

Dopo aver creato le strutture delle tabelle, dobbiamo far sapere ad Access che intendiamo stabilire una relazione uno a molti fra la tabella Indirizzi e la tabella Telefoni. A questo scopo si attiva la finestra di dialogo *Relazioni*, premendo il pulsante con lo stesso nome che sta nella barra degli strumenti Database. Si apre una finestra vuota intitolata *Relazioni* e la barra degli strumenti Database viene sostituita da una barra degli strumenti diversa che si chiama *Relazione*. In questa scegliamo il pulsante *Mostra tabella*, provocando l'apertura di una finestra di dialogo omonima, nella quale sono elencate le tre tabelle che abbiamo appena costruito. Selezioniamo la tabella Indirizzi e facciamo clic sul pulsante *Aggiungi*, ripetiamo la stessa operazione per la tabella Telefoni, quindi chiudiamo la finestra con un clic sul pulsante *Chiudi*.

Nella finestra di dialogo *Relazioni* ora troviamo affiancati due elementi grafici che rappresentano le due tabelle e i loro campi. Per creare la relazione dobbiamo fare clic sul campo IDIndirizzo nello schema della tabella Indirizzi e trascinarlo verso lo schema della tabella Telefoni, fino a toccare col puntatore del mouse il campo Raccordo di questa tabella: mentre eseguiamo l'operazione il puntatore del mouse in movimento viene seguito da un piccolo rettangolo che simboleggia il campo che viene trascinato. Nel momento in cui avviene l'aggancio fra il campo IDIndirizzo e il campo Raccordo si verificano due eventi: il piccolo rettangolo che seguiva il puntatore del mouse scompare e fra i due campi si disegna una linea continua che li unisce; contestualmente si apre la finestra di dialogo che vediamo nella Figura 2.8, nella quale possiamo specificare alcune caratteristiche della relazione che stiamo creando.

**Figura 2.8** Nella finestra di dialogo Modifica relazioni si impostano i criteri per l'integrità referenziale.

L'espressione "integrità referenziale" ricorda un po' il gergo della burocrazia ospedaliera, ma in realtà fa riferimento a un problema che può manifestarsi quando si lavora con tabelle correlate da una relazione uno a molti: nel nostro caso, se eliminiamo dalla tabella Indirizzi un record al quale sono associati alcuni record nella tabella Telefoni, questi ultimi rimangono "orfani", perché non esiste più nella tabella Indirizzi il record della persona o dell'impresa che ha quei numeri di telefono. Se inserissimo nella tabella Telefoni qualche record che nel campo Raccordo non ha un valore corrispondente a uno di quelli contenuti nel campo IDIndirizzo della tabella Indirizzi creeremmo ancora una volta degli "orfani". Nell'uno come nell'altro caso, comprometteremmo l'integrità dei riferimenti uno a molti. Se spuntiamo la casella di controllo associata alla dicitura *Applica integrità referenziale*, diamo mandato ad Access di segnalare il verificarsi di questi due inconvenienti, segnalandolo con una finestra di messaggio.

Spuntando l'una o l'altra delle due caselle di controllo associate alle diciture *Aggiorna campi correlati a catena* ed *Elimina record correlati a catena* abilitiamo Access a intervenire automaticamente quando si rischia di compromettere l'integrità referenziale.

La prima opzione, se attivata, fa sì che una eventuale modifica della chiave primaria di un record della tabella master venga automaticamente ripetuta sui record correlati nella tabella figlia; questa opzione può essere utile quando è l'utente a stabilire quale deve essere per ciascun nuovo record della tabella master il valore della chiave primaria e non quando questo valore viene generato automaticamente in un campo di tipo Contatore.

Se si attiva la seconda opzione, l'eliminazione di un record nella tabella master determina automaticamente l'eliminazione di tutti i record a esso correlati nella tabella figlia.

Entrambe le opzioni sono attivabili soltanto se si abilita prima l'opzione *Applica integrità referenziale.*

Nel nostro caso limitiamoci a spuntare soltanto la casella di controllo *Applica integrità referenziale* e quindi chiudiamo la finestra di dialogo *Modifica relazioni* con un clic sul pulsante *Crea.*

La finestra *Relazioni* si presenta ora come nella Figura 2.9, con le due tabelle congiunte da un alinea, che prende il nome tecnico di "linea di join" che porta il numero 1 nel punto d'origine (il campo IDIndirizzo della tabella Indirizzi) e il simbolo dell'infinito nel punto di arrivo (il campo Raccordo della tabella Telefoni).

Un doppio clic sulla linea di join apre un piccolo menu contestuale, che consente di eliminare la relazione oppure di modificarla: scegliendo questa seconda opzione torna ad aprirsi la finestra di dialogo *Modifica relazioni.*

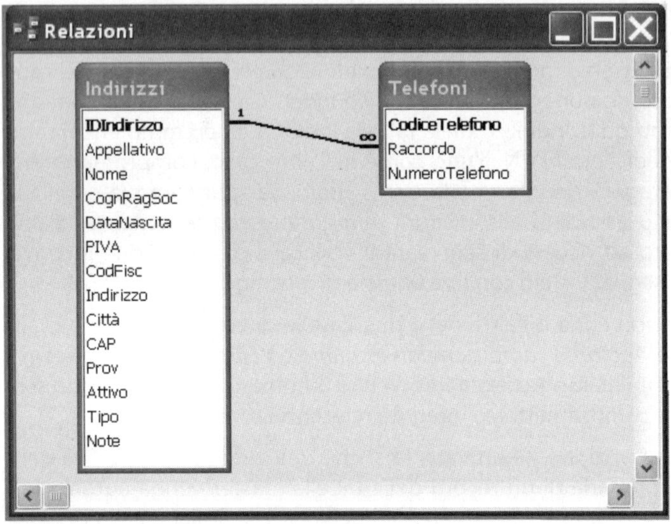


**Figura 2.9** La finestra Relazioni mostra la relazione che è stata creata fra le due tabelle.

Chiudiamo la finestra *Relazioni*, rispondendo *Sì* alla finestra di messaggio che chiede se vogliamo salvare le modifiche al layout della finestra.

Il lavoro di preparazione e di impostazione è finito, quindi possiamo provare a utilizzare le nostre tabelle creando qualche record.

## Inserire i dati

Cominciamo con la tabella più semplice, TipoTelefono, il cui record ha un solo campo per i dati (il contenuto dell'altro campo, IDTipo, è generato automaticamente perché di tipo Contatore).

Apriamo la tabella in visualizzazione Foglio dati, facendo un clic sul pulsante *Apri* della barra degli strumenti della finestra Database.

Compare la tabella presentando un solo record vuoto, che nel primo campo contiene la scritta in negativo *(Contatore)* per segnalare che non dobbiamo immettervi alcun dato. Selezioniamo il secondo campo e vi scriviamo dentro una descrizione. Mentre eseguiamo questa operazione, nel campo IDTipo compare il numero 1 e nel selettore del record, all'estremità di sinistra, viene visualizzata l'icona di una matita, per segnalare che è in corso una modifica. Quando questa icona è visibile, l'immissione di un dato in un campo può essere annullata semplicemente premendo il tasto Esc. La situazione è quella che vediamo nella Figura 2.10.

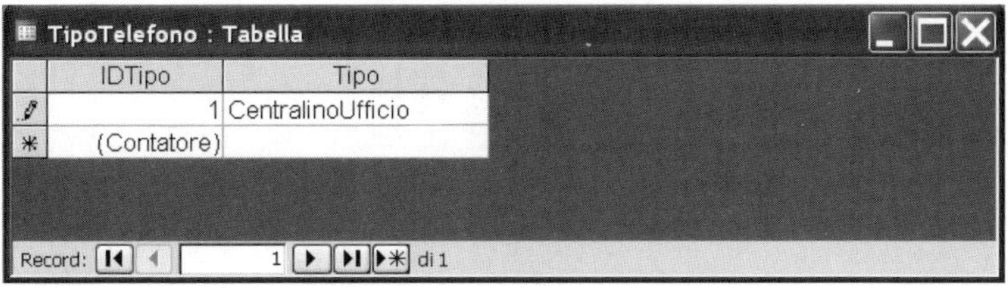


**Figura 2.10** È in corso l'immissione di un nuovo record nella tabella TipoTelefono.

Terminata la scrittura del contenuto del campo Tipo, premiamo il tasto Tab e veniamo portati in testa a un nuovo record vuoto; contemporaneamente l'icona della matita scompare dal selettore del record precedente, per segnalare che la stringa di caratteri che abbiamo digitato è stata acquisita.

Ripetiamo l'operazione per un certo numero di volte, immettendo di volta in volta una nuova descrizione nel campo Tipo: contestualmente, viene generato un nuovo valore nel campo IDTipo di ogni nuovo record. Il risultato del nostro lavoro potrebbe essere il seguente:

| Tabella TipoTelefono | |
|---|---|
| **IDTipo** | **Tipo** |
| 1 | Centralino ufficio |
| 2 | Diretto ufficio |
| 3 | Fisso casa |
| 4 | Fisso seconda casa |
| 5 | Cellulare |

Chiudiamo la tabella senza che Access chieda di salvare i nuovi dati: diversamente da altre applicazioni Office, quali per esempio Word ed Excel, che chiedono sempre se si intende salvare le modifiche quando si chiude un documento nel quale si è inserito qualcosa di nuovo, in Access tutte le modifiche ai dati di una tabella vengono acquisite contestualmente alla loro immissione, mentre invece viene chiesta la conferma quando si chiude una tabella dopo averne modificato la struttura.

Passiamo ora a inserire qualche nuovo record nella tabella Indirizzi, che potrebbe presentarsi in questo modo dopo l'inserimento dei primi tre record:

**Tabella Indirizzi**

| IDIndirizzo | Appellativo | Nome | CognRagSoc | DataNascita | PIVA | CodFisc | Indirizzo | Città | CAP | Prov | Attivo | Tipo | Note |
|---|---|---|---|---|---|---|---|---|---|---|---|---|---|
| 1 | Prof. | Giovanni | Abate | 12/11/1975 | | BTIGNN75S11F205F | via Adda, 10 | Milano | 20124 | MI | Sì | Amico | |
| 2 | Rag. | Enrico | Gatti | 20/06/1971 | | GTTNRC71H20E897C | via Risorgimento, 24 | Mantova | 46100 | MN | Sì | Amico | |
| 3 | Spettabile | | Le Ginestre Hotel Srl | | 09543920125 | | via Negrotto Cambiaso, 12 | Voghera | 27058 | PV | Sì | Fornitore | |

Come nel caso della tabella TipoTelefoni, anche per gli Indirizzi il valore della chiave primaria viene inserito automaticamente ed è un numero progressivo.

Mentre procediamo con l'inserimento dei dati (che verosimilmente ricaviamo da una rubrica cartacea) ci rendiamo conto che nel campo *Appellativo* scriviamo di volta in volta sempre le stesse stringhe di caratteri: *Prof.* per Professore, *S.ra* per Signora, *Spettabile* quando si tratta di un'impresa e così via. Possiamo snellire questa operazione predisponendo un elenco di appellativi fra i quali scegliere con un clic in una casella combinata, invece di doverli scrivere di volta in volta.

Chiudiamo quindi la tabella Indirizzi e riapriamola in visualizzazione Struttura. Selezioniamo il campo Appellativo e ci portiamo nel pannello Proprietà campo, dove apriamo la scheda *Ricerca.*

Qui vediamo una casella combinata accanto alla dicitura *Visualizza controllo*. La casella combinata contiene l'opzione *Casella di testo*: facciamo scendere l'elenco delle opzioni e selezioniamo *Casella combinata.*

La scheda Ricerca ora presenta una serie di caselle dove impostiamo queste opzioni:

| | |
|---|---|
| Tipo origine riga: | Elenco valori |
| Colonna associata: | 1 |
| Numero colonne | 1 |
| Intestazioni colonne: | No |

Nella casella *Origine riga* digitiamo un elenco ordinato alfabeticamente degli appellativi che vogliamo utilizzare, separati ciascuno da un punto e virgola: un possibile elenco potrebbe essere il seguente:

Avv.;Dr.;Dr.sa;Ing.;Prof.;Rag.;S.na;S.ra;Sig.;Spettabile

Lasciamo invariati i valori predefiniti che compaiono nelle altre caselle della scheda Ricerca: alla fine di questo lavoro di impostazione dovremmo avere un risultato simile a quello che si vede nella Figura 2.11.

Dopo aver salvato le modifiche alla struttura della tabella Indirizzi possiamo tornare ad aprirla in visualizzazione Foglio dati: come si vede nella Figura 2.12, il campo Appellativo ora si presenta come una casella combinata, dalla quale è comodo scegliere un appellativo senza doverlo scrivere ogni volta col rischio di fare errori di battitura o di inserire stringhe disomogenee.

Per completare la preparazione dei dati adesso dobbiamo inserire i numeri di telefono nella tabella Telefoni, specificando per ciascun nu-

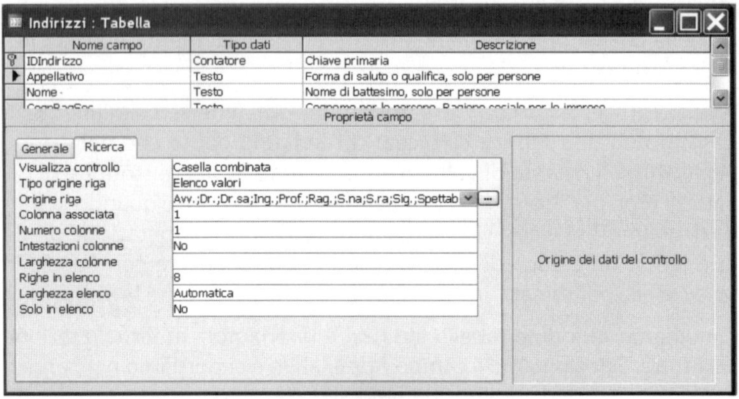


**Figura 2.11** L'impostazione di una casella combinata per avere un elenco di valori da selezionare per un campo.

**Figura 2.12** Il campo Appellativo ora si presenta come una casella combinata.

mero il tipo (fisso, cellulare eccetera) prelevandolo dall'elenco dei tipi che abbiamo predisposto nella tabella TipoTelefono.

Potremmo eseguire questa operazione aprendo contemporaneamente le due tabelle in visualizzazione Foglio dati, in modo da poter di volta in volta copiare uno dei valori disponibili nel campo Tipo della tabella TipoTelefono e incollarlo nel campo corrispondente della tabella Telefoni (in Access si possono utilizzare i comandi Windows per copiare e incollare dati nei campi dei record: Ctrl+C per copiare e Ctrl+V per incollare). Potremmo farlo, ma sarebbe troppo macchinoso: meglio quindi adottare una soluzione simile a quella che abbiamo scelto per il campo Appellativo della tabella Indirizzi.

***Modifica proprietà***

*Quando si modifica una proprietà nella scheda Ricerca o nella scheda Generale del pannello Proprietà campo compare una piccola finestra di dialogo che presenta alcune opzioni relative all'aggiornamento. Questa funzionalità può essere comoda quando si lavora su un'applicazione articolata in molte maschere e report, ma per applicazioni semplici come quella che stiamo sviluppando è più un fastidio che un aiuto. Si può disattivare questo meccanismo scegliendo il comando Opzioni dal menu Strumenti di Access, facendo così aprire la finestra di dialogo Opzioni, selezionando poi in questa la scheda Tabelle/query e qui deselezionando la casella di controllo Mostra pulsanti delle opzioni di aggiornamento proprietà. Dopo aver dato questo comando si chiude la finestra di dialogo Opzioni con un clic su OK e si possono modificare tranquillamente le proprietà di un campo senza che si attivi la funzionalità per l'aggiornamento.*

Portiamo quindi la tabella Telefoni in visualizzazione Struttura, selezioniamo il suo campo Tipo e apriamo la scheda *Ricerca* nel pannello *Proprietà campo*. Scegliamo *Casella combinata* come opzione per *Visualizza controllo* e impostiamo su *Tabella/query* la proprietà *Tipo origine riga*, quindi facciamo clic destro sulla casella della proprietà *Origine riga* e dal menu contestuale che esce selezioniamo *Zoom*: si apre un'ampia e comoda finestra per digitare in quella casella il testo della seguente istruzione SQL:

```
SELECT Tipo FROM TipoTelefono ORDER BY Tipo;
```

Il carattere che si ha a disposizione nella finestra *Zoom* è quello, piuttosto minuto, utilizzato in tutti i controlli di Access, cioè il Tahoma corpo 8: possiamo cambiarlo per lavorare con più chiarezza facendo clic sul pulsante *Carattere*, provocando l'apertura di una finestra di dialogo dove si può selezionare un corpo più grande ed eventualmente un carattere diverso. La situazione che abbiamo davanti è quella riportata nella Figura 2.13.

Stabilizziamo la modifica facendo clic sul pulsante *OK*, la finestra *Zoom* si chiude e la nostra istruzione SQL è inserita nella casella della proprietà *Origine riga*.

Non è necessario essere esperti dello Structured Query Language per capire che questa istruzione seleziona il campo Tipo dalla tabella Tipo-

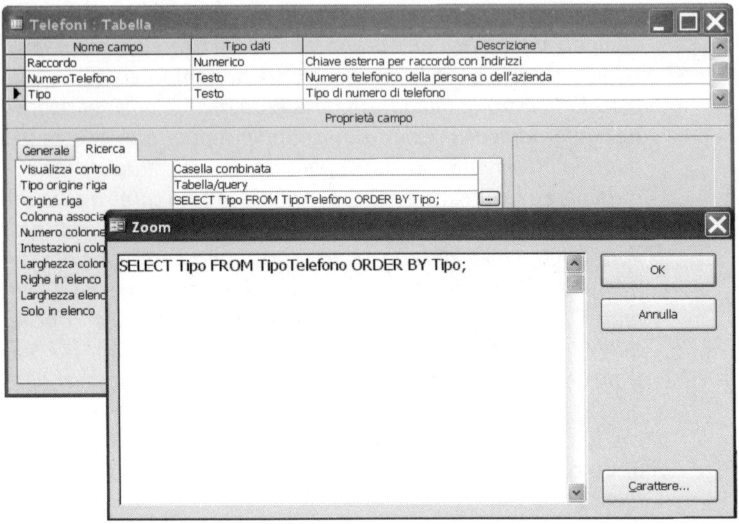


**Figura 2.13** L'inserimento di una istruzione SQL nella proprietà Origine riga di una casella combinata.

Telefono e presenta l'elenco così ottenuto ordinato alfabeticamente: l'istruzione SELECT, che ha la forma

SELECT *campo o campi*
FROM *tabella*

è completata in questo caso dalla clausola

ORDER BY *campo per l'ordinamento*

che specifica un campo fra quelli selezionati in base al quale ordinare i risultati. Per convenzione le parole chiave delle istruzioni SQL si scrivono in tutte maiuscole, ma Access le accetta anche scritte in minuscolo.

Se ora, dopo aver salvato le modifiche alla sua struttura, apriamo la tabella Telefoni in visualizzazione Foglio dati, constatiamo che il campo Tipo si presenta nella forma di una casella combinata, dalla quale si può selezionare comodamente e senza doverlo digitare un valore da inserire nel campo (Figura 2.14).

Qualche lettore attento potrebbe, a questo punto, chiedersi come mai, per ottenere questo risultato, non abbiamo utilizzato la stessa tecnica illustrata prima per il campo Appellativo della tabella Indirizzi,

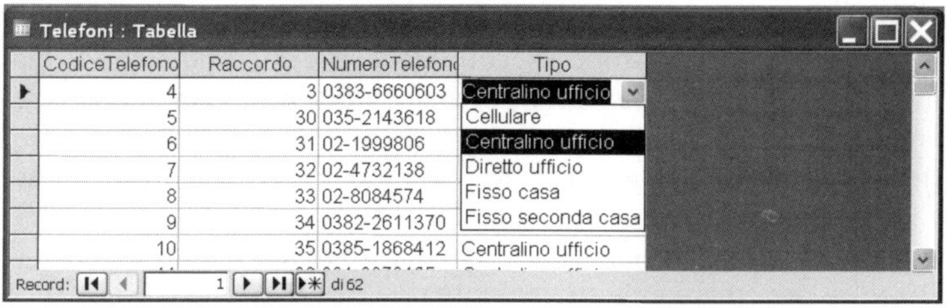


**Figura 2.14** La selezione del tipo di telefono è più agevole da una casella combinata.

dove abbiamo ottenuto una serie di valori per la casella combinata Appellativo elencando quei valori direttamente nella struttura della tabella (proprietà *Tipo origine riga: Elenco valori*) e non ricavandoli con una query. La domanda è corretta e le risposte sono due:

1. la prima ragione è didattico-espositiva: esistono tre tecniche diverse, in Access, per ottenere questo risultato ed è importante conoscerle tutte e tre (la terza, che utilizza *Elenco campi* per impostare la proprietà *Tipo origine riga*, utilizza anch'essa una istruzione SQL per la proprietà *Origine riga*, ma la query estrae i *nomi* dei campi e non i loro contenuti);

2. la seconda ragione è anch'essa espositiva, ma ha a che fare più con le tecniche di sviluppo di un'applicazione che con Access: la tipologia dei telefoni potrebbe arricchirsi, col tempo, di nuovi valori, per esempio "Cellulare UMTS", "Fisso casa al mare", "Fax" e così via; per aggiungere questi nuovi valori bisognerebbe aprire la tabella Telefoni in visualizzazione Struttura e cambiare l'elenco dei valori predisposto per la proprietà *Origine riga*, mentre – basando la casella combinata Tipo su valori ottenuti con una query – basta aggiungerli alla tabella TipoTelefono; la modifica della struttura di una tabella non può essere delegata a chi utilizza l'applicazione, ma è compito dell'esperto di Access che l'ha realizzata, mentre l'inserimento o l'eliminazione di record è un'operazione che può essere affidata senza alcun rischio a chi si serve dell'applicazione.

Anche per l'immissione dei valori nel campo Raccordo della tabella Telefoni è utile predisporre una casella combinata, perché qui l'utente dovrà digitare un numero intero, corrispondente al valore della chiave primaria della tabella Indirizzi e non si può pretendere che tenga aperta la tabella Indirizzi per individuare quel numero.

Torniamo quindi ad aprire la tabella Indirizzi in visualizzazione Struttura e ripetiamo per il campo Raccordo le stesse operazioni che abbiamo fatto prima per il campo Tipo, ma con questa variante: una volta arrivati alla casella della proprietà *Origine riga* invece di digitarvi dentro l'istruzione SQL di cui abbiamo bisogno facciamo semplicemente clic nella casella facendo così comparire sulla destra il pulsante con i tre puntini (che si chiama Genera). In questo modo si apre la griglia di struttura per creare interattivamente una query (quella che abbiamo visto nel Capitolo 1, paragrafo "Query", Figura 1.13). Sulla griglia appare aperta anche la finestra di dialogo *Mostra tabella*, nella quale selezioniamo la tabella Indirizzi. Chiudiamo *Mostra tabella* e adesso nel pannello superiore è inserito lo schema grafico della tabella Indirizzi.

Nella griglia QBE selezioniamo IDIndirizzo nella casella *Campo* della prima colonna e CognRagSoc nella stessa casella della seconda colonna. In questa, selezioniamo anche *Crescente* nella casella *Ordinamento*, ottenendo il risultato che vediamo nella Figura 2.15.

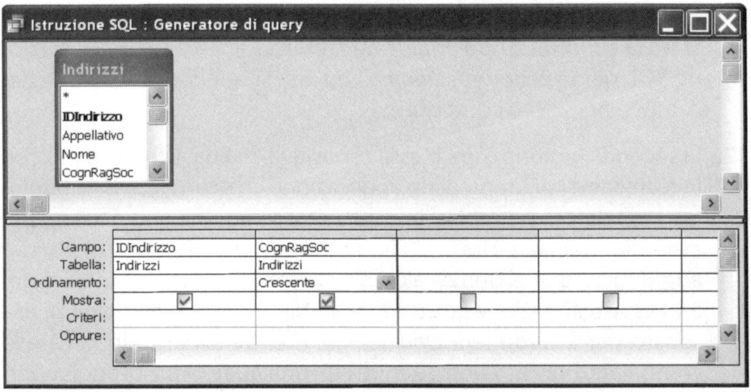


**Figura 2.15** La composizione della query per la proprietà Origine riga del campo Raccordo.

Chiudiamo la finestra del Generatore di query rispondendo Sì alla finestra di messaggio che ci chiede se vogliamo salvare le modifiche e aggiornare la proprietà.

Tornati nella struttura della tabella vediamo che ora la casella della proprietà *Origine riga* contiene questa istruzione SQL:

```
SELECT Indirizzi.IDIndirizzo, Indirizzi.CognRagSoc
FROM Indirizzi
ORDER BY Indirizzi.CognRagSoc;
```

Avremmo potuto digitare questa istruzione direttamente, ma usando il Generatore di query siamo sicuri di non commettere errori di battitura ed è anche più intuitivo creare l'istruzione SQL che ci serve; questa istruzione, generata automaticamente da Access, antepone sempre il nome della tabella di origine a quello di un campo, congiungendo i due elementi con un punto.

La query crea una tabella virtuale con due colonne, la prima contiene i valori del campo IDIndirizzo, e la seconda quelli del campo CognRagSoc; le righe sono ordinate alfabeticamente su questo secondo valore.

La casella combinata Raccordo presenterà quindi due valori affiancati, vogliamo che il primo (IDIndirizzo) sia acquisito nel campo Raccordo. Per ottenere questo risultato, dobbiamo impostare alcune proprietà nella scheda *Ricerca*, nel modo che vediamo nella Figura 2.16.

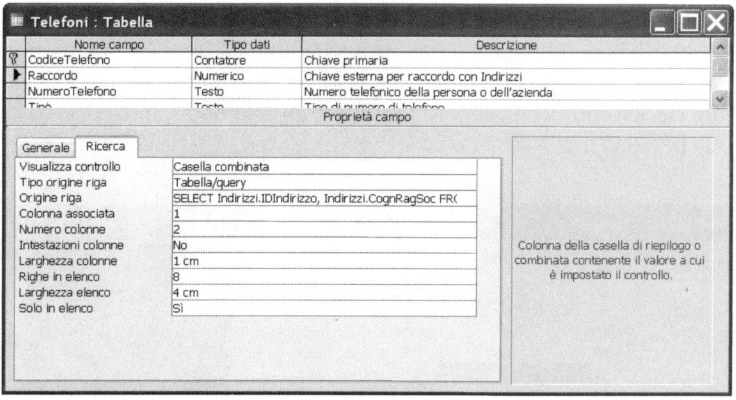


**Figura 2.16** Le altre proprietà da impostare nella scheda Ricerca.

Le proprietà da impostare sono le seguenti:

| Proprietà | Valore | Spiegazione |
|---|---|---|
| Colonna associata | 1 | Nel campo si inserirà la prima colonna dell'elenco |
| Numero colonne | 2 | Le righe della casella combinata mostreranno due colonne |
| Intestazioni colonne | No | Non vi saranno intestazioni sulle colonne della casella combinata |
| Larghezza colonne | 1 cm | La prima colonna sarà larga 1 cm, la seconda viene dimensionata automaticamente. |
| Righe in elenco | 8 | Valore predefinito: numero di righe visualizzate nella casella combinata |
| Larghezza elenco | 4 cm | Larghezza complessiva della casella combinata |
| Solo in elenco | Sì | Nel campo Raccordo si può inserire soltanto un valore selezionato nella casella combinata. |

Salviamo le modifiche alla struttura della tabella Indirizzi e apriamola in visualizzazione Foglio dati: adesso (Figura 2.17) un clic sul campo Raccordo permette di scegliere comodamente e senza sbagliare il valore necessario per collegare il numero di telefono con l'indirizzo di una persona o un'impresa.

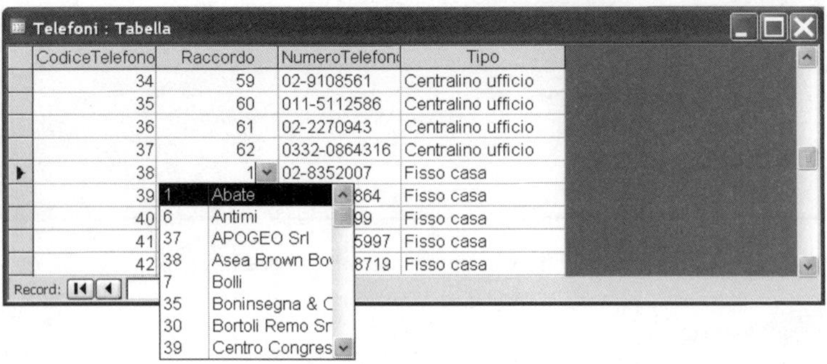


**Figura 2.17** Nel campo Raccordo si può scegliere senza sbagliare il numero che collega un indirizzo con un telefono.

Adesso che tutte le strutture delle nostre tre tabelle sono state arricchite di funzionalità per agevolare l'immissione dei dati, possiamo creare nuovi record nella tabella Indirizzi e aggiungere nuovi numeri di telefono agli indirizzi esistenti, quando è necessario.

# Importare dati

Nelle realtà organizzative dove è più conveniente creare applicazioni gestionali fondate su database Access – studi professionali, piccole e medie imprese – i dati da immettere nelle tabelle sotto forma di record possono essere annotazioni su registri o schede di carta oppure file creati con altre applicazioni (spesso si tratta di fogli di lavoro Excel). Quando i dati da inserire nel database esistono soltanto in forma cartacea, non ci sono alternative alla loro immissione a mano nelle tabelle Access, ma quando sono registrati in forma di file su computer si possono acquisire nel database utilizzando una delle numerose funzionalità per l'importazione di dati disponibili in Access: in questo modo si risparmiano tempo e lavoro manuale e si riducono quasi a zero gli errori di trascrizione, inevitabili quando si inseriscono manualmente i dati nelle tabelle.

Access consente di importare tabelle da altri database o da fogli di lavoro Excel, da pagine Web scritte in linguaggio HTML e da molte altre fonti: nel prossimo capitolo descriviamo come importare tabelle da altri database Access. Qui vediamo due esempi di acquisizione di dati esistenti: nel primo i dati sono immagazzinati in fogli di lavoro Excel e nel secondo importiamo una tabella salvata come file di testo.

## Importare da Excel

Supponiamo di dover creare una tabella MINUTERIE per gestire dati su un magazzino di ferramenta. I dati di partenza sono disponibili in una cartella di lavoro Excel chiamata INVENTARIO.XLS, che contiene un solo foglio di lavoro, MAGAZZINO A; l'intervallo con i dati va da A1 a C28 e nel foglio di lavoro si chiama RONDELLE. La cartella di lavoro Excel si presenta come nella Figura 2.18.

Possiamo creare direttamente la tabella MINUTERIE nel nostro database Access procedendo in questo modo:

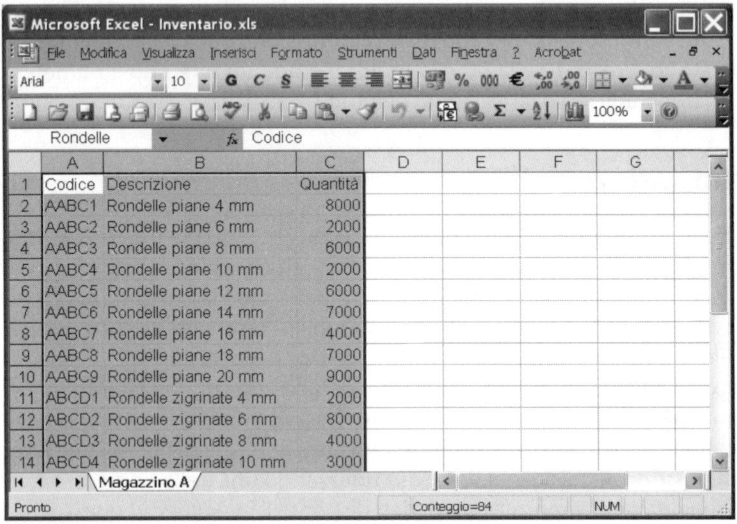


**Figura 2.18** La cartella di lavoro Excel Inventario.xls.

1. nel menu *File* scegliamo il comando *Carica dati esterni* e da questo il sottocomando *Importa*, ottenendo l'apertura della finestra di dialogo *Importa*;
2. nella casella combinata *Cerca in* della finestra di dialogo selezioniamo la cartella Windows che contiene il file INVENTARIO.XLS; selezioniamo `Microsoft Excel (*.xls)` nella casella combinata *Tipo file*: il nome del file INVENTARIO.XLS dovrebbe comparire nell'elenco dei file disponibili;
3. selezioniamo il file INVENTARIO.XLS e facciamo clic su *Importa*: si apre la prima finestra di dialogo della *Importazione guidata Foglio di calcolo*;
4. facciamo clic sul pulsante di opzione *Mostra intervalli definiti*, ottenendo la selezione dell'intervallo RONDELLE e la comparsa delle sue prime righe nella casella dei dati; controlliamo che i dati da importare siano quelli evidenziati e facciamo clic su *Avanti*;
5. nella finestra successiva spuntiamo la casella di controllo *Intestazioni di colonne nella prima riga* e proseguiamo con un clic su *Avanti*;

6. la finestra che segue chiede dove memorizzare i dati importati: è possibile creare con questi una nuova tabella oppure accodarli a una esistente; optiamo per la prima soluzione e procediamo con un clic su *Avanti*;

7. la nuova finestra di dialogo (Figura 2.19) riconosce l'esistenza di un campo fra i dati da importare che potrebbe essere utilizzato come chiave primaria; dalla casella combinata *Indicizzato* scegliamo *Sì (duplicati non ammessi)* e proseguiamo con un clic su *Avanti*

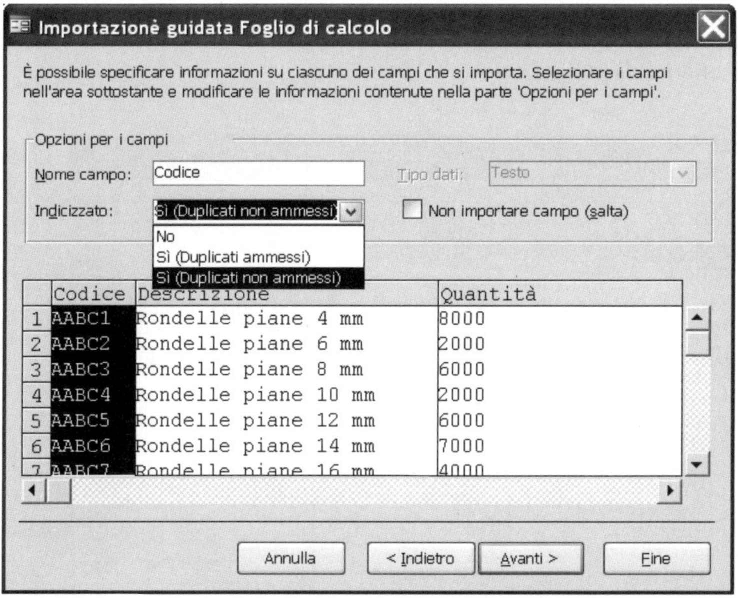


**Figura 2.19** In questa finestra dell'importazione guidata si caratterizzano i dati da importare

8. la finestra successiva propone di creare una chiave primaria o di usare un campo esistente a questo scopo; spuntiamo il pulsante di opzione *Chiave primaria definita dall'utente* e scegliamo come chiave primaria il campo CODICE che abbiamo caratterizzato come univoco nella finestra precedente; procediamo con un clic su *Avanti*;

9. l'ultima finestra dell'importazione guidata propone di usare il nome del foglio di lavoro Excel come nome per la nuova tabella; digitiamo invece il nome `Minuterie` e concludiamo l'operazione con un clic su *Fine*.

L'importazione guidata si conclude presentando una finestra di messaggio che conferma la riuscita dell'importazione dei dati.

Se ora apriamo la tabella Minuterie in visualizzazione Struttura, possiamo vedere (Figura 2.20) che la struttura della tabella corrisponde a quella dell'intervallo Rondelle nel foglio di lavoro Excel, che i tipi di dati sono corretti e il campo Codice è stato impostato come chiave primaria, con tipo dati *Testo* e non *Contatore*, perché non è composto soltanto da numeri.

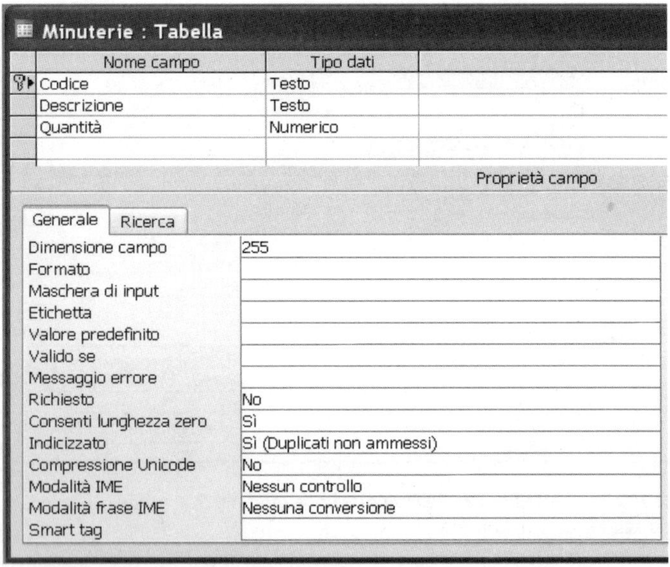


**Figura 2.20** La struttura della tabella importata da Excel.

## Importare file di testo

Nel gergo informatico si chiamano *file di testo* file contenenti dati composti esclusivamente da lettere dell'alfabeto, cifre e segni di interpunzione: questa caratteristica li rende leggibili da tutti i computer, dai grandi mainframe ai server di rete ai personal computer di qualunque tipo e che lavorano con qualsiasi sistema operativo. Queste sue caratteristiche fanno quindi di un file di testo il veicolo ideale per il trasferimento di dati fra applicazioni diverse che operano su sistemi non omogenei, perché tutte le applicazioni sono in grado di produrre output e di acquisire input sotto forma di file di testo.

Quando i dati da utilizzare come tabelle in un database sono disponibili come file di testo generati da altre applicazioni, si può ricorrere a una funzionalità Access molto simile a quella appena vista, chiamata *Importazione guidata Testo*. Questa funzionalità può acquisire dati provenienti da file di testo a condizione che siano organizzati in righe, ciascuna delle quali è vista come un record distinto. All'interno delle righe/record, i campi vengono individuati in due modi possibili:

- sono tutti della stessa lunghezza, separati da un carattere spazio;
- sono di lunghezza variabile, separati da un punto e virgola.

In pratica, nel file di testo da acquisire come input i dati devono essere organizzati in uno di questi due modi:

| | |
|---|---|
| Righe con campi di lunghezza fissa: | `ALFA 0032`<br>`BETA 9087`<br>`TETA 7843` |
| Righe con campi di lunghezza variabile: | `TORINO;98765`<br>`ALESSANDRIA;9854`<br>`ROMA;1285665` |

Qui sotto vediamo alcune righe di un file di testo strutturato per essere acquisito da Access, con campi di lunghezza variabile; la prima riga contiene le intestazioni dei campi:

```
Articolo; Fornitore; Cat; Confezione; Prezzo;¬
Giacenza; Ordinato; Riordino; Eliminato
Lasagne gustose; 26; 5; 24 confezioni da 250 g; 21,50;¬
40; 0; 20; No
Tagliatelle Bologna; 26; 5; 12 confezioni da 250 g;¬
18,00; 12; 10; 20; No
```

*per motivi tipografici qui le righe sono spezzate. Il simbolo ¬ indica dove l'a capo non va inserito: la riga nel file di testo deve continuare.*

Per importare i dati contenuti in un file di testo si utilizza una procedura *Importazione guidata Testo*, sostanzialmente uguale a quella che abbiamo descritto per l'importazione di un foglio di lavoro Excel.

Nel prossimo capitolo vedremo come aggiungere a tabelle Access esistenti i record di tabelle importate con una di queste tecniche.

## Collegare dati

Quando si sceglie il comando *Carica dati esterni* dal menu *File*, si hanno a disposizione due sottocomandi: *Importa*, che abbiamo utilizzato nell'esempio precedente, e *Collega tabelle*. Questo secondo comando attiva una procedura guidata per *collegare* dati invece di importarli: che cosa vuol dire?

La differenza fondamentale fra una tabella importata e una collegata sta nel fatto che le tabelle importate vivono una loro vita autonoma nel database Access in cui sono state importate: è possibile modificarne la struttura, aggiungere o eliminare record, utilizzarle come base per query, maschere e record, tutto senza che i dati d'origine ne risentano.

Quando si collega una tabella, invece, questa non vive autonomamente in Access: le modifiche che si fanno da Access a una tabella collegata vengono riflesse nell'applicazione d'origine della tabella, così come le modifiche fatte alla tabella nell'applicazione in cui risiede vengono riflesse in Access. L'esistenza del collegamento viene rappresentata nel pannello Tabelle della finestra Database da un'icona posta a lato del nome della tabella (per identificare l'applicazione d'origine) e da una freccia che segnala che si tratta di un collegamento.

Vediamo brevemente come si collega una tabella, utilizzando lo stesso file Excel che abbiamo usato per provare l'importazione.

1. Nel menu *File* scegliamo il comando *Carica dati esterni/Collega tabelle*.

2. Nella casella *Cerca in* della finestra di dialogo *Collega* selezioniamo la cartella Windows che contiene il file INVENTARIO.XLS e nella casella *Tipo file* scegliamo `Microsoft Excel (*.xls)`, quindi facciamo clic su *Collega*.
   Compare la prima finestra di dialogo del *Collegamento guidato Foglio di calcolo*, strutturalmente simile a quella dell'Importazione guidata; qui scegliamo l'opzione *Mostra intervalli definiti* e proce-

diamo in questo collegamento guidato come per l'importazione guidata.

3. Nell'ultima finestra per il nome da usare scegliamo quello dell'intervallo dei dati nel foglio di lavoro Excel.
   Il *Collegamento guidato Foglio di calcolo* si conclude e nel pannello Tabelle compare una nuova icona, come si vede dalla Figura 2.21.

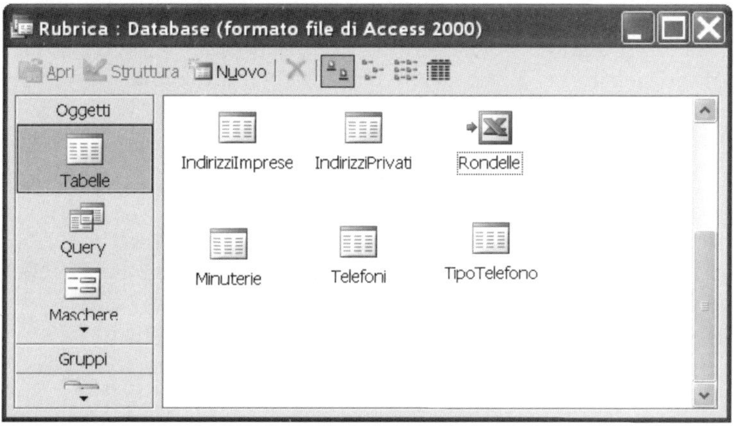


**Figura 2.21** Una tabella collegata ha un'icona particolare.

Verifichiamo le caratteristiche particolari della tabella collegata facendo qualche modifica nei campi Quantità o Descrizione. Passando a Excel e aprendo la cartella Inventario.xls, vedremo che le modifiche fatte in Access sono state reperite anche nella copia residente in Excel.

Se proviamo ad aprire la tabella collegata RONDELLE in visualizzazione Struttura, ci viene segnalato che la struttura è visibile, ma non modificabile, in quanto il proprietario della tabella è Excel e non Access.

Chiudiamo per il momento l'argomento tabelle (che riprenderemo più avanti) e passiamo a esaminare le query, altra pietra angolare dei database Access.

## Capitolo 3

# Le query

Le tabelle risiedono nel file .mdb, sotto forma di segmenti più o meno lunghi in funzione del numero di record che contengono e per questa loro caratteristica sono dette anche *tabelle fisiche* o *tabelle base*. Le query sono brevi stringhe di caratteri di testo che compongono istruzioni SQL, conservate nel file .mdb con un nome: selezionando il nome di una query nel pannello Query della finestra Database l'istruzione SQL sottostante a quel nome viene eseguita producendo una *tabella virtuale*, formata con record composti da campi estratti da una o più tabelle fisiche, in base a un determinato criterio.

La tabella virtuale generata da una query viene visualizzata nello stesso formato Foglio dati usato per le tabelle fisiche e, se si modifica il contenuto di un campo della tabella virtuale, le modifiche vengono riflesse nella tabella fisica dalla quale il campo è stato estratto.

Le query danno una grande flessibilità a un database, perché mettono a disposizione insiemi di dati particolari, che non esistono in quella forma fisica, ma sono utilizzabili in qualunque momento come se esistessero. Per questa ragione, si fa largo uso delle query in tutte le applicazioni gestionali fondate su database: non a caso l'applicazione dimostrativa Northwind, che abbiamo esaminato nel Capitolo 1, a fronte di 8 tabelle fisiche utilizza ben 21 query.

Una query può ricavare i suoi record anche da un'altra query oltre che da tabelle fisiche: nell'applicazione Northwind, per esempio, la query FILTRO FATTURE estrae record dalla query FATTURE, che a sua volta li ottiene da sei tabelle base. Ed è anche possibile creare query che attingono dati contemporaneamente da tabelle fisiche e da altre query.

Per capire come sono fatte e come si creano le query abbiamo bisogno di fare esperimenti con un po' di tabelle fisiche: siccome la tipologia dei dati di quelle che abbiamo preparato per il nostro piccolo database di indirizzi non è abbastanza articolata, sfruttiamo il campione di dati disponibile nel database Northwind creando un nuovo database di lavoro e importando le tabelle dal file Northwind.mdb.

Chiudiamo quindi la nostra applicazione RUBRICA e facciamo nascere un nuovo database vuoto col nome PROVEQUERY sempre nella cartella Esempi del disco C.

Dal menu *File* di Access scegliamo il comando *Carica dati esterni* e dal sottomenu il comando *Importa*. Dall'omonima finestra di dialogo che si apre andiamo a cercare il file Northwind.mdb e, dopo averlo selezionato, facciamo clic sul pulsante *Importa*. Si apre la finestra di dialogo *Importa oggetti* (Figura 3.1) che presenta, raggruppati in sette schede, i nomi di tutti gli oggetti che compongono l'applicazione Northwind. Nella scheda *Tabelle* facciamo clic sul pulsante *Seleziona tutto* e quindi sul pulsante *OK*: in qualche istante una copia delle otto tabelle viene creata nel nostro database PROVEQUERY.

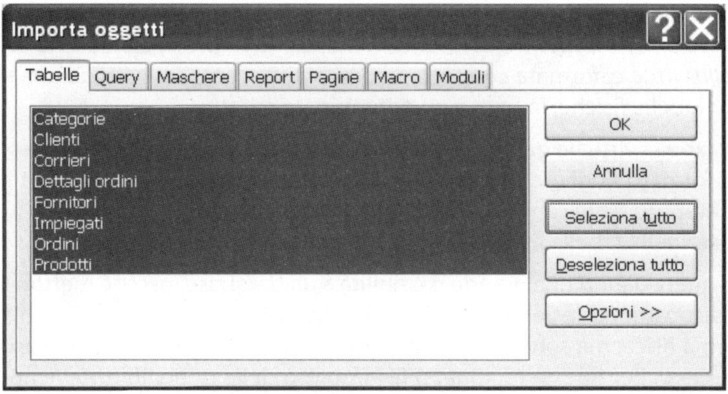


**Figura 3.1** Dalla finestra di dialogo Importa oggetti si selezionano gli oggetti Access che interessa importare in un file .mdb.

Fra le otto tabelle che abbiamo importato valgono le stesse relazioni che esistono nel database d'origine, come potremmo constatare aprendo la finestra *Relazioni*: questa circostanza ci fa comodo per creare query che agiscono su tabelle correlate.

In Access sono disponibili vari tipi di query, raggruppabili in tre famiglie: selezione, calcolo e comando:

1. le query di selezione servono per selezionare dati da una o più tabelle o query, organizzando i campi dei record secondo criteri stabiliti dall'utente; queste query non modificano le fonti dei dati sulle quali lavorano;

2. le query di calcolo sono simili a quelle di selezione, ma eseguono contestualmente calcoli di varia natura aggregando valori ricavati dai campi selezionati; si utilizzano per ottenere conteggi di record, sommatorie di valori e altri risultati aritmetici; anche queste query non modificano i dati sui quali si basano, ma generano dati supplementari utilizzati dall'applicazione;
3. le query di comando non sono "interrogazioni" come gli altri due tipi di query, ma istruzioni SQL che modificano le tabelle sulle quali agiscono, aggiungendo o eliminando record, modificando il contenuto di determinati campi, eliminando intere tabelle fisiche o creandone di nuove.

Vediamo ora come sono fatte le query di selezione, le più utilizzate nelle applicazioni fondate su database.

## Le query di selezione

Per creare una query, di qualunque tipo, si fa doppio clic sul comando *Crea una query in visualizzazione Struttura* nel pannello Query della finestra Database, ottenendo l'apertura della griglia di struttura vuota e contestualmente della finestra di dialogo *Mostra tabella*, dove si seleziona la tabella (o le tabelle o la query) che si intende utilizzare per creare la query. Dopo aver selezionato una voce nella finestra *Mostra tabella* un clic sul suo pulsante *Aggiungi* inserisce lo schema della tabella nella parte superiore della griglia di struttura; esaurita la selezione delle origini dei dati un clic sul pulsante *Chiudi* chiude la finestra *Mostra tabella* e lascia in primo piano la griglia con la quale costruire graficamente la query, che per queste sue caratteristiche si chiama anche *griglia QBE* (dall'espressione *Query By Example*).

Proviamo a creare una semplice query di selezione basata sulla tabella Clienti: nella Figura 3.2 vediamo la finestra di composizione, che porta il titolo provvisorio predefinito QUERY1.

La finestra che abbiamo davanti si articola in un pannello superiore, destinato ad accogliere gli schemi dei dati d'origine della query, e un pannello inferiore, la griglia QBE vera e propria.

La griglia è formata da colonne tutte uguali, che possono arrivare a 255, ma nella pratica se ne usano molto meno.

Le colonne sono intersecate da righe, il cui significato è dato dalle intestazioni che si trovano all'estremità di sinistra della griglia: all'intersezione di righe e colonne si trovano caselle combinate (per le righe

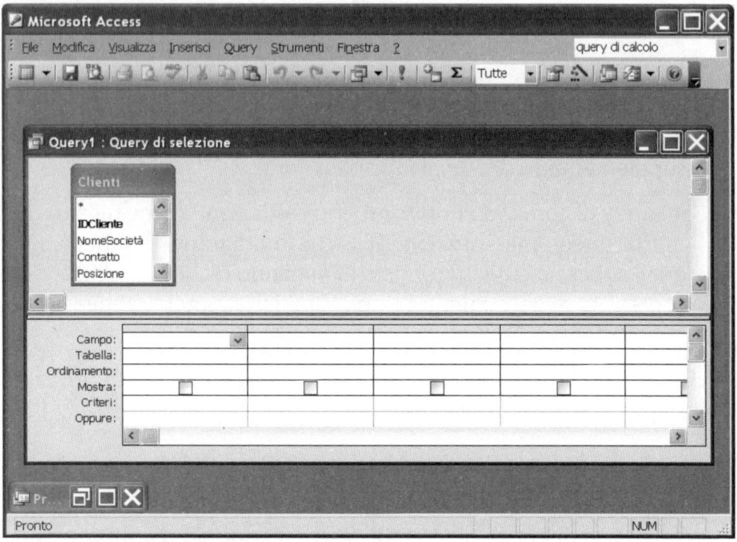


**Figura 3.2** La finestra di composizione di una nuova query di selezione.

*Campo*, *Tabella* e *Ordinamento*), caselle di testo (per le righe *Criteri* e *Oppure*) e una casella di controllo (per la riga *Mostra*).

Ogni colonna è predisposta per ricevere il nome di un campo da estrarre, che può essere selezionato dalla casella combinata *Campo*. Se nel pannello superiore è presente più di uno schema di tabella, la casella combinata *Tabella* permette di selezionare la tabella dalla quale scegliere il campo per la casella combinata *Campo*.

Se si intende ottenere i risultati ordinati in base a un campo selezionato, si sceglie il criterio di ordinamento (*Crescente*, *Decrescente*, *Non ordinato*) nella casella combinata *Ordinamento*; se non si seleziona un valore in questa casella combinata, si sottintende che il campo non verrà preso in considerazione per l'ordinamento.

La casella di controllo *Mostra* può essere spuntata oppure no: se non porta il segno di spunta, il campo corrispondente, ancorché utilizzato per la query, non compare fra i risultati.

Nelle due caselle di testo *Criteri* e *Oppure* si digitano i criteri di selezione per ogni specifico campo. Se si utilizzano criteri complessi, che si pongono in alternativa fra loro, si scrive il primo nella casella *Criteri* e l'altro nella casella *Oppure*.

Nella Figura 3.3 vediamo come impostare una query che estrae i campi IDCliente, NomeSocietà, Paese e Città da tutti record della tabella Clienti, ordinando i risultati in base al Paese e all'interno del Paese in base alla Città.

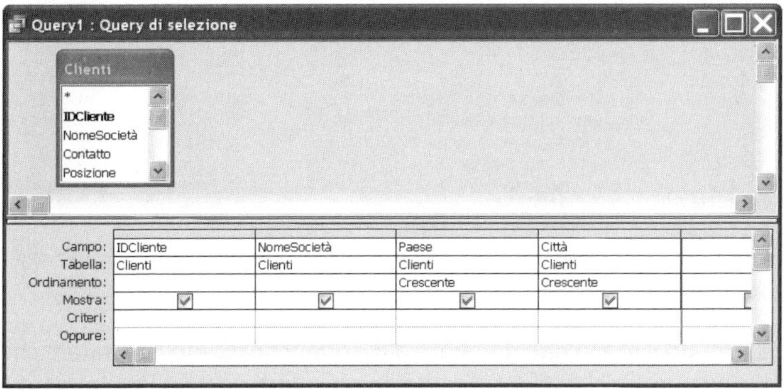


**Figura 3.3** Una semplice query di selezione.

Proviamo a eseguire la query per vedere che cosa produce: per farlo, possiamo dare il comando *Esegui* dal menu *Query* oppure, più velocemente, possiamo premere il pulsante con l'icona del punto esclamativo rosso nella barra degli strumenti *Struttura query*.

***Menu e barre degli strumenti***

*Ogni volta che all'interno della finestra Database cambia la visualizzazione, per esempio è aperta una tabella o una query in visualizzazione Struttura oppure in visualizzazione Foglio dati, il menu e la barra degli strumenti di Access si modificano, presentando comandi di menu e pulsanti di comando diversi in funzione dell'oggetto attivo. Questo meccanismo è in funzione anche per gli altri oggetti Access, oltre alle tabelle e alle query.*

La tabella Clienti contiene 91 record e, siccome nella nostra query non abbiamo impostato un criterio di selezione che limitasse il numero di record da estrarre, anche la query produce 91 record, composti soltanto dai quattro campi che abbiamo specificato. Come possiamo vedere dalla Figura 3.4, i record sono ordinati per paese e, all'interno di ogni paese, sono disposti in ordine alfabetico per città.

Query1 : Query di selezione

| ID cliente | Nome società | Paese | Città |
|---|---|---|---|
| SEVES | Seven Seas Imports | Gran Bretagna | Londra |
| NORTS | North/South | Gran Bretagna | Londra |
| CONSH | Consolidated Holdings | Gran Bretagna | Londra |
| EASTC | Eastern Connection | Gran Bretagna | Londra |
| HUNGO | Hungry Owl All-Night Grocers | Irlanda | Cork |
| DRACD | Drachenblut Delikatessen | Italia | Aquisgrana |
| MAGAA | Magazzini Alimentari Riuniti | Italia | Bergamo |
| REGGC | Reggiani Caseifici | Italia | Reggio Emilia |
| FRANS | Franchi S.p.A. | Italia | Torino |
| ANATR | Ana Trujillo Emparedados y helados | Messico | C. del Messico |
| ANTON | Antonio Moreno Taquería | Messico | C. del Messico |
| TORTU | Tortuga Restaurante | Messico | C. del Messico |
| PERIC | Pericles Comidas clásicas | Messico | C. del Messico |
| CENTC | Centro comercial Moctezuma | Messico | C. del Messico |

Record: 53 di 91

**Figura 3.4** Il risultato della query viene presentato in visualizzazione Foglio dati.

Scorrendo il foglio dati generato dalla query possiamo constatare che vi sono quattro clienti in Italia, ma uno di questi ha un nome tedesco e la città è Aquisgrana: evidentemente si tratta di una svista dei programmatori che hanno realizzato la versione italiana dell'applicazione Northwind. Dal momento che una modifica fatta nel campo di una query si riflette nel campo effettivo della tabella reale dal quale è stato estratto, possiamo correggere l'errore direttamente nella query: selezioniamo il campo PAESE del record sbagliato e digitiamo `Germania` al posto di Italia; facciamo clic su un campo qualunque di un altro record, in modo che l'icona della matita nel selettore del record modificato scompaia e la modifica diventi effettiva. Torniamo a visualizzare la struttura della query e diamo di nuovo il comando *Esegui*: nel foglio dati della query adesso i clienti italiani sono soltanto tre e il cliente Drachenblut Delikatessen è elencato, correttamente, fra quelli che risiedono in Germania. Un'ulteriore conferma che la modifica è andata a buon fine possiamo averla aprendo la tabella CLIENTI e verificando che il record di quel cliente porta adesso il valore `Germania` nel campo PAESE.

Il primo pulsante nella barra degli strumenti *Struttura query* contiene una freccia che punta verso il basso: un clic su quella freccia presenta cinque opzioni diverse di visualizzazione, riprodotte nella Figura 3.5.

Le stesse opzioni, eccetto la *Visualizzazione SQL*, sono disponibili per le tabelle, quando è aperta una tabella nella finestra Database.

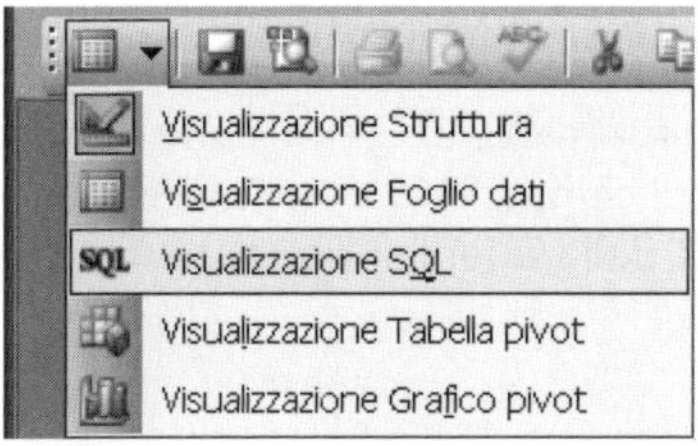


**Figura 3.5** Le opzioni di visualizzazione disponibili per una query.

Le due ultime visualizzazioni elencate (*Tabella pivot* e *Grafico pivot*) attivano sui dati generati dalla query (o contenuti in una tabella) le funzionalità nate e sviluppate in Excel per presentare serie di dati raggruppandoli in molteplici modi intorno a un nucleo centrale (il pivot, appunto): trattandosi di funzionalità tipiche di Excel, ma estranee ai database, non ce ne occuperemo in questo libro.

Importante, invece, e meritevole di essere esaminata da vicino, è la *Visualizzazione SQL*, che, quando è attivata, apre una semplice finestra nella quale è contenuta l'istruzione dello Structured Query Language creata da Access sulla base delle indicazioni fornite nella griglia QBE. Nell'esempio che stiamo esaminando, l'istruzione è la seguente:

```
SELECT Clienti.IDCliente, Clienti.NomeSocietà,
Clienti.Paese, Clienti.Città
FROM Clienti
ORDER BY Clienti.Paese, Clienti.Città;
```

Nella finestra della *Visualizzazione SQL*, che è un editor di testi molto semplificato, simile al Blocco note di Windows, si può, volendo, modificare l'istruzione oppure scriverne direttamente una nuova (se si conosce il linguaggio, ovviamente). L'intera istruzione può essere copiata con un comando Windows (Ctrl+C) e incollata altrove, per esempio nella casella della proprietà *Origine riga* di un campo di una tabella aperta in visualizzazione Struttura.

Chiudiamo questa query senza salvarla e proviamo a crearne una più complessa, utilizzando due tabelle fisiche come fonte dei dati: una delle funzionalità più importanti offerte dalle query è proprio la possibilità di estrarre dati da più tabelle o query.

Avviamo dunque una nuova query e dalla finestra di dialogo *Mostra tabella* selezioniamo le tabelle Ordini e Impiegati. Con questa query vogliamo ottenere un elenco degli ordini emessi dai clienti dal 1° gennaio 1998 in poi, ottenuti dall'impiegata Davolio; i record saranno composti dai campi Cognome della tabella Impiegati e IDCliente e DataOrdine della tabella Ordini e ordinati prima sul campo IDCliente e poi sul campo DataOrdine. La griglia di struttura della query si presenterà come nella Figura 3.6.

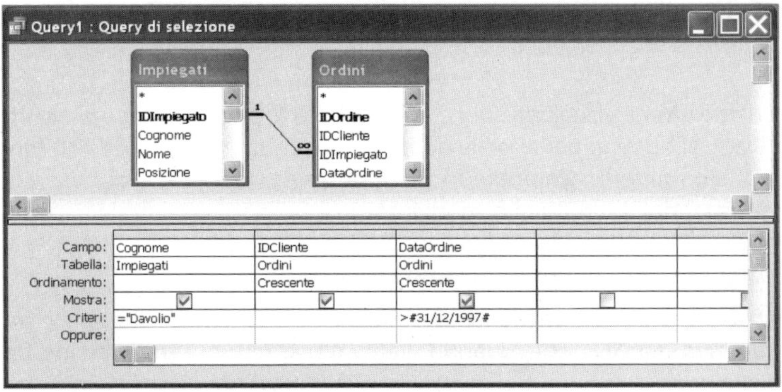


**Figura 3.6** La struttura di una query basata su due tabelle.

Come possiamo notare, nel pannello superiore le due tabelle sono congiunte da una linea di join che segnala la relazione uno a molti che intercorre fra Impiegati e Ordini, basata sulla chiave primaria IDImpiegato della tabella Impiegati, che si aggancia con la chiave esterna, che ha lo stesso nome, nella tabella Ordini.

Utilizziamo due criteri di selezione, uno nella colonna corrispondente al campo Cognome, dove nella casella *Criteri* digitiamo

```
="Davolio"
```

e un altro nella colonna del campo DataOrdine, nella cui casella *Criteri* specifichiamo che deve essere posteriore al 31 dicembre 1997 in questo modo:

```
>#31/12/1997#
```

Quando si specifica come criterio di selezione un valore contenuto in un campo, questo deve essere scritto fra virgolette doppie se è una stringa di caratteri di testo (come nel caso del Cognome) e racchiuso fra caratteri cancelletto quando è una data (nel caso del campo DataOrdine). Se, invece, il campo sul quale si basa un criterio contiene valori numerici, il termine di paragone si scrive senza virgolette.

Se il criterio esplicita una uguaglianza, il segno di uguale (=) può essere omesso, mentre va scritto quando il criterio di selezione è una disuguaglianza, in questo modo:

```
>   maggiore di
>=  maggiore di o uguale a
<   minore di
<=  minore di o uguale a
<>  diverso da
```

Per ottenere i risultati raggruppati per cliente e data, impostiamo su *Crescente* la casella *Ordinamento* dei campi IDCliente e DataOrdine.

Eseguendo la query così impostata otteniamo il risultato riprodotto nella Figura 3.7: i record della tabella Ordini sono 830, ma soltanto 42 soddisfano le condizioni che abbiamo impostato nella casella *Criteri*.

| Cognome | Cliente | Data ordine |
|---|---|---|
| Davolio | Alfreds Futterkiste | 15-gen-98 |
| Davolio | Alfreds Futterkiste | 16-mar-98 |
| Davolio | Bon app' | 12-gen-98 |
| Davolio | Bottom-Dollar Markets | 25-mar-98 |
| Davolio | Bottom-Dollar Markets | 16-apr-98 |
| Davolio | B's Beverages | 14-apr-98 |
| Davolio | Comércio Mineiro | 23-mar-98 |
| Davolio | Drachenblut Delikatessen | 09-gen-98 |
| Davolio | Drachenblut Delikatessen | 04-mag-98 |

**Figura 3.7** La query seleziona 42 record che soddisfano i criteri.

Proviamo a esaminare l'istruzione SELECT generata automaticamente, che si presenterà in questo modo:

```
SELECT Impiegati.Cognome, Ordini.IDCliente,
Ordini.DataOrdine
FROM Impiegati
INNER JOIN Ordini
```

```
ON Impiegati.IDImpiegato = Ordini.IDImpiegato
WHERE (((Impiegati.Cognome)="Davolio") AND
((Ordini.DataOrdine)>#12/31/1997#))
ORDER BY Ordini.IDCliente, Ordini.DataOrdine;
```

Rispetto agli altri esempi di istruzioni SQL che abbiamo visto finora questa contiene alcune parole chiave in più:

1. AND, che nella clausola WHERE, usata per specificare i criteri di selezione, stabilisce che entrambi i criteri devono essere soddisfatti;
2. INNER JOIN .... ON, è il modo in cui SQL imposta la relazione fra le due tabelle, quella che viene rappresentata con una linea di join nella griglia di composizione della query.

Tradotta in italiano, l'istruzione dice:

*Seleziona il campo Cognome dalla tabella Impiegati e i campi IDCliente e DataOrdine dalla tabella Ordini, combinando assieme la tabella Impiegati con la tabella Ordini sulla base dell'identità dei campi IDImpiegato in entrambe le tabelle, prendi in considerazione soltanto i campi Cognome che contengono la stringa di caratteri "Davolio" e i campi DataOrdine con una data posteriore al 31 dicembre 1997; ordina i risultati in base al valore del campo IDCliente e quindi in base al valore del campo DataOrdine.*

Si osservi che la data di riferimento nell'istruzione SQL è scritta nella forma:

```
#12/31/1997#
```

cioè secondo la convenzione americana, che rappresenta le date indicando prima il mese e poi il giorno, anche se nella griglia di struttura la data è stata scritta nella forma italiana, prima il giorno e poi il mese: questo è un vincolo del linguaggio SQL, che accetta soltanto date impostate secondo la convenzione USA.

Ancora un'osservazione sui risultati di questa query. Dalla Figura 3.7 rileviamo che l'intestazione della seconda colonna è `Cliente`, mentre la struttura della query, sia nell'istruzione SQL che abbiamo visto qui sopra, sia nella Figura 3.6, ricava la seconda colonna dal campo IDCliente, che è una chiave primaria di tipo *Testo* formata da cinque lettere maiuscole diverse per ogni singolo record della tabella Clienti e viene usata come chiave esterna nella tabella Ordini per stabilire la relazione uno a molti fra Impiegati e Ordini: che cosa è accaduto? Perché la query visualizza la ragione sociale del cliente che ha emesso l'ordine, invece del suo codice?

Apriamo in visualizzazione Struttura la tabella ORDINI ed esaminiamo le proprietà del campo IDCLIENTE. Nella scheda *Ricerca* del pannello *Proprietà campo* vediamo che è stata impostata questa istruzione SQL come proprietà *Origine riga*:

```
SELECT IDCliente, NomeSocietà FROM Clienti ORDER BY
NomeSocietà;
```

Questa query ha la stessa struttura (e la stessa finalità) di quella che abbiamo utilizzato per agevolare l'immissione di un valore per il campo RACCORDO nella nostra tabella TELEFONI (si veda la Figura 2.16 del Capitolo 2): aprendo la tabella ORDINI in visualizzazione Foglio dati il campo IDCLIENTE viene presentato come casella combinata dalla quale si può visualizzare, invece del codice IDCLIENTE, il nome in chiaro della società, ricavato tramite la query dal campo NOMESOCIETÀ della tabella CLIENTI. Questa impostazione del campo IDCLIENTE della tabella ORDINI fa sì che, quando lo stesso campo viene selezionato dalla nostra query sperimentale, nei record del risultato compare il nome completo delle società e non il valore effettivo del campo IDCLIENTE.

C'è un ulteriore particolare da chiarire: come mai le intestazioni della seconda e della terza colonna del risultato (Figura 3.7) sono rispettivamente `Cliente` e `Data ordine`, mentre i nomi dei campi richiamati nella struttura (Figura 3.6) sono `IDCliente` e `DataOrdine`? Questo dipende dall'impostazione della proprietà *Etichetta* nei due campi della tabella ORDINI, che vediamo, per il campo DATAORDINE, nella Figura 3.8.

Il valore che viene impostato, nella struttura di una tabella fisica, per la proprietà *Etichetta* di un campo diventa l'intestazione di quel campo dovunque venga utilizzato: in questo modo è possibile assegnare ai campi nomi convenzionali compatti e magari un po' criptici, come per esempio DATAORDINE o IDCLIENTE e visualizzarne il contenuto sotto intestazioni più leggibili e più descrittive (`Data ordine` o `Cliente`).

`Selezioni particolari` I due esempi che abbiamo visto fin qui rappresentano i tipi più comunemente usati di query di selezione. Con l'aggiunta di qualche elemento strutturale in più si possono creare query di selezione dotate di funzionalità aggiuntive, che possono essere molto utili in un'applicazione.

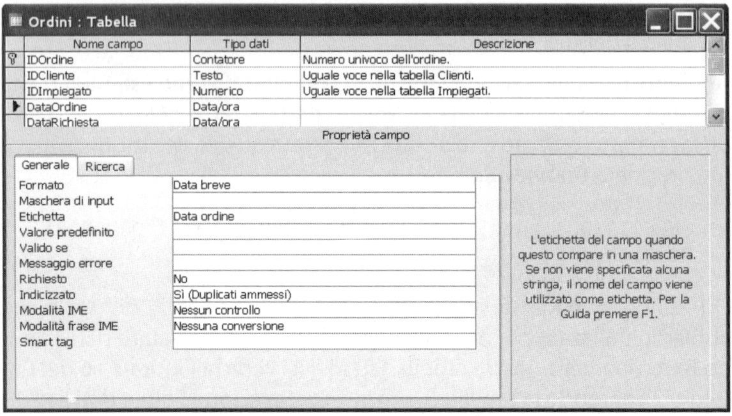


**Figura 3.8** La proprietà Etichetta attribuisce a un campo una stringa di testo che viene utilizzata per la sua intestazione.

Supponiamo di voler sapere in quali paesi si trovano i 91 clienti della Northwind. Potremmo creare una query di selezione molto semplice, che estrae soltanto il campo Paese dalla tabella Clienti e presenta i risultati ordinati alfabeticamente: otterremmo una tabella virtuale con 91 record, che potremmo scorrere in visualizzazione Foglio dati, esaminando i nomi dei paesi che si susseguono raggruppati alfabeticamente (tre record per l'Argentina, due per l'Austria, due per il Belgio e così via): esiste un modo più efficiente per ottenere l'informazione che ci interessa.

Dopo aver impostato la query nella griglia di composizione, un clic destro sul pannello superiore fa uscire un menu contestuale nel quale scegliamo il comando *Proprietà*, ottenendo la comparsa di una finestra di dialogo intitolata *Proprietà query*. In questa scegliamo la proprietà *Valori univoci* selezionando il valore `Sì`, in modo che la griglia di struttura e la finestra di dialogo *Proprietà query* si presentino come nella Figura 3.9.

Eseguendo la query così impostata, otteniamo un elenco di soli 21 record, tanti quanti sono i diversi paesi di residenza dei clienti.

L'istruzione SQL che ha generato i risultati è fatta in questo modo:

```
SELECT DISTINCT Clienti.Paese
FROM Clienti
ORDER BY Clienti.Paese;
```

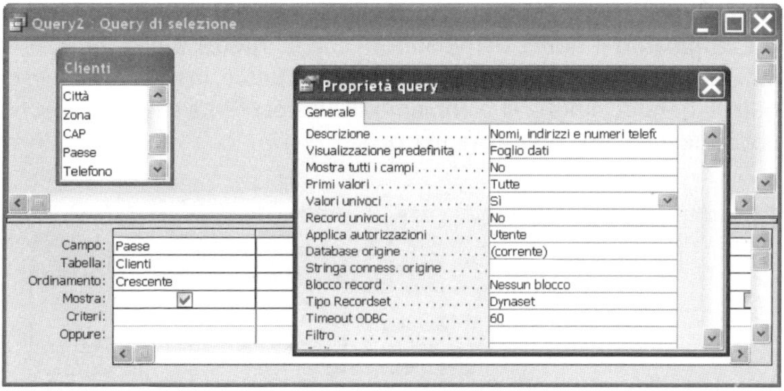


**Figura 3.9** Una query predisposta per restituire soltanto valori univoci.

L'impostazione su `Sì` della proprietà *Valori univoci* della query ha fatto inserire nel comando SELECT la parola chiave DISTINCT, che agisce da criterio limitativo, facendo uscire soltanto i valori diversi che soddisfano la condizione WHERE.

Se volessimo utilizzare la query che abbiamo visto prima, per selezionare gli ordini ottenuti dall'impiegata Davolio, per avere lo stesso elenco, ma riferito all'impiegato King, dovremmo aprire la query in visualizzazione Struttura e modificare il criterio per la prima colonna, sostituendo la stringa di caratteri `"=Davolio"` con la stringa `"=King"`; se, in seguito, volessimo esaminare le vendite ottenute da Buchanan dovremmo tornare a modificare la query. Esiste un metodo migliore: sostituire un criterio predefinito, immesso stabilmente nella casella *Criteri* della query, con un *parametro* variabile, che viene chiesto all'utente quando esegue la query; una query di selezione con queste caratteristiche viene chiamata in Access *query con parametri*. Vediamo come si costruisce.

Riprendiamo la query che avevamo impostato in precedenza e modifichiamone la struttura digitando, nella casella *Criteri* della colonna riferita al campo COGNOME, il testo seguente (le parentesi quadre sono essenziali):

```
[Nome del venditore: ]
```

Salviamola col nome `ClientiPerImpiegato1` e poi proviamo a eseguirla. Compare una piccola finestra di dialogo, intitolata *Immettere valore parametro*, che contiene una casella di testo preceduta dalla dicitura che abbiamo scritto nella casella *Criteri*, senza le parentesi quadre. Digitiamo il nome del venditore che ci interessa (Figura 3.10) e facciamo clic su OK: la finestra di dialogo si chiude, la query viene eseguita e genera le righe che abbiamo richiesto, riferite al venditore che abbiamo indicato come parametro.

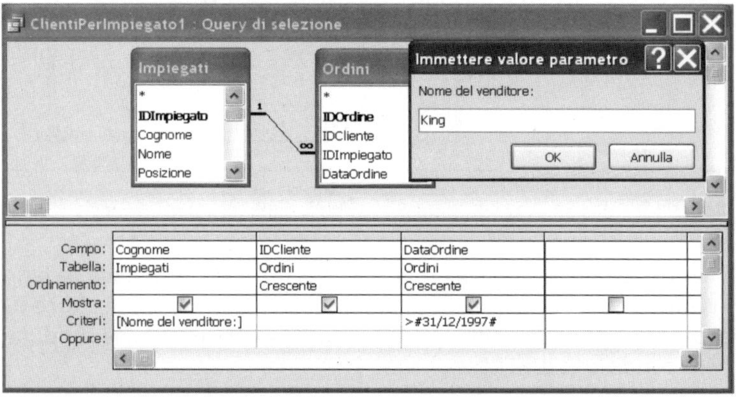


**Figura 3.10** La query con parametri in visualizzazione Struttura e in corso di esecuzione.

Una query con parametri può utilizzarne più di uno ed è possibile indicare come parametro un intervallo di valori invece di un valore assoluto, rendendo ancora più flessibile la query. Vediamo come si può fare con una copia, che chiamiamo `ClientiPerImpiegato2`, della query che abbiamo appena costruito.

***Copie di oggetti***

*Per ottenere una copia di un qualunque oggetto Access, se ne seleziona il nome e vi si fa sopra un clic destro, ottenendo così l'uscita di un menu contestuale, dove si sceglie il comando Copia, successivamente si fa un altro clic destro nel pannello della finestra Database e si sceglie nel menu contestuale il comando Incolla, digitando nella casella di testo che si apre un nome diverso per lo stesso oggetto.*

Apriamo la copia della query in visualizzazione Struttura e digitiamo (eventualmente con l'aiuto della finestra *Zoom*) la seguente stringa di caratteri nella casella *Criteri* della colonna riferita al campo DATAORDINE, al posto del valore assoluto che c'era prima:

```
Between [Data iniziale: ] And [Data finale: ]
```

Quando eseguiamo la query così modificata, la finestra di dialogo *Immettere valore parametro* compare tre volte: la prima per chiedere il nome del venditore, la seconda per avere una data iniziale e la terza per ricevere la data finale; il risultato sarà un elenco di righe che corrispondono alle vendite ottenute dal venditore indicato come primo parametro nell'intervallo compreso fra il secondo parametro (Data iniziale) e il terzo (Data finale). Le date vanno digitate senza i caratteri cancelletto che si usano quando le si inserisce nella casella *Criteri* della griglia di struttura.

Le parole chiave *Between* e *And* servono per delimitare un intervallo di valori e sono *operatori logici* utilizzati nel linguaggio SQL. Esiste un altro operatore logico, molto comodo e flessibile, rappresentato dalla parola chiave *Like*, che permette di eseguire confronti parziali mediante i caratteri jolly asterisco (*) e punto interrogativo (?).

Applicato come criterio in un campo NOME che contenga nome e cognome, per esempio, l'operatore *Like* può essere utilizzato in questo modo:

| **Schema** | **Seleziona** |
|---|---|
| Like "T*" | Tutti i nomi che iniziano con la lettera T |
| Like "*SpA" | Tutti i nomi che terminano con la parola "SpA" |
| Like "[N-R]*" | Tutti i nomi che iniziano con le lettere dalla N alla R |
| Like "*an*" | Tutti i nomi che contengono la sequenza di lettere "an" |
| Like "Marco Ross?" | Tutti i nomi con "Marco" nella prima parte del nome e con un cognome di 5 lettere in cui le prime 4 sono "Ross" e l'ultima è sconosciuta |

Infine, in Access si possono costruire query di selezione particolari, chiamate *query a campi incrociati*, che presentano i loro risultati strutturati con intestazioni di righe e di colonne simili a quelle che si utilizzano nei fogli di lavoro Excel: si tratta di varianti semplificate delle tabelle pivot, che non trattiamo per economia di spazio. I lettori possono utilmente esaminarne una nell'applicazione dimostrativa Northwind: è la query chiamata ORDINI TRIMESTRALI.

## Le query di calcolo

Molte volte si ha l'esigenza di eseguire operazioni aritmetiche su insiemi di dati, per esempio conteggiare il numero di record che hanno un determinato valore in un campo specifico, oppure ottenere la media dei valori contenuti nel campo PREZZO dei record di una tabella PRODOTTI. Per ottenere risultati di questo genere si creano *query di calcolo*, dette anche in Access *query con totali*, ma è un nome un po' fuorviante, perché con queste query non si fanno soltanto somme.

Per costruire graficamente la struttura delle query di calcolo si utilizza una griglia QBE leggermente diversa da quella che abbiamo visto per le query di selezione (anche se si tratta comunque di query di selezione, in quanto non modificano i dati di origine).

Vediamo con un paio di esempi come si costruiscono le query di calcolo e quali vantaggi possono dare. Utilizziamo due tabelle fisiche dal database Northwind, chiamate ORDINI e DETTAGLI ORDINI. Fra queste due tabelle intercorre una relazione uno a molti, perché di norma un singolo ordine (lato uno della relazione) si articola in più record di dettaglio (lato molti della relazione), ciascuno dei quali specifica un singolo prodotto, la quantità ordinata, il prezzo unitario e un eventuale sconto.

Creiamo quindi una nuova query in visualizzazione Struttura portando nel pannello superiore le tabelle ORDINI e DETTAGLI ORDINI. Fra queste due tabelle viene tracciata automaticamente la linea di join che evidenzia la relazione uno a molti che le correla. Salviamo subito la query col nome `TotaliDettagliOrdini`, quindi nella barra degli strumenti *Struttura query* facciamo clic sul pulsante *Totali* (quello con l'icona del simbolo di sommatoria, un sigma maiuscolo): la griglia di composizione si modifica, con l'inserimento di una nuova riga con l'intestazione *Formula* fra le righe *Tabella* e *Ordinamento*.

Nell'intersezione fra la riga *Formula* e le colonne che rappresentano i campi si formano caselle combinate dalle quali si possono selezionare dodici valori diversi, cinque dei quali servono per richiamare funzioni aritmetiche e statistiche predefinite (somma, media, conteggio, deviazione standard e varianza) e quattro per attivare funzioni di selezione (minimo, massimo, primo e ultimo): queste funzioni si applicano al valore contenuto nel campo rappresentato dalla colonna. Gli altri tre valori selezionabili nella casella combinata *Formula* sono `Espressione`, `Raggruppamento` e `Dove`: si sceglie `Espressione` quando è necessario utilizzare una formula diversa dalle nove funzioni predefinite, mentre `Raggruppamento` e `Dove` servono per individuare i campi da prendere in considerazione per i calcoli.

Per capire concretamente come si utilizzano queste opzioni della nuova casella combinata *Formula* procediamo con la costruzione della nostra query, impostando i seguenti valori nella griglia di composizione (le righe *Ordinamento*, *Criteri* e *Oppure* non vengono utilizzate in questo esempio):

| **Campo** | IDOrdine | IDCliente | [*espressione*] | PrezzoUnitario | Quantità | Sconto |
|---|---|---|---|---|---|---|
| **Tabella** | Ordini | Ordini | | Dettagli ordini | Dettagli ordini | Dettagli ordini |
| **Formula** | Raggruppamento | Raggruppamento | Espressione | Raggruppamento | Raggruppamento | Raggruppamento |
| **Mostra** | Sì | Sì | Sì | No | No | No |

Nella casella *Campo* della colonna *Espressione* digitiamo, con l'aiuto della finestra *Zoom*, questa stringa di caratteri, composta da una dicitura (che termina con il carattere due punti) e da un'espressione aritmetica:

```
Totale: ([PrezzoUnitario]*[Quantità])-
([PrezzoUnitario]*[Sconto]*[Quantità])
```

***Operatori aritmetici***

*Quando si devono scrivere espressioni aritmetiche in Access si utilizzano i seguenti operatori:*

- \- *Sottrazione*
- \+ *Addizione*
- * *Moltiplicazione*
- / *Divisione*
- ^ *Elevamento a potenza*

*Nelle espressioni vengono eseguite prima le operazioni racchiuse fra parentesi tonde e poi le altre.*

Salviamo le modifiche ed eseguiamo la query, ottenendo il risultato che possiamo vedere nella Figura 3.11.

La terza colonna del foglio dati della query porta l'intestazione `Totale` perché riprende tutto il contenuto dell'espressione digitata nella colonna corrispondente della griglia QBE, fino al segno di due punti,

TotaliDettagliOrdini : Query di selezione

| ID ordine | Cliente | Totale |
|---|---|---|
| 10248 | Vins et alcools Chevalier | € 121,50 |
| 10248 | Vins et alcools Chevalier | € 312,00 |
| 10248 | Vins et alcools Chevalier | € 550,00 |
| 10249 | Toms Spezialitäten | € 167,40 |
| 10249 | Toms Spezialitäten | € 1.696,00 |
| 10250 | Hanari Carnes | € 77,00 |
| 10250 | Hanari Carnes | € 214,20 |
| 10250 | Hanari Carnes | € 1.261,40 |
| 10251 | Victuailles en stock | € 222,30 |
| 10251 | Victuailles en stock | € 95,76 |
| 10251 | Victuailles en stock | € 336,00 |
| 10252 | Suprêmes délices | € 47,50 |
| 10252 | Suprêmes délices | € 1.088,00 |
| 10252 | Suprêmes délices | € 2.462,40 |

Record: 6 di 2155

**Figura 3.11** I risultati della query di calcolo TotaliDettagliOrdini.

che funge da delimitatore e non viene visualizzato. Nei campi sottostanti si trova il risultato dell'espressione aritmetica: se andiamo a esaminare il contenuto della tabella DETTAGLI ORDINI, possiamo verificare che, per esempio, l'ordine 10250 si articola in tre dettagli, come nella tabella che segue:

| **Dettagli ordini** | | | | |
|---|---|---|---|---|
| **ID ordine** | **Prodotto** | **Prezzo unitario** | **Quantità** | **Sconto** |
| 10250 | Jack's New England Clam Chowder | € 7,70 | 10 | 0,00% |
| 10250 | Manjimup Dried Apples | € 42,40 | 35 | 15,00% |
| 10250 | Louisiana Fiery Hot Pepper Sauce | € 16,80 | 15 | 15,00% |

Applicando l'espressione aritmetica ai valori di questi tre record otteniamo i seguenti risultati:

(€7,70 * 10) – (€7,70*10*0) = €77,0 – 0 = €77,00

(€42,40 * 35) – (€42,40*35*0,15) = €1484,00 – 222,60 = €1261,40

(€16,80 * 15) – (€16,80*15*0,15) = €252,00 – 37,80 = €214,20

che corrispondono a quelli generati dalla query di calcolo nella colonna TOTALE.

La nostra query genera 2155 record, tanti quanti sono i record della tabella DETTAGLI ORDINI. Vogliamo ottenere la somma dei dettagli per ciascun ordine: possiamo farlo eseguendo una nuova query di calcolo che utilizza come origine dei suoi dati la query TOTALIDETTAGLIORDINI, invece di una tabella fisica.

Creiamo quindi una nuova query che salviamo col nome `TotaleComplessivoOrdini` dopo averle dato la struttura che vediamo nella Figura 3.12. Dal momento che vogliamo ottenere la somma dei valori contenuti nel campo TOTALE della query dalla quale si estraggono i dati, nella casella *Formula* della colonna calcolata abbiamo selezionato l'opzione `Somma` e abbiamo digitato

Totale ordine: Totale

nella casella *Campo* della stessa colonna. Nella figura vediamo anche i risultati ottenuti eseguendo la query: la colonna calcolata porta l'intestazione `Totale ordine`.

La query TOTALECOMPLESSIVOORDINI genera 830 record, quanti sono quelli contenuti nella tabella ORDINI.

Per circoscrivere i risultati di una query di calcolo in base a un valore specifico o a un intervallo di valori è necessario aggiungere alla struttura della query il campo che contiene il valore di riferimento e selezionare l'opzione `Dove` nella casella *Formula*, digitando poi il criterio di selezione nella casella *Criteri*. Un campo per il quale si imposta l'opzione `Dove` nella casella *Formula* non può, per definizione, essere visualizzato, quindi la sua casella di controllo *Mostra* non può avere il segno di spunta. È però possibile visualizzarlo separatamente, inserendone una copia nella griglia QBE e selezionando `Raggruppamento` nella sua casella *Formula*. Possiamo vedere all'opera questo meccanismo nella Figura 3.13, dove sono riportati la struttura e risultati di una copia della query TOTALECOMPLESSIVOORDINI, salvata col nome `TotaleComplessivoOrdiniSelezionati` e modificata in modo da estrarre soltanto gli ordini che hanno un numero compreso fra 10250 e 10260: come si può vedere, il campo IDORDINE compare due volte nella struttura, nella prima e nella quarta colonna; nella prima colonna la casella di controllo *Mostra* è spuntata, mentre nella quarta non lo è, nella casella *Formula* di questa stessa colonna è stata selezionata l'opzione `Dove` e nella casella *Criteri* è stato inserito l'operatore logico *Between...And*.

Da questi semplici esempi è facile rendersi conto che le query di calcolo sono strumenti di grande utilità ed estremamente flessibili, che è

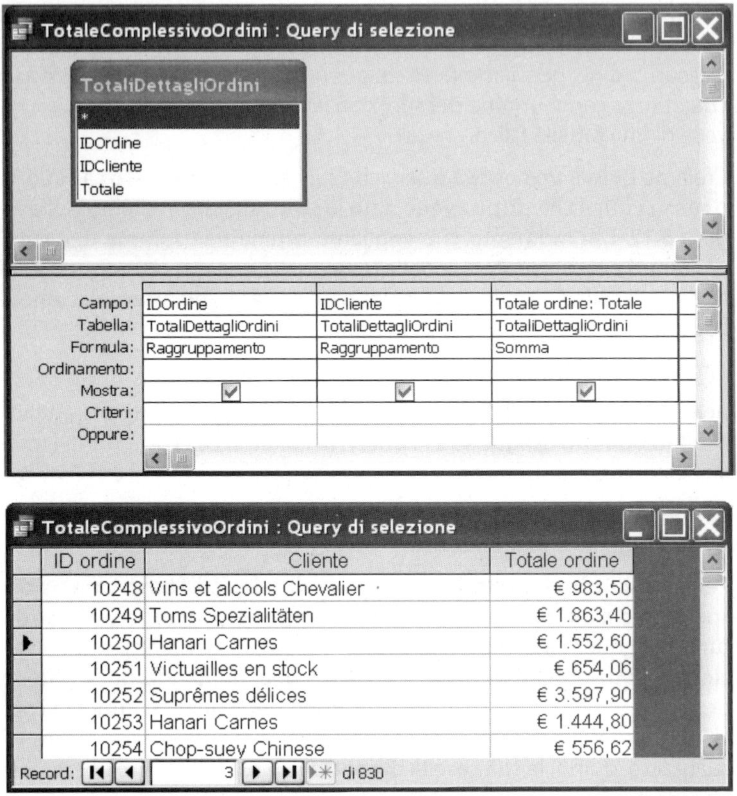


**Figura 3.12** La struttura e i risultati della query di calcolo TotaleComplessivoOrdini che utilizza un'altra query come origine dei suoi dati.

bene conoscere quando è necessario estrarre informazioni da un database.

## La query di comando

Come abbiamo accennato in apertura di argomento, le query di comando non sono "interrogazioni", ma istruzioni SQL per creare tabelle, eliminare o modificare record e accodare nuovi record a una tabella esistente; diversamente dalle query di selezione, le query di comando modificano le tabelle fisiche sulle quali agiscono e questa loro caratteristica viene segnalata con un'icona particolare nel pannello Query

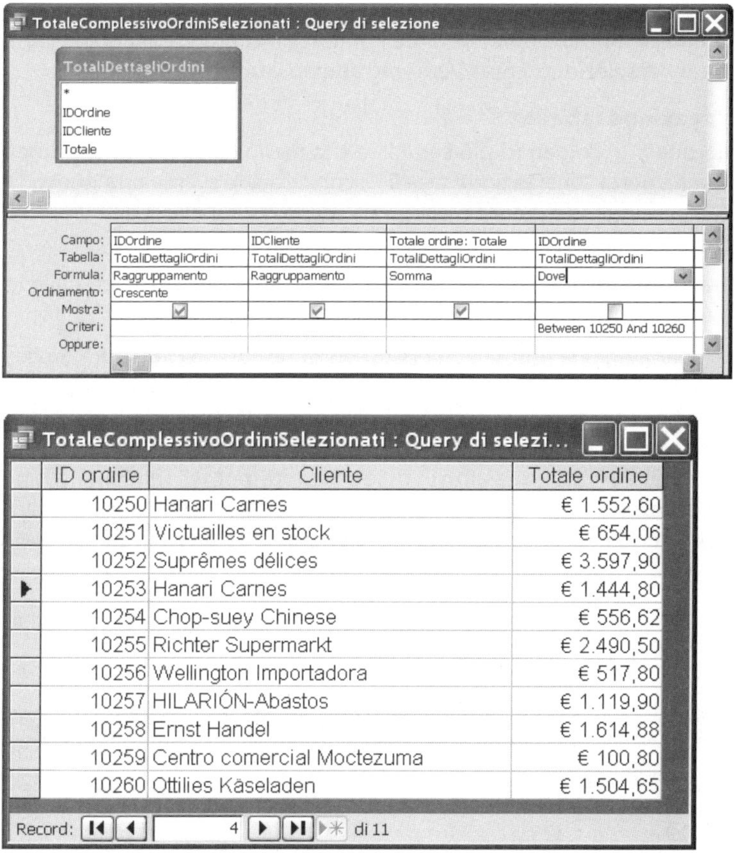


**Figura 3.13** La query di calcolo utilizza l'opzione Dove per circoscrivere i risultati.

della finestra Database, formata da un punto esclamativo, per segnalare che eseguendole si corre qualche rischio, accompagnato da un simbolo che identifica il tipo di cambiamento.

Le modifiche apportate a una tabella con una query di comando non si possono annullare con la semplice pressione del pulsante *Annulla* nella barra degli strumenti, che serve per annullare soltanto una singola operazione: se si esegue per errore una query di comando che trasforma radicalmente il contenuto di una tabella, bisogna ripristinarlo manualmente, a meno di non disporre di una copia di sicurezza della tabella originale. Prima di procedere con una query di comando, quindi, è opportuno verificarne i potenziali effetti eseguendola come query di selezione, come vedremo adesso con alcuni esempi.

## Creazione tabella

La query di comando più semplice e la meno rischiosa da eseguire è quella detta "di creazione tabella", con la quale si crea una nuova tabella attingendo record o campi da una o più tabelle o query di selezione esistenti.

Supponiamo di dover creare una tabella contenente i record della tabella CLIENTI che corrispondono a clienti non europei.

Prepariamo una normale query di selezione con una struttura simile a quella della Figura 3.14. Eseguendo la query che seleziona solo valori univoci che abbiamo visto in precedenza (Figura 3.25) otteniamo l'elenco dei 21 paesi nei quali si trovano i clienti della Northwind: con questa informazione siamo in grado di predisporre il seguente criterio di selezione, che prende in considerazione soltanto i sei valori corrispondenti a paesi non europei che possono trovarsi nel campo PAESE della tabella CLIENTI:

```
="Argentina" OR "Brasile" OR "Canada" OR "Messico" OR
"USA" OR "Venezuela"
```

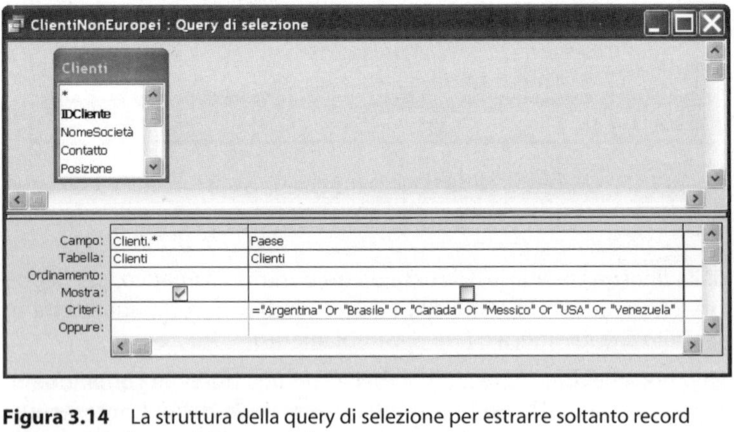


**Figura 3.14** La struttura della query di selezione per estrarre soltanto record corrispondenti a paesi non europei.

Si noti che nella prima colonna della griglia di struttura c'è un asterisco (*): collocato in quella posizione, sta a significare che la query deve estrarre dalla tabella d'origine tutti i campi di tutti i record così come sono. A fianco, la colonna per il campo PAESE non ha il segno di spunta nella casella di controllo *Mostra* (quindi non comparirà fra i risultati) e contiene nella casella *Criteri* la stringa che abbiamo indicato qui sopra: l'operatore logico *OR* collocato fra i nomi dei paesi scritti fra virgolette doppie significa che vanno estratti soltanto i record che hanno uno di quei sei valori nel campo PAESE.

Salviamo la query col nome `ClientiNonEuropei` ed eseguiamola: otteniamo una tabella virtuale con 37 record, corrispondenti ai clienti che risiedono in uno dei sei paesi che abbiamo indicato come criterio di selezione.

Trasformiamo ora la query di selezione in una di creazione tabella: riportata la query in visualizzazione Struttura, facciamo clic sul menu *Query*, ottenendo l'uscita dell'elenco che vediamo nella Figura 3.15.

**Figura 3.15** I tipi di query disponibili dal menu Query.

Selezionando il comando *Query di creazione tabella* otteniamo l'apertura di una piccola finestra di dialogo (Figura 3.16) nella quale digitare il nome della tabella da creare, che può essere eventualmente inviata a un altro database esistente nel computer col quale si lavora o in rete.

**Figura 3.16** La query di creazione tabella chiede un nome per la nuova tabella.

Dopo che abbiamo digitata un nome per la nuova tabella e fatto clic sul pulsante OK la finestra di dialogo si chiude e nella barra del titolo della struttura il nome della nostra query è ora seguito dall'indicazione `Query di creazione tabella`, che sostituisce quella precedente, che era `Query di selezione`.

Proviamo a eseguire la query così modificata: avendo assegnato alla nuova tabella da creare lo stesso nome della query, come prima cosa Access avvisa con una finestra di dialogo che l'esecuzione della query implica la sua eliminazione a operazione conclusa: questo perché in un database non possono esistere tabelle e query con lo stesso nome. Possiamo scegliere fra annullare il comando per cambiare adesso il nome della query o proseguire. Decidiamo di proseguire e otteniamo un'altra finestra di dialogo che ci informa che la nuova tabella conterrà 37 record e che l'operazione non si potrà annullare col comando *Annulla*: ci va bene così, e autorizziamo l'esecuzione del comando. Apparentemente non è successo nulla, ma quando proviamo a chiudere la query compare la finestra di dialogo che vediamo nella Figura 3.17, che ci dà la possibilità di mantenere in vita la nostra query salvandola con un nome diverso.

Se facciamo clic sul pulsante *No* compare una finestra di dialogo strutturalmente simile a quella della figura precedente, dove possiamo digitare un nome diverso per la nostra query e salvarla con quel nome.

Dopo aver salvato e chiusa la query passiamo al pannello Tabelle, dove troviamo la nuova tabella CLIENTINONEUROPEI appena creata: aprendola, possiamo constatare che contiene effettivamente 37 record di clienti che risiedono in paesi non europei.

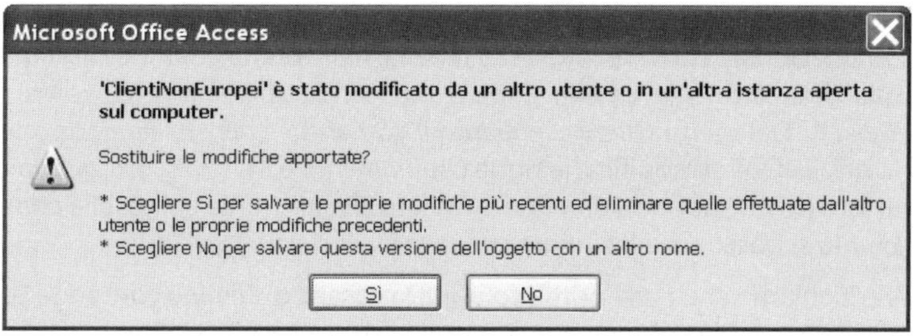


**Figura 3.17** La finestra di dialogo consente di salvare la query di creazione tabella con un altro nome.

## Eliminazione

Per eliminare una tabella fisica o una query dal database basta selezionarne il nome e premere il tasto Canc. Per eliminare un singolo record da una tabella la si apre in visualizzazione Struttura, si seleziona il record e si fa clic sul pulsante *Elimina record* nella barra degli strumenti *Foglio dati tabella* oppure si preme il tasto Canc.

Le query di eliminazione servono per eliminare selettivamente interi blocchi di record da una tabella lasciando intatti gli altri record e la struttura della tabella, un'operazione che può essere necessaria in determinate circostanze, quando alcune entità rappresentate dai record, per esempio certi prodotti di un catalogo, devono essere eliminate perché i prodotti sono stati tolti dal catalogo o sono scaduti; nei casi in cui i record da eliminare sono molto numerosi, invece di aprire la tabella in visualizzazione Foglio dati e selezionarli uno per volta per toglierli dalla tabella premendo il tasto Canc, è opportuno ricorrere a una query di eliminazione. Queste query sono estremamente potenti e altrettanto pericolose, quindi è essenziale predisporre una copia di sicurezza, ovvero di backup come si dice in gergo, della tabella sulla quale eseguire una query di eliminazione, in modo da poter ripristinare i dati se qualcosa andasse storto. È altrettanto importante verificare l'effetto potenziale di una query di eliminazione eseguendola prima come query di selezione.

Creiamo quindi una copia di sicurezza della tabella CLIENTI salvandola col nome CLIENTIBIS, poi avviamo la creazione di una nuova query selezionando la tabella CLIENTIBIS come origine dei dati: con questa query intendiamo eliminare tutti i record dei clienti messicani, quindi quelli che hanno il valore `Messico` nel campo PAESE.

Nello schema della tabella facciamo doppio clic sull'asterisco, in modo da selezionare tutti i record della tabella: nella prima colonna della griglia di struttura la casella *Campo* ora contiene il valore `ClientiBis.*`. Dal menu *Query* scegliamo il comando *Query di eliminazione*: la griglia QBE si modifica, le righe *Ordinamento* e *Mostra* scompaiono e al loro posto subentra una riga intitolata *Elimina*, nelle cui caselle combinate si possono selezionare soltanto i valori `Da` e `Dove`.

Verifichiamo che nella prima colonna la casella di *Elimina* contenga `Da` e nella seconda colonna impostiamo la stessa casella su `Dove`. In questa seconda casella selezioniamo `Paese` dalla casella *Campo* e digitiamo `"Messico"` nella casella *Criteri*, in modo da avere una struttura come quella che si vede nella Figura 3.18.

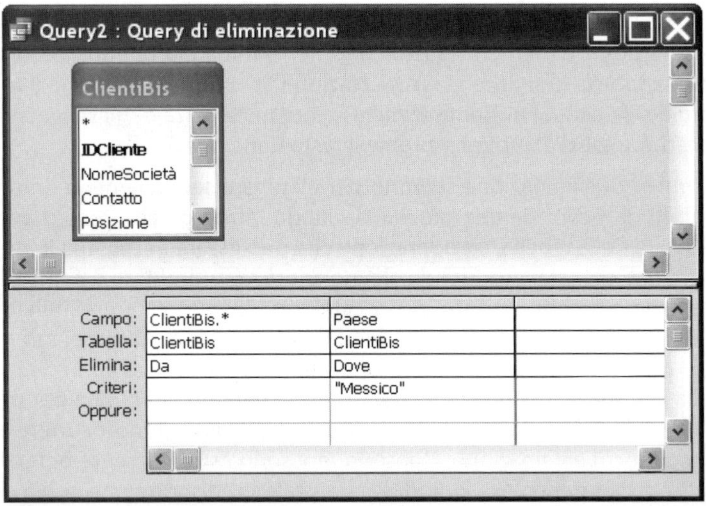


**Figura 3.18** Una semplice query di eliminazione in visualizzazione Struttura.

Controlliamo che la query sia predisposta per eliminare i record giusti eseguendola come query di selezione: per farlo, scegliamo l'opzione *Visualizzazione Foglio* dati dal pulsante di comando *Visualizza* nella barra degli strumenti *Struttura query*; se non abbiamo fatto errori, compaiono per intero i cinque record della tabella ClientiBis riferiti a clienti messicani.

Torniamo alla visualizzazione Struttura ed eseguiamo la query: compare la finestra di messaggio riprodotta nella Figura 3.19; confermiamo la nostra intenzione di procedere premendo il pulsante *Sì*. Chiudiamo la query senza salvarla e andiamo a esaminare il contenuto della tabella ClientiBis: effettivamente i record sono diminuiti e da 91 che erano ora sono 86, perché sono stati eliminati i cinque record dei clienti messicani.

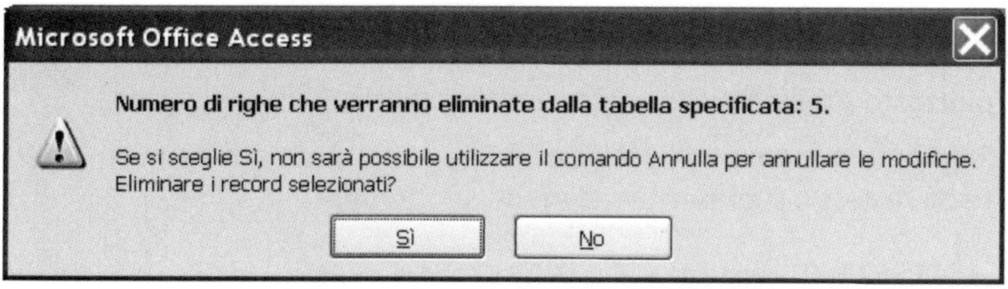


**Figura 3.19** La finestra di messaggio che segnala le conseguenze dell'esecuzione della query di eliminazione.

Incoraggiati da questo primo successo, decidiamo di eliminare dalla tabella ClientiBis anche gli altri clienti non europei, utilizzando un'unica query di eliminazione per tutti i paesi non europei restanti.

Creiamo quindi una nuova query di selezione che salviamo col nome `EliminaNonEuropei`, impostata in questo modo:

1. nel pannello superiore della griglia di struttura inseriamo la tabella ClientiBis e la tabella ClientiNonEuropei che abbiamo creato prima sperimentando la query di creazione tabella; fra le due tabelle si disegna automaticamente una linea di join che connette i campi IDCliente presenti in entrambe le tabelle;
2. facciamo doppio clic sull'asterisco nello schema della tabella ClientiBis, in modo da ottenere il valore `ClientiBis.*` nella casella *Campo* della prima colonna della griglia QBE;
3. selezioniamo il comando *Query di eliminazione* dal menu *Query* e nella griglia QBE modificata scegliamo `Da` per la casella *Elimina* della prima colonna e `Dove` per la stessa casella nella seconda colonna;
4. nella seconda colonna selezioniamo `Paese` nella casella *Campo* e `ClientiBis` nella casella *Tabella*, quindi digitiamo:
   [ClientiNonEuropei].[Paese]
   nella casella *Criteri* e selezioniamo `Dove` nella casella *Elimina*.

Salviamo le modifiche e proviamo a vedere i risultati possibili della query scegliendo il comando *Visualizzazione Foglio dati* dall'elenco che si apre facendo clic sul pulsante *Visualizza* nella barra degli strumenti *Struttura query*: il foglio dati elenca, correttamente, tutti i record dei clienti che risiedono nei restanti cinque paesi non europei.

Riportiamo la query in visualizzazione Struttura e proviamo a dare il comando *Esegui*: invece di ricevere l'attesa indicazione del numero di record che verranno eliminati, riceviamo una segnalazione di errore piuttosto sibillina: *Impossibile eliminare dalle tabelle specificate.*

Proviamo a esaminare l'istruzione SQL che è stata creata internamente da Access e si presenta nel modo seguente:

```
DELETE ClientiBis.*, ClientiBis.Paese
FROM ClientiBis
INNER JOIN ClientiNonEuropei ON ClientiBis.IDCliente =
ClientiNonEuropei.IDCliente
WHERE(((ClientiBis.Paese)=[ClientiNonEuropei].[Paese]));
```

Apparentemente va tutto bene: l'istruzione DELETE ha la stessa struttura sintattica dell'istruzione SELECT (che è stata usata in questa stessa forma per generare la tabella virtuale che abbiamo visto prima in visualizzazione Foglio dati), quindi ci deve essere qualcosa che ci sfugge.

Riflettendo sul messaggio di errore, ci rendiamo conto che parla al plurale di "tabelle specificate" dalle quali è impossibile eliminare: ma la nostra intenzione era di eliminare da una sola tabella, quindi il plurale usato nella segnalazione di errore induce a pensare che l'istruzione SQL non può funzionare perché trova qualche doppione. Proviamo a rimediare modificando le proprietà della query in modo che prenda in considerazione soltanto record univoci: un clic destro sul pannello superiore della query fa uscire un menu contestuale, dove scegliamo il comando *Proprietà*, provocando l'apertura della finestra di dialogo *Proprietà query*, nella quale selezioniamo `Sì` nella casella della proprietà *Record univoci*. Ora la struttura della query di eliminazione si presenta come nella Figura 3.20.

Fatta questa modifica, eseguiamo la query e siamo gratificati dalla comparsa della finestra di messaggio che segnala l'eliminazione di 32 record chiedendo la nostra conferma, che diamo volentieri perché era giusto quello che intendevamo fare.

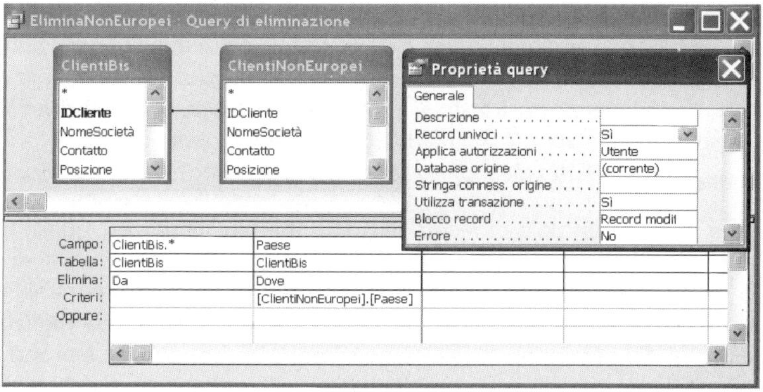


**Figura 3.20** La query di eliminazione EliminaNonEuropei con tutte le sue impostazioni.

Se ora esaminiamo l'istruzione SQL sottostante alla griglia QBE, possiamo constatare che la modifica nella proprietà della query ha cambiato l'istruzione SQL in questo modo:

```
DELETE DISTINCTROW ClientiBis.*, ClientiBis.Paese
FROM ClientiBis
INNER JOIN ClientiNonEuropei ON ClientiBis.IDCliente =
ClientiNonEuropei.IDCliente
WHERE(((ClientiBis.Paese)=[ClientiNonEuropei].[Paese]));
```

L'aggiunta della clausola DISTINCTROW ha eliminato le ambiguità che rendevano impossibile l'esecuzione del comando.

Nel pannello Tabelle della finestra Database ora abbiamo due tabelle chiamate ClientiNonEuropei e ClientiBis: cambiamo il nome di quest'ultima in ClientiEuropei e abbiamo adesso tre tabelle:

- Clienti, quella originale, che contiene i record di tutti i clienti,
- ClientiNonEuropei, con i record dei soli clienti extra europei e
- ClientiEuropei, con i record di tutti gli altri.

## Accodamento e aggiornamento

Come i loro nomi lasciano capire, le query di questo tipo si utilizzano per accodare nuovi record a una tabella e per modificare il contenuto dei campi di record esistenti. Quando si tratta di aggiungere o modifi-

***Cambiare nome***

*Si può cambiare nome a un oggetto contenuto in uno dei pannelli della finestra Database semplicemente selezionandolo e premendo poi il tasto di funzione F2: la stringa del nome diventa modificabile, consentendo di riscrivere il nome per intero o in parte. Fatta la modifica, la pressione del tasto Invio la stabilizza.*

care soltanto un paio di record, la soluzione più semplice è quella di aprire la tabella di destinazione in visualizzazione Foglio dati e inserire o modificare a mano i record. Possono, però, crearsi situazioni nelle quali i record da aggiungere o da modificare sono centinaia o migliaia e in casi del genere operare a mano sarebbe improponibile: è proprio per risolvere agevolmente problemi di questo genere che si ricorre alle query di accodamento e di aggiornamento.

Vediamo subito un semplice esempio di query di accodamento, utilizzando le tabella che abbiamo sviluppato finora a scopo esemplificativo. Supponiamo che la tabella Clienti non sia più disponibile e di voler ottenere una tabella complessiva che contenga tutti i record delle tabelle ClientiNonEuropei e ClientiEuropei. Dal momento che ClientiEuropei contiene più record di ClientiNonEuropei, scegliamo di accodare alla prima i record della seconda.

Potremmo lavorare direttamente con la tabella ClientiEuropei, ma per rendere più chiaro l'esempio facciamone una copia che salviamo col nome `ClientiGlobali` e usiamo questa copia come destinazione dell'accodamento.

Inseriamo nella struttura di una nuova query la tabella ClientiNonEuropei e salviamo la query col nome `AccodaClientiNonEuropei`.

Dal menu *Query* scegliamo il comando *Query di accodamento* e otteniamo contestualmente l'apertura di una finestra di dialogo intitolata *Accodamento*, nella cui casella combinata *Nome tabella* selezioniamo il nome della tabella di destinazione, cioè ClientiGlobali.

Chiudiamo la finestra di dialogo *Accodamento* con un clic su *OK* e constatiamo che nella griglia QBE la riga *Mostra* è stata sostituita da una riga con l'intestazione *Accoda a*; nella barra del titolo dopo il nome della nostra query compare ora la dicitura *Query di accodamento*.

Facciamo doppio clic sull'asterisco che si trova all'inizio dello schema della tabella ClientiNonEuropei: nella casella Campo della prima colonna della griglia si va a inserire la stringa `ClientiNonEuropei.*`, nella casella *Tabella* compare il nome `ClientiNonEuropei.*` e contestualmente si inserisce la stringa `ClientiGlobali.*` nella casella *Accoda a* della stessa colonna, come possiamo vedere dalla Figura 3.21.

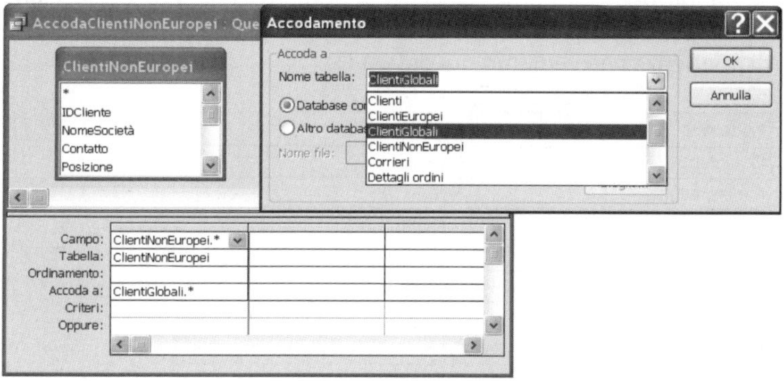


**Figura 3.21** La struttura della query AccodaClientiNonEuropei.

L'estrema semplicità dell'operazione che abbiamo appena concluso dipende dal fatto che i record da accodare sono strutturalmente identici a quelli della tabella di destinazione; inoltre, la chiave primaria di entrambe le tabelle non è di tipo *Contatore*, ma è un codice di cinque lettere maiuscole, che non viene mai ripetuto nei record di tutte e due le tabelle. È bastato, quindi, digitare nella casella *Campo* della prima colonna della griglia la stringa `ClientiNonEuropei.*`, che, come sappiamo, richiama tutti i campi, per far sì che Access provvedesse automaticamente a completare la query di accodamento, usando lo stesso simbolo (l'asterisco) per indicare, nella casella *Accoda a*, tutti i campi della tabella di destinazione.La query di accodamento è pronta: la eseguiamo e poi andiamo ad aprire la tabella CLIENTIGLOBALI, dove constateremo che, dopo i primi 54 record dei clienti europei, ora si trovano i 37 record dei clienti extra europei.

Le cose sono meno semplici, ma nemmeno troppo complesse, quando i campi dei record da accodare hanno nomi diversi da quelli dei campi della tabella di destinazione e quando questa tabella utilizza una chiave primaria numerica di tipo *Contatore*.

Situazioni di questo genere si presentano spesso quando i record da accodare provengono da un altro database, magari non Access, o addirittura da file di testo generati da applicazioni che nulla hanno a che fare con i database.

Per vedere concretamente come impostare una query di accodamento più complessa utilizziamo una tabella AltriProdotti ottenuta importando il file di testo di pag. 73. Scegliamo la tabella Prodotti come destinataria dell'accodamento e per maggiore chiarezza ne facciamo una copia col nome ProdottiBis. Fra i campi delle due tabelle c'è la corrispondenza che vediamo qui di seguito:

| **ProdottiBis** | **AltriProdotti** |
|---|---|
| ID prodotto | [assente] |
| Nome prodotto | Articolo |
| Fornitore | Fornitore |
| Categoria | Cat |
| Quantità per unità | Confezione |
| Prezzo unitario | Prezzo |
| Scorte | Giacenza |
| Quantità ordinata | Ordinato |
| Livello di riordino | Riordino |
| Sospeso | Eliminato |

I tipi di dati corrispondono, ma non i nomi dei campi. Per accodare i record di AltriProdotti alla tabella ProdottiBis dobbiamo impostare la struttura della query di accodamento nel modo illustrato dalla Figura 3.22.

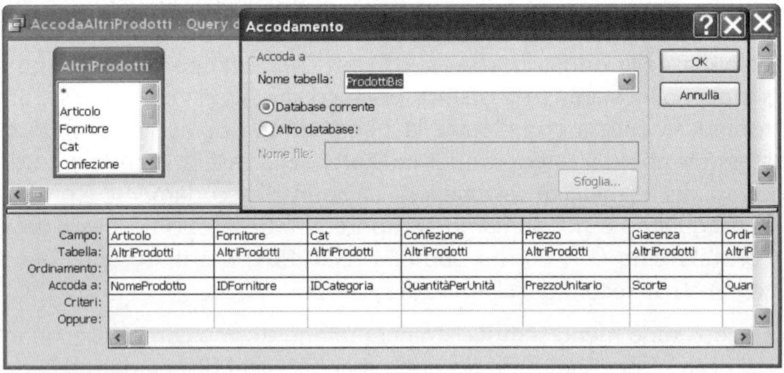


**Figura 3.22** La struttura della query di accodamento AccodaAltriProdotti.

Diversamente dalla query precedente, non possiamo selezionare in un colpo solo tutti i campi della tabella AltriProdotti, ma dobbiamo impostarli uno dopo l'altro nella casella *Campo* delle varie colonne della griglia e contestualmente scegliere il nome del campo corrispondente della tabella ProdottiBis nella casella *Accoda a*. Non scegliamo in questa casella il campo IDProdotto della tabella di destinazione, perché quella da accodare non contiene un campo equivalente.

Eseguita la query di accodamento, possiamo verificare, aprendo la tabella ProdottiBis, che sono stati aggiunti in coda i due record della tabella AltriProdotti (Figura 3.23)

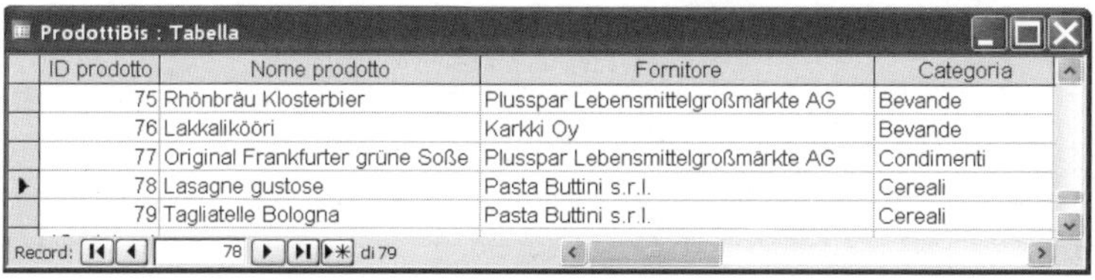
ProdottiBis : Tabella

| ID prodotto | Nome prodotto | Fornitore | Categoria |
|---|---|---|---|
| 75 | Rhönbräu Klosterbier | Plusspar Lebensmittelgroßmärkte AG | Bevande |
| 76 | Lakkalikööri | Karkki Oy | Bevande |
| 77 | Original Frankfurter grüne Soße | Plusspar Lebensmittelgroßmärkte AG | Condimenti |
| 78 | Lasagne gustose | Pasta Buttini s.r.l. | Cereali |
| 79 | Tagliatelle Bologna | Pasta Buttini s.r.l. | Cereali |

Record: 78 di 79

**Figura 3.23** La tabella ProdottiBis contiene ora i due nuovi record accodati da AltriProdotti.

L'inserimento dei due nuovi record che non hanno un campo specifico per la chiave primaria ha fatto generare automaticamente un nuovo valore per il campo IDProdotto, che è di tipo *Contatore*. Inoltre, nei record accodati i campi Fornitore e Cat contengono un valore numerico che, per effetto dell'impostazione dei campi corrispondenti della tabella di destinazione, fa visualizzare il nome del fornitore e quello della categoria, invece dei loro codici numerici.

Per vedere come sono fatte le query di aggiornamento predisponiamo una modifica a una delle tabelle di prova, aggiungendo un nuovo campo con tipo dati *Testo* alla tabella ClientiNonEuropei, chiamando questo nuovo campo `Area`, da utilizzare per raggruppare i clienti secondo due aree geografiche, Nord e Sud. Vogliamo inserire nel nuovo campo Area la stringa di caratteri `Nord` per i record dei clienti il cui paese sia il Canada o gli USA.

Dopo aver salvato la modifica alla struttura della tabella ClientiNonEuropei, creiamo una query di aggiornamento per ottenere in un solo colpo la modifica che ci interessa (l'inserimento di un nuovo valore in un campo o la modifica di un valore esistente sono, dal punto di vista di Access, tutte operazioni di aggiornamento).

Avviamo la creazione di una nuova query inserendo nella struttura lo schema della tabella ClientiNonEuropei, modifichiamo il tipo di query in *Query di aggiornamento* e la griglia QBE si modifica: le righe *Ordina-*

*mento* e *Mostra* scompaiono e vengono sostituite da una riga che porta l'intestazione *Aggiorna a*.

Impostiamo le prime due colonne della griglia di struttura nel modo illustrato dalla Figura 3.24.

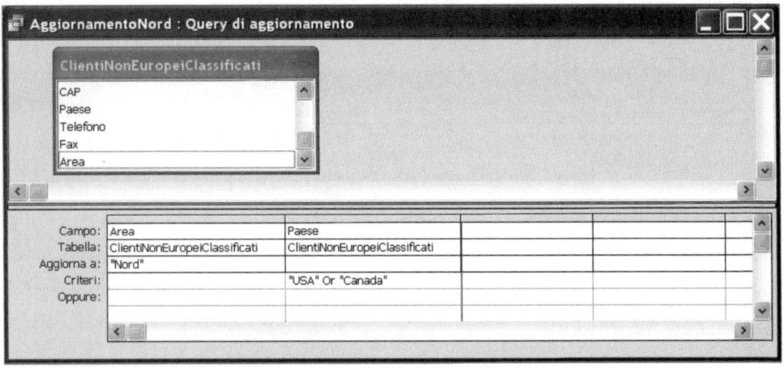


**Figura 3.24** La struttura di una query di aggiornamento.

Salviamo la query col nome `AggiornamentoNord` e poi diamo l'ordine di esecuzione: compare una finestra di messaggio segnalando che verranno aggiornati 16 record. Confermiamo l'ordine, chiudiamo al query e passiamo a esaminare in visualizzazione Foglio dati la tabella ClientiNonEuropei, dove possiamo constatare che il campo Area ora contiene la stringa `Nord` nei sedici record dei clienti che risiedono in Canada o negli USA.

L'istruzione SQL generata automaticamente per la query di aggiornamento è fatta in questo modo:

```
UPDATE ClientiNonEuropeiClassificati
SET ClientiNonEuropeiClassificati.Area = "Nord"
WHERE (((ClientiNonEuropeiClassificati.Paese)="USA" Or
(ClientiNonEuropeiClassificati.Paese)="Canada"));
```

L'istruzione utilizza il comando UPDATE, che richiama il nome della tabella da aggiornare e specifica la clausola SET, che indica il campo da aggiornare e il valore che vi deve essere inserito. La clausola WHERE è la stessa che si usa nelle istruzioni SELECT per delimitare i criteri di selezione; in questo caso precisa che la clausola SET deve agire soltanto sui record che hanno il valore Canada oppure USA nel campo Paese.

## Capitolo 4

# Le maschere

Maschere, report e pagine di accesso ai dati sono gli strumenti che Access mette a disposizione per lavorare più comodamente con il database, eseguendo sulle tabelle e le query operazioni di input o di output.

A stretto rigore, si può fare a meno di questi strumenti per esaminare una tabella, inserirvi nuovi record, modificare o eliminare record esistenti: basta aprire la tabella in visualizzazione Foglio dati e scorrerne le righe e le colonne come se fosse un foglio di lavoro Excel, al quale assomiglia molto graficamente. Lo stesso vale per le query: eseguiamo una query di selezione e la tabella virtuale che viene generata si apre anch'essa con l'aspetto di un foglio di lavoro, consentendoci di esaminare e modificare il contenuto dei campi. Questo per quanto riguarda l'input. Per l'output, quando una tabella o una query è aperta, i suoi dati si possono trasferire agevolmente su carta premendo il pulsante *Stampa* nella barra degli strumenti *Foglio dati tabella* o *Foglio dati query*. Oppure, si può selezionare un'intera tabella o una query, o soltanto un gruppo di record, premere la combinazione di tasti Ctrl+C per copiare i dati e quindi incollarli, con la combinazione di tasti Ctrl+V, in un foglio di lavoro Excel o in un documento Word, per sfruttare poi le numerose funzionalità di stampa disponibili in Word e in Excel.

Quando una tabella contiene pochi record, che si articolano in non più di cinque o sei campi, può essere agevole aprirla come Foglio dati per esaminarla, modificare il contenuto dei campi, aggiungere o eliminare record. L'operazione diventa subito più complicata e scomoda se la tabella contiene decine o centinaia di record, composti da molti campi: quando si esaminano i primi campi gli ultimi restano fuori dallo schermo e viceversa, lo scorrimento dei record porta via tempo e spesso si perde l'orientamento.

Le cose si complicano ulteriormente quando una tabella è in relazione con un'altra e l'esame o la modifica dei dati comporta l'apertura della tabella master e di quella figlia. In casi del genere, può far comodo una funzionalità che si rende disponibile sotto forma di un piccolo richiamo grafico (un segno più) nell'angolo superiore sinistro del primo campo di ogni record, come si vede dalla Figura 4.1: un clic sul segno più lo trasforma in un segno meno e fa comparire l'elenco dei record che, nella tabella figlia, sono correlati con il record selezionato.

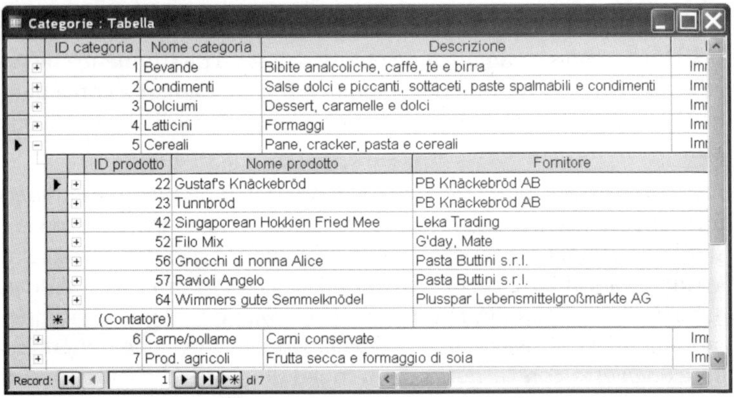
Categorie : Tabella

| ID categoria | Nome categoria | Descrizione | I |
|---|---|---|---|
| 1 | Bevande | Bibite analcoliche, caffè, tè e birra | Imı |
| 2 | Condimenti | Salse dolci e piccanti, sottaceti, paste spalmabili e condimenti | Imı |
| 3 | Dolciumi | Dessert, caramelle e dolci | Imı |
| 4 | Latticini | Formaggi | Imı |
| 5 | Cereali | Pane, cracker, pasta e cereali | Imı |
| 6 | Carne/pollame | Carni conservate | Imı |
| 7 | Prod. agricoli | Frutta secca e formaggio di soia | Imı |

| ID prodotto | Nome prodotto | Fornitore |
|---|---|---|
| 22 | Gustaf's Knäckebröd | PB Knäckebröd AB |
| 23 | Tunnbröd | PB Knäckebröd AB |
| 42 | Singaporean Hokkien Fried Mee | Leka Trading |
| 52 | Filo Mix | G'day, Mate |
| 56 | Gnocchi di nonna Alice | Pasta Buttini s.r.l. |
| 57 | Ravioli Angelo | Pasta Buttini s.r.l. |
| 64 | Wimmers gute Semmelknödel | Plusspar Lebensmittelgroßmärkte AG |
| (Contatore) | | |

Record: 1 di 7

**Figura 4.1** Dal Foglio dati di una tabella master si possono visualizzare i record correlati di una tabella figlia.

Un clic sul segno meno lo trasforma di nuovo nel segno più e fa scomparire il foglio dati subordinato. Se in questo foglio, come si vede nella figura, i record dipendenti sono a loro volta correlati con quelli di un'altra tabella, è possibile fare clic sui loro segni più per esaminare i record con i quali sono in relazione.

Sebbene questa funzionalità sia indubbiamente comoda, resta il fatto che lavorare sui dati aprendo direttamente le tabelle è sempre poco agevole: le maschere esistono per gestire più razionalmente l'accesso alle tabelle e alle query; le abbiamo viste all'opera nel Capitolo 1 e qui esaminiamo tutte le loro funzionalità.

## Caratteristiche delle maschere

Le maschere sono elementi grafici strutturati come finestre Windows: hanno una barra del titolo, di solito di colore azzurro scuro, che all'estremità destra presenta i tradizionali tre pulsanti per la riduzione a icona, l'ingrandimento e la chiusura, mentre a sinistra si trova il pulsante *Controllo*, col quale si possono attivare le stesse funzionalità di chiusura e di ridimensionamento; trascinando col mouse i bordi di una maschera la si ridimensiona in orizzontale o in verticale, mentre agganciando col mouse la sua barra del titolo si può spostarla all'interno della finestra di Access. In questa finestra possono essere aperte più maschere contemporaneamente, ma una sola è quella attiva, cioè la maschera che è pronta a ricevere l'input dell'utente: si distingue dalle altre perché sta in primo piano e la sua barra del titolo è visualizzata in un colore intenso, mentre le barre del titolo delle altre appaiono offuscate.

Una maschera contiene di solito un certo numero di elementi grafici, chiamati genericamente *controlli*, che vanno dalle caselle di testo alle caselle di riepilogo, dai pulsanti di comando ai pulsanti di opzione: i controlli servono per visualizzare dati provenienti da una tabella o da una query; una maschera può anche racchiudere al suo interno una o più maschere distinte, chiamate *sottomaschere*, dotate anch'esse di controlli che visualizzano dati provenienti da una tabella o da una query correlata con quella sulla quale si basano i controlli della maschera principale.

Quando una maschera presenta, tramite i suoi controlli, dati provenienti da una tabella o da una query, si dice che è *associata*; una maschera può anche servire per presentare informazioni e opzioni che non provengono dal database: maschere di questo tipo si dicono *non associate*. Questa distinzione vale anche per i controlli: una casella di testo, per esempio, può visualizzare il contenuto di un campo al quale è associata, oppure presentare una dicitura predefinita, non associata a un campo.

Si può creare una maschera con tre tecniche diverse:

1. automaticamente, con un semplice clic su un pulsante nella barra degli strumenti Database;
2. in modo semiautomatico, seguendo una procedura guidata;
3. manualmente, componendo con mouse e tastiera tutti gli elementi necessari (controlli ed eventualmente sottomaschere).

Per esaminare le maschere creiamo un nuovo file Access che salviamo col nome `NuovaRubrica` e in questo importiamo le tabelle INDIRIZZI, TELEFONI e TIPOTELEFONO che avevamo creato per gli esempi del Capitolo 2 nel file RUBRICA.MDB. Passiamo adesso a creare una maschera in modo automatico.

## Le maschere standard

Selezioniamo la tabella INDIRIZZI nel pannello *Tabelle* della finestra Database e quindi facciamo clic sulla freccia che punta in basso del pulsante *Nuovo oggetto: maschera standard* della barra degli strumenti Database (Figura 4.2): compare un elenco di oggetti database che possiamo generare automaticamente sulla base della tabella che abbiamo selezionato.

**Figura 4.2** Dal pulsante Nuovo oggetto si accede alla procedura automatica per generare una maschera.

Facciamo clic sull'opzione *Maschera standard* e dopo un breve istante compare la maschera che vediamo nella Figura 4.3.

Come possiamo vedere, la maschera generata automaticamente contiene una sottomaschera. derivata dalla tabella TELEFONI, che presenta i numeri di telefono, con l'indicazione del loro tipo, associati a ciascun record della tabella INDIRIZZI. Per ogni campo delle due tabelle (INDIRIZZI e TELEFONI) la maschera contiene una casella di testo oppure una casella combinata; a tutti i controlli nella maschera principale è associata un'etichetta, che visualizza il nome del campo così come è stato impostato nella struttura della tabella INDIRIZZI, mentre i nomi dei tre campi della tabella TELEFONI fanno da intestazione delle colonne della sottomaschera, i cui record sono disposti come in un Foglio dati. La maschera master e la sottomaschera contengono entrambe, nell'angolo inferiore sinistro, i pulsanti di spostamento che consentono di scorrere i record in modo indipendente entro la sottomaschera e nella maschera.

Quando proviamo a chiudere la maschera standard che è stata appena generata automaticamente, Access presenta una finestra di messaggio chiedendo un nome per salvare il nuovo oggetto: il nome proposto è quello della tabella alla quale è associata la maschera principale, quindi INDIRIZZI: modifichiamo questo nome in `IndirizziStandard` e chiudiamo la finestra di messaggio con un clic su OK.

Lo sforzo intellettuale per progettare e realizzare questa maschera standard è stato nullo – un semplice clic su un pulsante di comando –

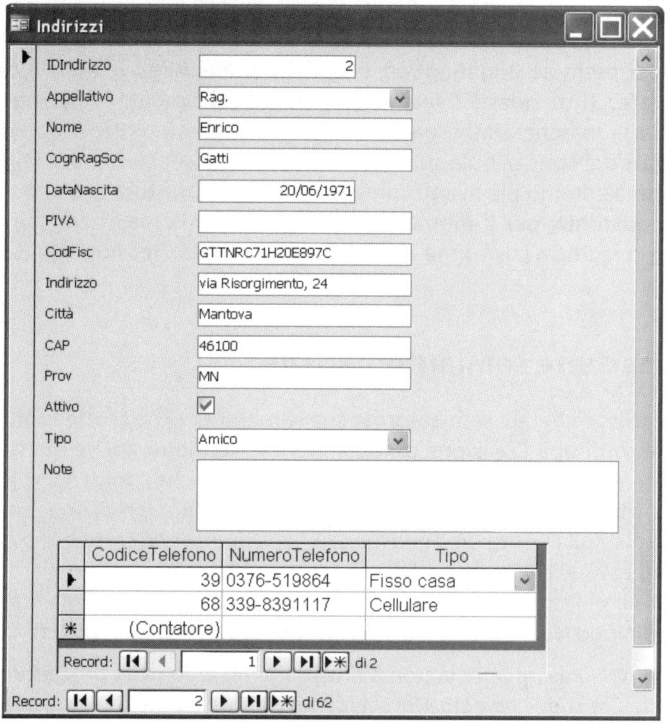


**Figura 4.3** La maschera che viene generata automaticamente sulla base della tabella Indirizzi.

mentre il risultato è abbastanza pregevole, dopotutto: la maschera dà comodamente acceso a tutti i campi della tabella Indirizzi e ai record correlati della tabella Telefoni; i campi che nelle due tabelle d'origine sono impostati come caselle combinate (si veda il Capitolo 2, paragrafo "Inserire i dati") sono presentati nella maschera e nella sottomaschera con lo stesso controllo, consentendo di selezionare uno dei valori predisposti come origine dei dati. Forse la maschera è un po' troppo ingombrante, per via del fatto che i controlli sono piazzati verticalmente e sono tutti della stessa larghezza, che risulta eccessiva per campi come il CAP o la sigla della provincia, che contengono stringhe di caratteri molto brevi; inoltre, le caselle di testo predisposte per visualizzare i campi delle chiavi primarie di entrambe le tabelle (IDIndirizzo e CodiceTelefono) sono ridondanti, perché l'utente non è autorizzato a modificarli, dato che sono di tipo *Contatore*. Infine, le etichette descrittive associate alle caselle di testo e alle caselle combinate, essendo riprese direttamente dai nomi dei campi, sono un po' criptiche, come per esempio CognRagSoc, e sarebbe preferibile avere diciture più chiare. Tutti questi difetti si possono agevolmente rimuovere aprendo la maschera in visualizzazione Struttura e intervenendo sia sul layout dei controlli, sia sulle loro dimensioni e sui contenuti delle etichette. Vedremo più avanti come si modifica la struttura di una maschera esistente, per il momento abbandoniamo la maschera standard e proviamo a costruirne un'altra ricorrendo alla Creazione guidata.

## Le maschere semiautomatiche

Possiamo considerare semiautomatiche le maschere che si ottengono con l'aiuto di una Creazione guidata, perché vengono anche queste generate automaticamente, ma sulla base di qualche indicazione richiesta all'operatore. Per avviare questa procedura possiamo fare doppio clic sulla scritta *Crea una maschera mediante una creazione guidata* nel pannello Maschere della finestra Database oppure possiamo premere il pulsante *Nuovo* nella stessa finestra e scegliere, dalla finestra di dialogo *Nuova maschera*, l'opzione *Creazione guidata Maschera*.

In entrambi i casi, si apre la prima finestra di dialogo della procedura, intitolata *Creazione guidata Maschera*, dove veniamo invitati a selezionare una tabella o una query sulla quale basare la nuova maschera.

Scelta l'origine dei dati, nella casella di riepilogo di sinistra (Figura 4.4) intitolata *Campi disponibili*, vengono elencati tutti i campi della tabella: spostiamo da questa casella i campi che vogliamo visualizzare nella maschera selezionandoli e premendo il pulsante con il simbolo della freccia che punta verso destra, dove c'è un'altra casella di riepilogo, intitolata *Campi selezionati*. Se sbagliamo a trasferire un campo da sinistra a destra ci basta selezionarlo nella casella *Campi selezionati* e fare un clic sul pulsante che ha il simbolo della freccia che punta verso sinistra. I pulsanti con la doppia freccia servono per trasferire tutti i campi in un colpo solo da una casella all'altra. Nel nostro caso, trasferiamo tutti i campi nella casella di riepilogo *Campi selezionati*, a eccezione del campo IDINDIRIZZO, che è inutile avere in una maschera, dato che l'operatore non può modificarne il contenuto.

Un clic sul pulsante *Avanti* ci fa passare alla schermata successiva della *Creazione guidata Maschera*, dove dobbiamo scegliere il tipo di layout dei campi: abbiamo a disposizione sei alternative, quella predefinita, *A*

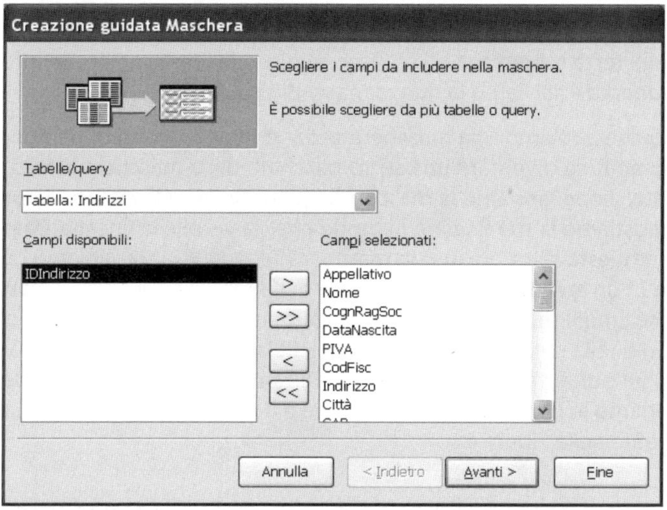


**Figura 4.4** In questa schermata si selezionano la tabella o la query sulla quale basare la maschera e i campi da visualizzare.

*colonne*, che corrisponde al layout della maschera standard, può andar bene, quindi la accettiamo e proseguiamo con un clic su *Avanti*.

Dopo il layout, dobbiamo scegliere uno stile grafico: ce ne vengono proposti dieci, che possiamo selezionare in alternativa esaminando l'aspetto corrispondente in una finestra di anteprima. Optiamo per lo stile predefinito, che si chiama *Standard* e non prevede sfondi né altri artifici grafici e proseguiamo con la quarta e ultima schermata, dove scegliamo un nome per la maschera: digitiamo `Indirizzi` e la maschera compare subito dopo che abbiamo premuto il pulsante *Fine* nella finestra della Creazione guidata.

La nuova maschera INDIRIZZI è priva, però, di una sottomaschera per visualizzare i numeri di telefono. Torniamo a eseguire la *Creazione guidata Maschera*, selezionando questa volta la tabella TELEFONI:

1. nella prima schermata scegliamo soltanto i campi NUMEROTELEFONO e TIPO, perché la presenza dei campi CODICETELEFONO e RACCORDO nella sottomaschera creerebbe soltanto un disorientamento nell'utente, trattandosi di due campi gestiti internamente da Access grazie alle impostazioni che abbiamo creato nel database (si veda, nel Capitolo 2, il paragrafo "Creare una relazione").

2. nella seconda schermata optiamo per il layout *Foglio dati*;
3. nella terza schermata accettiamo per lo stile l'opzione predefinita *Standard* e salviamo la nuova maschera col nome `Telefoni`.

Adesso che abbiamo una maschera separata per i numeri di telefono dobbiamo farla diventare una sottomaschera della maschera INDIRIZZI. A questo scopo, apriamo la maschera INDIRIZZI in visualizzazione Struttura, spostiamo la sua finestra in modo che sia visibile la finestra Database, in questa selezioniamo la maschera TELEFONI e la trasciniamo col mouse in un'area libera della struttura della maschera INDIRIZZI. Quando rilasciamo il mouse, la struttura della maschera TELEFONI appare inserita in quella della maschera INDIRIZZI. Salviamo questa maschera con un clic sul pulsante *Salva* nella barra degli strumenti *Struttura maschera*, l'apriamo in visualizzazione Maschera e dovrebbe presentarsi all'incirca come nella Figura 4.5.

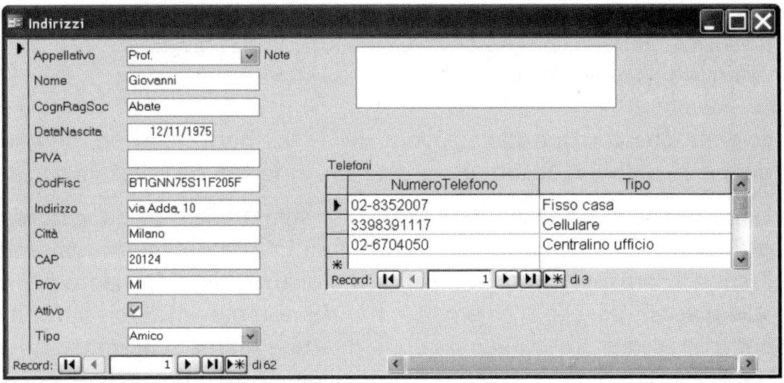


**Figura 4.5** La nuova maschera Indirizzi con la sottomaschera Telefoni integrata.

La relazione uno a molti fra le due tabelle INDIRIZZI e TELEFONI – basata sulla chiave primaria IDINDIRIZZO della tabella INDIRIZZI e la chiave esterna CODICETELEFONO della tabella TELEFONI –determina la sincronizzazione fra i record delle due tabelle e quindi fra il record visualizzato nella maschera master e quelli presentati nella sottomaschera.

Dopo aver salvato le modifiche della maschera INDIRIZZI, abbiamo a disposizione due maschere, questa e l'altra, generata prima in modo completamente automatico e salvata come INDIRIZZISTANDARD, ognuna delle quali ci consente di intervenire agevolmente sui dati, che si presentano aggregati in modo omogeneo, un record per volta; in ogni record, agendo sulle caselle di testo e le caselle combinate, possiamo modificare i valori dei singoli campi e, facendo clic sull'ultimo pulsante a destra (quello con l'icona dell'asterisco) del gruppo dei pulsanti di spostamento della maschera o della sottomaschera possiamo creare un nuovo record nella tabella master o in quella correlata.

Nella seconda schermata della *Creazione guidata Maschera*, fra i sei schemi di layout disponibili abbiamo selezionato per la maschera master INDIRIZZI il layout *A colonne*, mentre per la sottomaschera TELEFONI abbiamo scelto l'opzione *Foglio dati*. Questa seconda opzione è quella che si preferisce, abitualmente, per il layout dei campi in una sottomaschera, mentre il layout *A colonne* è il più adatto per una maschera master o priva di sottomaschere; degli altri quattro schemi per la disposizione dei campi in una maschera, *Tabulare* e *Giustificato* si utilizzano preferibilmente per le sottomaschere (Figura 4.6), mentre gli altri due – *Tabella pivot* e *Grafico pivot* – servono per presentare in forma aggregata dati di tipo numerico, diversi da quelli che stiamo utilizzando per i nostri esempi.

**Figura 4.6** I layout Tabulare e Giustificato utilizzati di solito per le sottomaschere.

Se, nel pannello *Maschere*, scegliamo il primo comando disponibile – *Crea una maschera in visualizzazione Struttura* – invece di quello che abbiamo attivato poco fa per utilizzare la *Creazione guidata Maschera*, otteniamo l'apertura della finestra *Struttura maschera*, che presenta lo schema vuoto di una maschera, dove possiamo piazzare come meglio preferiamo i controlli che ci interessano, senza essere vincolati da uno schema di layout predefinito.

Il ricorso alla creazione diretta di una maschera in visualizzazione Struttura si giustifica soltanto quando bisogna creare una maschera non associata, mentre, per le maschere associate, l'approccio migliore consiste nell'ottenerne una con la Creazione guidata e aprirla poi in visualizzazione Struttura, per modificarla in modo da ottenere esattamente l'aspetto (e le funzionalità) che interessano.

## La struttura delle maschere

Selezioniamo la maschera INDIRIZZI nel pannello *Maschere* della finestra Database e facciamo clic sul pulsante *Struttura*: la maschera si apre in visualizzazione Struttura, presentando la barra degli strumenti *Struttura maschera*; qui facciamo clic sul pulsante *Proprietà* (Figura 4.7) in modo da aprire la finestra di dialogo *Proprietà* della maschera.

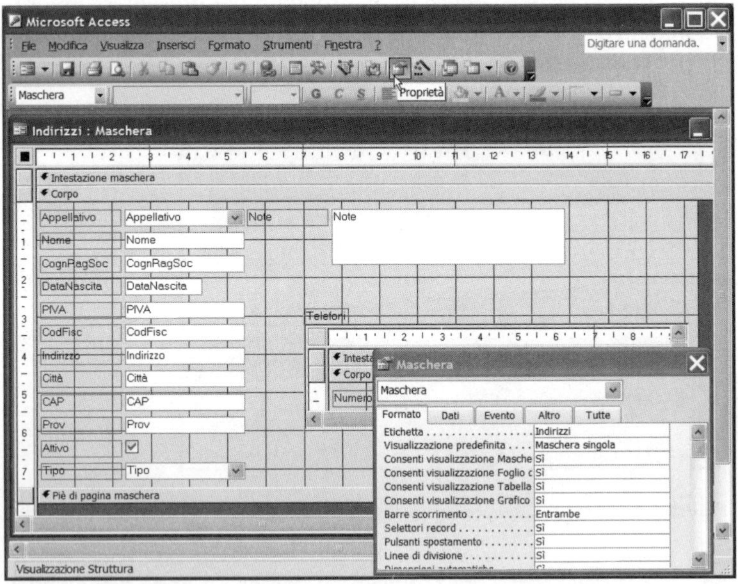


**Figura 4.7** La maschera Indirizza aperta in visualizzazione Struttura.

In testa a una seconda barra degli strumenti, che si chiama *Formattazione (maschera/report)*, c'è una casella combinata, che contiene l'elenco di tutti i controlli presenti nella maschera, ognuno dei quali ha un nome che lo distingue dagli altri: selezionando il nome di un controllo, contestualmente lo si seleziona all'interno della maschera, dove appare circondato da quadratini di ridimensionamento, pronto a ricevere l'input dell'operatore. La finestra di dialogo *Proprietà* visualizza di volta in volta le proprietà dell'oggetto selezionato, che può essere un singolo controllo, l'intera maschera o una sua sezione.

Per agevolare la selezione e l'impostazione delle singole proprietà di ciascun controllo, che possono essere molto numerose (una maschera possiede più di cento proprietà), la finestra *Proprietà* contiene quattro schede, che raggruppano le proprietà in base alla categoria (*Formato*, *Dati*, *Evento* e *Altro*), più una scheda intitolata *Tutte*, che le elenca tutte.

Tutti i controlli hanno un nome, che nel caso della maschera INDIRIZZI è stato generato automaticamente dalla Creazione guidata utilizzando il nome del campo della tabella INDIRIZZI; per la sottomaschera, che è anch'essa un controllo, è stato utilizzato il nome della tabella sulla quale è basata.

Di norma, i controlli inseriti in una maschera sono associati a un controllo *Etichetta*, al quale la Creazione guidata ha assegnato un nome, costruito col nome del controllo associato seguito dall'indicazione `_Etichetta`. Possiamo iniziare a migliorare l'aspetto della maschera ottenuta in modo semiautomatico cambiando il testo di alcune etichette, per renderlo più esplicativo. Iniziamo con l'etichetta PIVA_ETICHETTA, che si trova a sinistra del controllo casella di testo chiamato PIVA:

1. selezioniamo l'etichetta scegliendone il nome nell'elenco che compare nella casella combinata della barra degli strumenti *Formattazione (maschera/report)* oppure con un clic sull'etichetta stessa all'interno della maschera;
2. facciamo uscire la sua finestra *Proprietà*;
3. in questa scegliamo la scheda *Formato* e sostituiamo il contenuto della casella *Etichetta* con la stringa `Partita IVA`, quindi facciamo clic in una casella qualunque della stessa scheda *Formato*;
4. la modifica si stabilizza e nella etichetta compare ora la nuova dicitura.

Modifichiamo nello stesso modo le etichette relative ai campi DATANASCITA, CODFISC, PROV, COGNRAGSOC, sostituendole rispettivamente con i valori `Data di nascita`, `Codice fiscale`, `Provincia` e `Cognome/Ragione sociale`.

Notiamo che il riquadro che delimita l'etichetta CognRagSoc_Etichetta ora è troppo corto rispetto al testo che vi abbiamo inserito. Selezioniamo questo controllo e scegliamo dal menu *Formato* il comando *Dimensione* e da questo il sottocomando *Al contenuto*: eseguendo il sottocomando, il riquadro che circonda il testo dell'etichetta si ridimensiona automaticamente, adattandosi alla lunghezza del suo contenuto. Però adesso l'etichetta deborda sulla casella di testo che ha a fianco. Un clic su questa casella di testo la seleziona, facendo comparire intorno al controllo una serie di piccoli quadratini di ridimensionamento, più uno, più grande e collocato in alto a sinistra, che è il *quadratino di spostamento*: vi facciamo sopra un clic, poi lo agganciamo col mouse e lo trasciniamo verso destra, spostando così la casella di testo nella stessa direzione, fino a quando l'etichetta che si trova alla sua sinistra risulta visibile per intero. Salviamo la maschera così modificata e apriamola in visualizzazione Maschera: le etichette che affiancano le caselle di testo e la sottomaschera adesso sono più chiare (Figura 4.8). Cambiamo anche l'etichetta della sottomaschera, sostituendo `Telefoni` con `Numeri di telefono` e nella sottomaschera modifichiamo l'etichetta che fa da intestazione dei numeri di telefono da `NumeroTelefono` in `Telefono`.

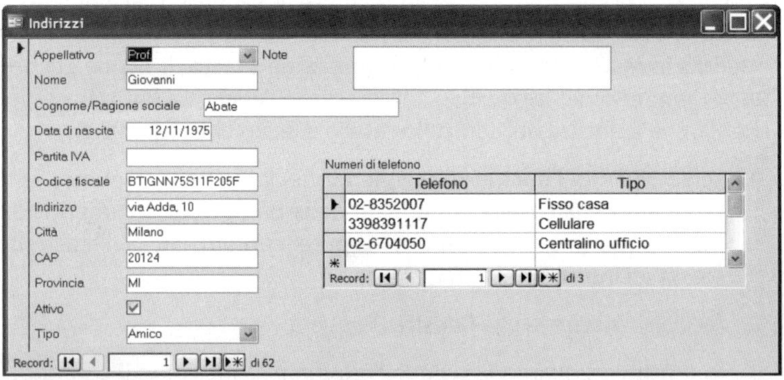


**Figura 4.8** La maschera Indirizzi dopo le modifiche ad alcune etichette.

Riportiamo la maschera in visualizzazione Struttura e proviamo ora a spostare i controlli. La *Creazione guidata Maschera* ha piazzato automaticamente i controlli a coppie, per cui ogni casella di testo o casella combinata è associata a un'etichetta; lo stesso vale per la casella di controllo Attivo e per la sottomaschera.

Quando si fa clic su un controllo viene selezionata anche l'etichetta che gli è associata, entrambi appaiono circondati da quadratini di ridimensionamento e ciascuno ha un quadratino di spostamento nell'angolo superiore sinistro. Facendo clic su questa coppia di controlli, il puntatore del mouse assume la forma di una mano nera con le dita allargate: trascinando col mouse il quadratino di spostamento quando il puntatore ha questo aspetto si sposta l'intera coppia. Per spostare uno solo dei due controlli, l'etichetta o la casella di testo, bisogna fare un secondo clic sul suo quadratino di spostamento: il puntatore del mouse prende la forma di una mano nera chiusa a pugno con l'indice esteso, per segnalare che il trascinamento sposterà soltanto l'elemento selezionato. Le due diverse operazioni sono illustrate nella Figura 4.9.

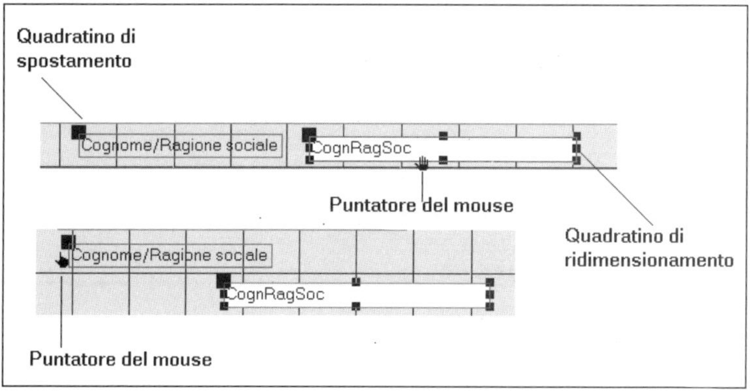


**Figura 4.9** Lo spostamento di controlli nella struttura di una maschera.

Appoggiando il puntatore del mouse su uno dei quadratini di ridimensionamento, il puntatore assume la forma di una freccia a due punte: trascinando questa freccia verso l'esterno o verso l'interno dopo aver agganciato uno dei quadratini sul lato corto si allunga o si accorcia il controllo; trascinando verso l'alto o verso il basso uno dei quadratini sul lato lungo si aumenta o si diminuisce l'altezza del controllo, mentre agganciando uno dei quadratini d'angolo e trascinando verso l'esterno o verso l'interno si aumentano o si diminuiscono le dimensioni complessive del controllo, mantenendo le proporzioni fra i lati del rettangolo in cui è inscritto.

La Creazione guidata ha piazzato caselle di testo e caselle combinate tutte della stessa lunghezza, che per alcuni campi è eccessiva e per altri è insufficiente: modifichiamo quindi con le tecniche che abbiamo appena descritto le dimensioni e il layout di questi controlli, in modo da far assumere alla maschera INDIRIZZI, quando è aperta in visualizzazione Maschera, un aspetto simile a quello che vediamo nella Figura 4.10.

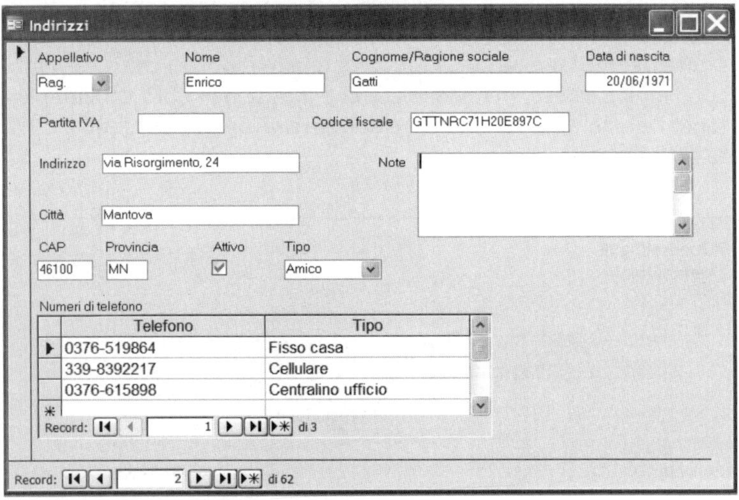


**Figura 4.10** La maschera Indirizzi con il layout modificato.

Il nuovo layout della maschera INDIRIZZI è stato creato soltanto per dimostrare come si possono spostare e ridimensionare i controlli e non per indicare un modo ottimale per il loro piazzamento: nello sviluppo di un'applicazione il layout delle maschere è molto importante, perché se organizzato bene facilita l'utilizzo dell'applicazione e l'accesso ai dati ed è quindi necessario dedicare molta attenzione al posizionamento dei controlli, tenendo conto delle preferenze degli utenti finali.

## Accorgimenti per il piazzamento dei controlli

Nell'eseguire operazioni di ridimensionamento e spostamento, può capitare di avere difficoltà a piazzare un determinato controllo col mouse, perché non si riesce a ottenere esattamente l'effetto che si desidera. In questi casi, conviene usare la tastiera invece del mouse. Dopo aver selezionato il controllo che interessa, lo si può spostare agendo sui tasti freccia, nelle quattro direzioni, mentre si tiene premuto il tasto Ctrl. Ogni pressione di un tasto freccia sposta di meno di un millimetro il controllo selezionato, consentendo così un piazzamento molto accurato.

Agendo sui tasti freccia mentre si tiene premuto il tasto Maiusc si ottiene invece l'effetto di modificare le dimensioni del controllo selezionato, in senso verticale o orizzontale, sempre per microscopici passi.

Mentre si sposta un controllo o se ne modificano le dimensioni, conviene tenere sotto osservazione i righelli orizzontale e verticale, che segnalano istante per istante la posizione nella quale si va a collocare il controllo.

È possibile intervenire su più controlli contemporaneamente, selezionandoli uno per uno mentre si tiene premuto il tasto Maiusc: si può poi spostare tutto insieme il gruppo così selezionato premendo i tasti freccia mentre si tiene premuto il tasto Ctrl oppure si possono ridimensionare tutti in modo uniforme usando i tasti freccia e tenendo premuto il tasto Maiusc. Per deselezionare il gruppo dei controlli si fa clic in un'area libera della maschera.

La tecnica migliore per definire in modo accurato dimensioni e posizioni di più controlli consiste nell'impostare direttamente i valori che interessano nelle caselle delle proprietà *Larghezza*, *Altezza*, *Da margine superiore* e *Sinistra*, tutte disponibili nella scheda *Formato* della finestra *Proprietà*.

Il significato delle due proprietà *Larghezza* e *Altezza* è evidente. La proprietà *Da margine superiore* rappresenta la distanza, in centimetri e millimetri, dal bordo superiore della maschera, mentre la proprietà *Sinistra* indica la distanza dal bordo sinistro. Se si hanno, per esempio, quattro controlli caselle di testo in colonna da allineare in modo perfetto rispetto al margine di sinistra, basta copiare – con le normali tecniche di Windows – i valori di posizione del controllo che si vuole usare come riferimento e incollarli nelle proprietà corrispondenti degli altri. Naturalmente bisognerà assegnare un valore diverso alla proprietà *Da margine superiore* di ciascun controllo, altrimenti verrebbero sovrapposti.

Per avere più copie di uno stesso controllo, con le stesse dimensioni, ma collocate in posizioni diverse della maschera si può selezionare il controllo che interessa e quindi dare il comando *Duplica* dal menu *Modifica*: la copia verrà generata in una posizione libera della maschera, dalla quale si potrà trasferirla, per trascinamento, nella posizione corretta.

È disponibile una funzionalità interessante per trasformare un controllo in un altro simile: dopo aver selezionato il controllo da trasformare, si sceglie il comando *Cambia in* dal menu *Formato*, selezionando poi dall'elenco dei sottocomandi il tipo di trasformazione che interessa. Non tutti i controllo sono trasformabili in altri e per ciascuno di quelli che ammettono questo intervento le opzioni di trasformazione sono limitate, come riepiloga la Tabella 4.1.

**Tabella 4.1** I controlli che si possono trasformare in altri.

| Controllo | Trasformabile in |
|---|---|
| Etichetta | Casella di testo |
| Casella di testo | Etichetta |
| | Casella di riepilogo |
| | Casella combinata |
| Casella combinata | Casella di testo |
| Pulsante di opzione | Casella di testo |
| Casella di controllo | Casella di testo |
| Casella di riepilogo | Casella di testo |
| | Casella combinata |
| Interruttore | Casella di controllo |
| | Pulsante di opzione |
| Cornice oggetto non associato | Immagine |

## Le proprietà delle maschere

Le maschere sono composte da tre sezioni chiamate *Corpo*, *Intestazione* e *Piè di pagina*. Il *Corpo* è l'area centrale della maschera, nella quale si collocano i controlli per accedere ai dati ed è sempre visibile quando la maschera è aperta in visualizzazione Maschera. L'*Intestazione* e il *Piè di pagina* sono visibili soltanto se sono stati abilitati scegliendo (in visualizzazione Struttura) il comando *Int./Piè di pagina maschera* dal menu *Visualizza*.

In queste due sezioni, normalmente, non si collocano controlli associati, ma si usa l'*Intestazione* per visualizzare etichette non associate

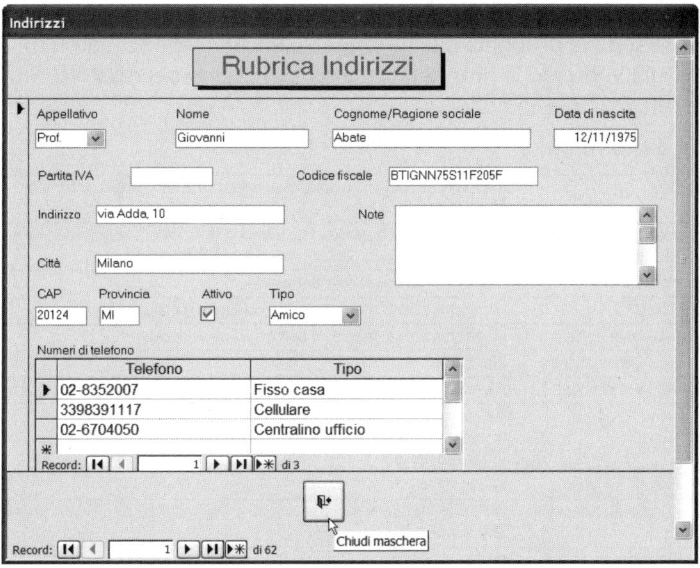


**Figura 4.11** La maschera Indirizzi in una versione che utilizza intestazione e piè di pagina.

(con scritte descrittive) oppure immagini (un logo, un marchio di fabbrica) mentre nel *Piè di pagina* di solito si inseriscono pulsanti di comando come nell'esempio della Figura 4.11.

Se una maschera contiene controlli non associati, come l'etichetta e il pulsante di comando che vediamo nella figura, il loro contenuto rimane invariato quando si passa da un record a un altro con i pulsanti di spostamento, mentre cambiano i valori visualizzati nei controlli associati; anche eventuali controlli non associati inseriti nella sezione *Corpo* rimangono invariati per contenuto e posizione quando si passa da un record a un altro.

Vediamo ora le proprietà più importanti delle maschere e delle sottomaschere; tutte le proprietà sono impostate su un valore predefinito, evidenziato in grassetto nelle tabelle che seguono; in molti casi una proprietà può assumere soltanto un valore predeterminato, da scegliere fra quelli elencati nella casella combinata associata al nome della proprietà; per proprietà tipo *Altezza* o *Larghezza*, invece di una casella combinata c'è una casella di testo, nella quale si digita il valore da impostare, se quello predefinito non va bene.

## Maschera

Queste sono le proprietà più importanti elencate nelle schede *Formato* e *Dati*. Vedremo le proprietà della scheda *Evento* nel capitolo dedicato alle macro e ai moduli.

### Scheda Formato

| | |
|---|---|
| Etichetta | Dicitura che compare nel titolo; se omessa, il titolo visualizza il nome della maschera |
| Visualizzazione predefinita | **Maschera singola**, Maschere continue, Foglio dati, Tabella pivot, Grafico pivot |
| Barre scorrimento | No, Orizzontale, Verticale, **Entrambe** |
| Selettori record | **Sì**, No; nel caso di maschere non associate si sceglie *No* |
| Pulsanti spostamento | **Sì**, No; nel caso di maschere non associate si sceglie *No* |
| Dimensioni automatiche | **Sì**, No |
| Centratura automatica | **Sì**, No |
| Stile bordo | Nessuno, Sottile, **Dimensionabile**, Dialogo; scegliendo *Nessuno* la maschera compare senza bordo, scegliendo *Dialogo* il bordo non è dimensionabile. |
| Casella menu controllo | **Sì**, No |
| Pulsanti ingrand./riduzione | Nessuno, Riduzione a icona consentita, Ingrandimento consentito, **Entrambi** |
| Pulsante chiusura | **Sì**, No |
| Immagine | **(nessuna)**; la casella di testo contiene un pulsante con tre puntini, premendo il quale si apre una finestra Windows per cercare e selezionare un file di immagine; l'immagine selezionata diventa lo sfondo della maschera |

### Scheda Dati

| | |
|---|---|
| Origine record | Nome della tabella o query associata i cui record vengono visualizzati nella maschera. La casella di testo contiene un pulsante con tre puntini, premendo il quale si apre la griglia di struttura di una nuova query di selezione, da comporre per utilizzarla come origine dei dati |
| Filtro | Nome di una query esistente da utilizzare per filtrare i dati. Normalmente la casella è vuota. |
| Ordina per | Nome del campo in base al quale ordinare i record visualizzati nella tabella. Normalmente la casella è vuota e la proprietà si attiva (i record vengono ordinati) soltanto se si dà il comando di ordinamento premendo il pulsante *Ordinamento crescente* (*oppure Ordinamento decrescente*) nella barra degli strumenti *Visualizzazione Maschera*, dopo aver selezionato nella maschera un campo per l'ordinamento: il nome di questo campo comparirà poi automaticamente in questa proprietà. |
| Consenti filtri | **Sì**, No |
| Consenti modifiche | **Sì**, No |
| Consenti eliminazioni | **Sì**, No |
| Consenti aggiunte | **Sì**, No |
| Immissione dati | Sì, **No**; Se impostata su Sì, la maschera non visualizza i record della tabella, ma mostra soltanto un nuovo record vuoto, da aggiungere a quelli esistenti |

### Sottomaschera

Dal momento che una sottomaschera è un controllo, le sue proprietà *Formato* sono simili a quelle degli altri controlli (che vedremo nel prossimo paragrafo), mentre la sua scheda *Dati* contiene queste proprietà, specifiche delle sottomaschere:

Scheda Dati

| | |
|---|---|
| Oggetto origine | Nome della tabella/query che contiene i record visualizzati nella sottomaschera |
| Collega campi secondari | Nome del campo che contiene la chiave esterna nella tabella/query d'origine |
| Collega campi master | Nome del campo che contiene la chiave primaria nella tabella master |
| Abilitato | **Sì**, No; Se impostato su No la sottomaschera è visibile ma i suoi record non si possono modificare né è possibile aggiungerne di nuovi. |
| Bloccato | Sì, **No**; Se impostato su Sì i dati contenuti nei record non si possono modificare. |

I valori impostati per le due proprietà *Collega campi secondari* e *Collega campi master* sono quelli che stabiliscono la relazione fra i record della tabella master e quelli della tabella figlia.

Le altre proprietà delle maschere e delle sottomaschere sono troppo numerose perché abbia senso descriverle tutte: l'elenco si svilupperebbe per molte pagine e sarebbe mortalmente noioso da leggere; per avere informazioni su una qualunque proprietà si può selezionarla con un clic nella sua casella, premendo poi il tasto di funzione F1: compare una pagina della Guida in linea di Access che descrive le caratteristiche e le funzionalità della proprietà selezionata.

## Le maschere non associate

Quando è necessario creare una maschera associata a una tabella o a una query, il metodo da utilizzare è uno dei due che abbiamo descritto nei paragrafi precedenti: una volta ottenuta una maschera (standard o generata tramite la *Creazione guidata Maschera*) è molto semplice modificarne la struttura per personalizzare il suo layout.

Diverso è il caso delle maschere non associate, che bisogna costruire a mano, utilizzando gli strumenti interattivi dell'interfaccia grafica di Access. Una tipica maschera non associata è quella che viene visualizzata quando si apre il file Northwind.mdb, che vediamo nella Figura 4.12 in visualizzazione Struttura.

Scorrendo l'elenco dei controlli (dalla casella combinata a sinistra della barra degli strumenti *Formattazione (maschera/report)*) possiamo

**Figura 4.12** La struttura della maschera Finestra iniziale dell'applicazione Northwind.

vedere che la maschera contiene quattro etichette, una casella di controllo, una immagine, un pulsante di comando, un rettangolo e una linea, un totale quindi di nove controlli inseriti nella sezione *Corpo*; la maschera non ha le sezioni *Intestazione* e *Piè di pagina* ed è priva di tutti gli elementi che caratterizzano le maschere associate a tabelle o query: titolo, pulsanti di scorrimenti, pulsanti di ridimensionamento e chiusura, barre di scorrimento e così via.

Come abbiamo visto nel Capitolo 1 (paragrafo "Moduli"), un clic sul pulsante di comando OK esegue una breve routine VBA, che chiude questa maschera e ne apre un'altra, anch'essa non associata, che contiene vari pulsanti di comando con i quali si possono effettuare altrettante selezioni.

Per piazzare i controlli su una maschera, associata o non associata, si utilizza una barra degli strumenti particolare, chiamata *Casella degli strumenti*, che è disponibile quando si apre una maschera esistente o se ne crea una nuova in visualizzazione Struttura. Vediamo nel prossimo paragrafo le caratteristiche dei controlli e come si impostano quando si lavora sulla struttura di una maschera.

# I controlli

Quando una maschera è aperta in visualizzazione Struttura, nella barra degli strumenti *Struttura maschera* è presente un pulsante *Casella degli strumenti*: un clic su questo pulsante fa uscire una barra degli strumenti strutturata come quella che vediamo nella Figura 4.13: questa barra si piazza in un punto qualunque della finestra di Access e può essere agevolmente spostata agganciando col mouse la sua barra del titolo, per averla a disposizione senza che nasconda gli elementi sui quali si intende lavorare.

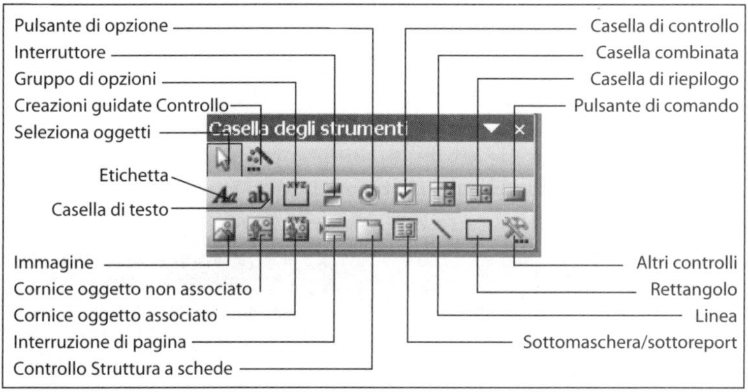


**Figura 4.13** La barra Casella degli strumenti.

La *Casella degli strumenti* contiene 20 pulsanti di comando, 17 dei quali corrispondono ad altrettanti controlli che si possono inserire nella struttura di una maschera.

Per creare un nuovo controllo in una sezione della maschera aperta in visualizzazione Struttura si fa clic sul controllo che interessa nella *Casella degli strumenti*; il puntatore del mouse cambia aspetto, assumendo quello di una piccola croce nera associata all'icona del controllo selezionato: un clic nel punto della maschera dove si vuole avere il controllo lo traccia automaticamente entro la maschera e il puntatore del mouse riprende la sua forma di freccia bianca inclinata verso sinistra.

Se si fa doppio clic su uno dei controlli della *Casella degli strumenti*, ogni successivo clic sulla maschera genera una nuova copia dello stesso controllo; per disattivare questa funzionalità si deve fare clic sul primo pulsante della *Casella degli strumenti* (quello con l'icona della freccia e intitolato *Seleziona oggetti*).

Il secondo pulsante della *Casella degli strumenti*, quello con l'icona della bacchetta magica circondata da stelline e intitolato *Creazioni guidate Controllo*, di solito non è attivo: lo si attiva con un clic, che fa apparire in colore contrastato la sua icona; quando questo pulsante è attivo, l'inserimento di un nuovo controllo nella struttura della maschera fa partire una procedura, che guida l'operatore nell'impostare funzionalità e proprietà specifiche di quel controllo.

Un clic sull'ultimo pulsante della *Casella degli strumenti*, intitolato *Altri controlli*, apre una finestra di dialogo con un lungo elenco di controlli speciali, chiamati *controlli ActiveX*, con caratteristiche e funzionalità particolari, che non trattiamo in questo libro.

I controlli che vengono piazzati in una maschera mediante i pulsanti della *Casella degli strumenti* (ne vediamo due nella Figura 4.14) sono identificati da un nome attribuito automaticamente da Access e alcuni sono accompagnati anche da un'etichetta.

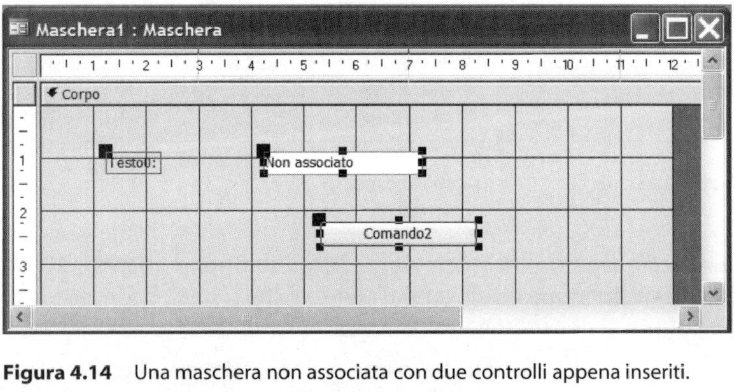


**Figura 4.14** Una maschera non associata con due controlli appena inseriti.

Dopo aver piazzato un nuovo controllo si può spostarlo e ridimensionarlo con le tecniche che abbiamo illustrato nelle pagine precedenti (si veda sopra, la Figura 4.9).

I controlli si possono generare automaticamente quando si crea una maschera associata a una tabella o a una query. Dopo aver dato il comando *Nuovo* nel pannello Maschere della finestra Database, si sceglie il comando *Visualizzazione struttura* nella finestra di dialogo *Nuova maschera* e si seleziona una tabella o una query nell'elenco disponibile nella casella combinata intitolata *Scegliere la tabella o la query di origine dei dati dell'oggetto*. Dopo aver chiuso la finestra di dialogo *Nuova maschera* con un clic su OK, si apre la struttura di una nuova maschera vuota, affiancata dallo schema della tabella o della query alla quale la maschera è associata. Trascinando col mouse un campo dallo schema della tabella entro il corpo della maschera si genera automaticamente un controllo associato a quel campo, come si può vedere nella Figura 4.15.

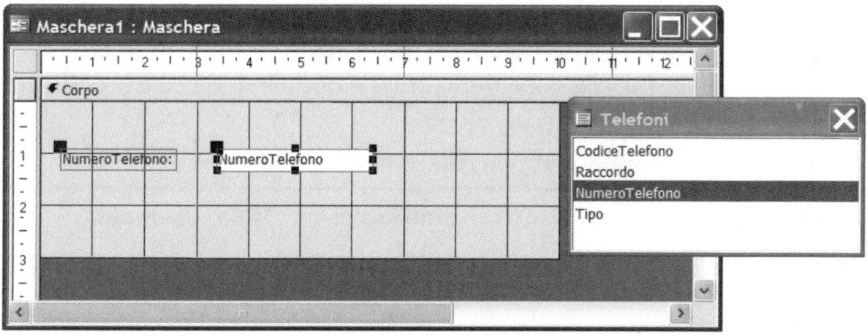


**Figura 4.15** È possibile inserire i controlli in una maschera associata trascinando i nomi dei campi dallo schema della sua origine dati.

Chiudendo lo schema dell'origine dei dati, questo si trasforma in un pulsante chiamato *Elenco campi* nella barra degli strumenti *Struttura maschera*; un clic su questo pulsante torna ad aprire lo schema dell'origine dei dati.

Tutti i controlli hanno un certo numero di proprietà, raggruppate nella scheda *Formato* della loro finestra di dialogo *Proprietà*, che ne caratterizzano l'aspetto fisico: dimensioni, posizione nella maschera, colore, stile grafico, spessore del bordo e così via; alcune di queste proprietà si impostano scegliendo un'opzione entro un elenco predefinito, molte altre invece si impostano digitando un valore; il significato di queste proprietà è spiegato abbastanza chiaramente dal loro nome e dal testo esplicativo che compare nella barra di stato quando si fa clic nella casella di una proprietà, quindi possiamo darle per conosciute.

Nella scheda *Altro* della finestra *Proprietà* la casella *Nome elemento*, disponibile per tutti i controlli, è destinata a ricevere il nome del controllo e contiene il nome impostato automaticamente da Access quando si piazza un nuovo controllo nella maschera: questo nome è composto dal nome abbreviato del controllo seguito da un numero, per esempio Testo01 per una casella di testo oppure Comando26 per un pulsante di comando se si inseriscono controlli non associati, mentre il nome assegnato è quello del campo associato se si inserisce un controllo trascinando un campo dallo schema *Elenco campi*.

È consigliabile sostituire il nome predefinito da Access con uno più esplicativo, composto con una sigla che identifica il tipo di controllo, seguita da una parola che ne richiama la finalità, per esempio, nel caso di un pulsante di comando che serve per chiudere la maschera si potrebbe usare il nome cmdChiudi mentre per una casella di testo associata a un campo Cognome si potrebbe usare il nome txtCognome. Le sigle utilizzate più comunemente da chi sviluppa applicazioni con Access sono riepilogate nella Tabella 4.2 e derivano dai nomi in inglese dei controlli.

**Tabella 4.2** Convenzioni per i nomi dei controlli

| Icona | Controllo | Nome inglese | Sigla | Esempio |
|---|---|---|---|---|
|  | Etichetta | Label | lbl | lblDescrizione |
|  | Casella di testo | Text Box | txt | txtCognome |
|  | Casella di controllo | Check Box | chk | chkTutti |
|  | Gruppo di opzioni | Option Group | fra | fraOpzioni |
|  | Interruttore | Toggle Button | tgl | tglCommuta |
|  | Pulsante di opzione | Option Button | opt | optAlternativa1 |
|  | Casella combinata | Combo Box | cbo | cboProvince |
|  | Casella di riepilogo | List Box | lst | lstElenco |
|  | Pulsante di comando | Command Button | cmd | cmdChiudi |
|  | Immagine | Image | img | imgLogo |

**Tabella 4.2** Convenzioni per i nomi dei controlli

| Icona | Controllo | Nome inglese | Sigla | Esempio |
|---|---|---|---|---|
|  | Cornice oggetto non associato | Unbound Object Frame | fru | fruMarchio |
|  | Cornice oggetto associato | Bound Object Frame | frb | frbFoto |
|  | Interruzione di pagina | Page Break | brk | brkPagina2 |
|  | Pagina (di una Struttura a schede) | Tab Control Page | pge | pgeDatiBase |
|  | Sottomaschera/ sottoreport | Subform | sub | subTelefoni |
|  | Linea | Line | lin | linRiga1 |
|  | Rettangolo | Shape | shp | shpRiquadro |

Già che siamo in argomento, ricordiamo che anche per i nomi degli oggetti Access si utilizzano convenzioni simili, che sono riepilogate nella Tabella 4.3.

**Tabella 4.3** Convenzioni per i nomi degli oggetti Access.

| Oggetto | Nome inglese | Sigla | Esempio |
|---|---|---|---|
| Tabella | Table | tbl | tblProdotti |
| Query | Query | qry | qryOrdiniMarzo |
| Maschera | Form | frm | frmImpiegati |
| Report | Report | rpt | rptCatalogo |
| Pagina di accesso ai dati | Data Access Page | dap | dapCatalogo |
| Macro | Macro | mcr | mcrTelefoni |
| Modulo | Module | mdl | mdlServizio |

Vediamo adesso le caratteristiche più significative dei controlli che si possono utilizzare in una maschera.

## Etichetta

Quando si sceglie il pulsante *Etichetta* nella *Casella degli strumenti* e poi si fa clic nella maschera per piazzare un controllo *Etichetta*, viene generato un riquadro pronto a ricevere input dalla tastiera: è necessario scrivere subito in questo riquadro una stringa di caratteri (che si può modificare in seguito) altrimenti l'etichetta non viene inserita.

Le etichette servono per presentare in una maschera un testo qualsiasi, di solito per fornire spiegazioni all'operatore. Dal momento che quasi tutti gli altri controlli vengono generati insieme con un'etichetta destinata a contenere una descrizione del controllo, Access considera un potenziale errore l'inserimento di una etichetta non associata a un altro controllo e segnala il presunto errore facendo comparire subito accanto a un nuovo controllo *Etichetta* la segnalazione che è riprodotta nella Figura 4.16.

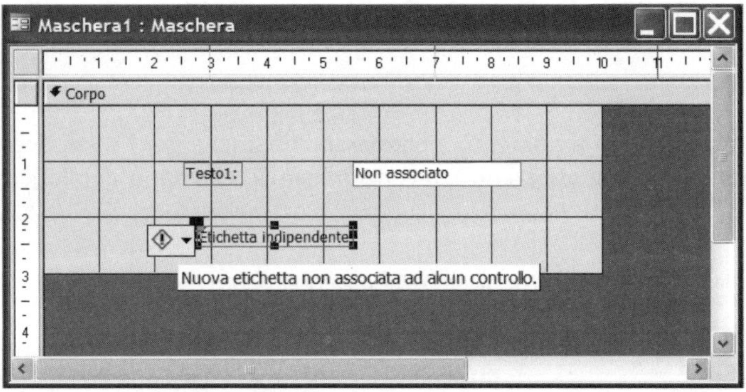


**Figura 4.16** La segnalazione che un nuovo controllo Etichetta non è associato a un altro controllo.

Questa segnalazione di errore compare soltanto se nella maschera è stato inserito prima almeno un altro controllo diverso da *Etichetta*. Un clic sulla freccia a discesa del pulsante che si vede accanto alla segnalazione fa uscire un elenco di opzioni per eliminare l'etichetta, associarla a un altro controllo o lasciarla così com'è. È una segnalazione fastidiosa e ridondante, che si può eliminare agendo sulla finestra *Opzioni*, che si apre scegliendo il comando omonimo dal menu *Strumenti*: nella scheda *Controllo errori* si toglie il segno di spunta dalle caselle di controllo *Etichetta e controlli non associati* e *Nuove etichette non associate* e quindi si chiude la finestra di dialogo *Opzioni* con un clic su *OK*.

## Casella di testo

Le caselle di testo si utilizzano di norma per dare accesso a campi di tabelle o di query, quindi si piazzano in maschere associate e sono associate a loro volta. Molto importanti sono, di conseguenza, le proprietà che si impostano nella scheda *Dati* di una casella di testo, che riepiloghiamo qui di seguito:

*Origine controllo* – Nome del campo da visualizzare; se il controllo è stato inserito per trascinamento dall'*Elenco campi* questa proprietà viene impostata automaticamente.

*Maschera di input* – Proprietà facoltativa, può essere stata impostata nella struttura della tabella, nel qual caso viene ripresa automaticamente dal valore predisposto per quel campo nella tabella; facendo clic sul pulsante *Genera* (quello con i tre puntini di sospensione) che compare a destra della casella quando vi si fa sopra clic, si avvia una procedura guidata per impostare una maschera di input o per selezionare uno schema esistente (Figura 4.17). Se si imposta lo schema PASSWORD, quando la maschera è utilizzata per immettere dati i caratteri che si digitano nella casella di testo vengono visualizzati come asterischi, mentre nel campo associato entrano i caratteri effettivi.

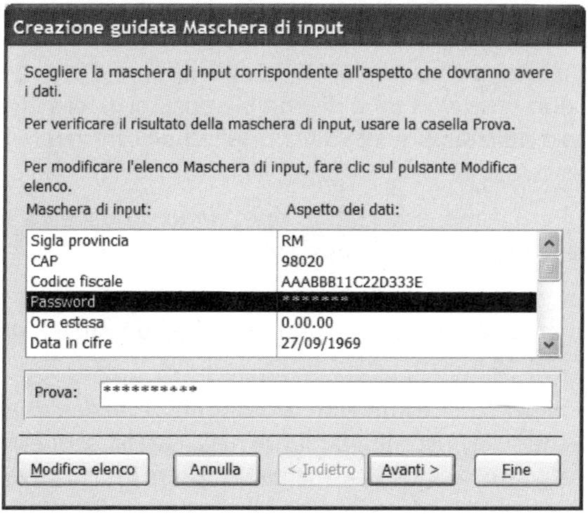


**Figura 4.17** Si può selezionare una maschera di input predefinita o crearne una utilizzando la Creazione guidata Maschera di input.

*Valore predefinito* – Si può digitare un valore che verrà presentato automaticamente nella casella di testo e inserito nel campo associato di un nuovo record, a meno di sostituirlo con un valore diverso.

*Valido se* – Criterio di convalida per il campo associato, predisposto nella struttura della tabella d'origine oppure digitato qui direttamente; per esempio, nel caso sia previsto un valore numerico positivo, il criterio può essere espresso così:

```
> 0
```

*Messaggio errore* – Testo del messaggio di errore da far comparire se il dato immesso non rispetta il criterio di convalida impostato nella casella precedente.

*Abilitato* – Scegliendo il valore predefinito `Sì` il controllo è visibile e utilizzabile, altrimenti si presenta offuscato e non accetta input.

*Bloccato* – Il valore predefinito No consente l'immissione o la modifica di dati in questo controllo; scegliendo `Si` la casella di testo visualizza il contenuto del campo associato, ma non accetta modifiche.

Nella scheda *Formato*, che elenca le proprietà per dimensioni, stile eccetera, si trovano queste tre importanti proprietà:

*Formato* – Se il campo associato è di tipo *Numerico*, *Valuta*, *Data/ora*, qui si rendono disponibili svariati schemi per dare un formato al campo che viene visualizzato, per esempio `12/05/05` oppure `12-mag-05`; se il campo è di tipo *Testo* non sono disponibili opzioni di formato, in questa casella, ma si utilizzano quelle della caselle *Tipo carattere*, *Dimensione carattere* eccetera.

*Posizioni decimali* – Per i campi associati di tipo *Numerico* e *Valuta* si possono selezionare le posizioni decimali da visualizzare.

*Visibile* – L'impostazione predefinita è `Sì`; scegliendo No il controllo è invisibile quando si apre la maschera e può essere reso visibile con una routine VBA o con una macro.

Nella scheda *Altro* è di particolare interesse la proprietà *Testo descrizione controllo*: il testo che si inserisce liberamente nella casella di questa proprietà viene visualizzato quando la maschera è aperta in visualizzazione Maschera e si appoggia (senza fare clic) il puntatore del mouse sul controllo; si può vedere un esempio nella Figura 4.11, dove il testo `Chiudi maschera` compare accanto al pulsante di comando.

## Casella combinata

Nelle maschere si utilizza spesso questo controllo perché occupa soltanto lo spazio di una casella di testo ma presenta, quando si fa clic sulla freccia alla sua estremità destra, un elenco predefinito di valori, fra i quali è possibile selezionarne uno, inserendolo direttamente nel campo associato: in questo modo si evita di digitare il valore sulla tastiera, risparmiando tempo e riducendo quasi a zero il rischio di errori di input.

Una casella combinata è, per così dire, doppiamente associata:

- col campo della tabella nel quale inserisce il valore selezionato e
- con l'elenco dei valori che mette a disposizione.

L'elenco dei valori può essere organizzato come una tabella con più colonne, per dare all'operatore più informazioni sul valore da selezionare; per esempio, l'elenco visualizzato in una casella combinata potrebbe presentarsi in questo modo:

| **Codice** | **Filiale** |
|---|---|
| 44 | Nord |
| 96 | Sud |
| 71 | Est |
| 58 | Ovest |

consentendo all'utente di selezionare il nome di una delle quattro filiali e inserirlo nel campo FILIALE di una tabella che contiene dati sugli ordini acquisiti dalle filiali, ma potrebbe anche essere impostata in modo che la selezione di una riga (per esempio quella della filiale Sud) faccia inserire nel campo FILIALE non il nome Sud, ma 96, il codice amministrativo corrispondente.

Quindi, nel momento in cui si crea una casella combinata è necessario stabilire:

1. il campo della tabella associata nel quale andrà a inserirsi il valore selezionato nell'elenco a discesa;
2. l'origine, il contenuto, la struttura e l'aspetto dell'elenco dei valori selezionabili (una sola colonna di dati, oppure una tabellina con più colonne);
3. il valore che verrà inserito nel campo associato alla casella combinata quando l'operatore fa clic su una voce di questo elenco.

In termini pratici, si tratta di impostare opportunamente alcune proprietà, che si trovano nelle schede *Formato* e *Dati* della finestra *Proprietà* della casella combinata. Vediamo ora, con l'aiuto di alcuni esempi pratici, come si costruisce una casella combinata.

Nel nostro database abbiamo una tabella chiamata MAGAZZINO, i cui record sono organizzati nel modo seguente:

| Magazzino | | | | |
|---|---|---|---|---|
| **CodiceProdotto** | **IDCategoria** | **Descrizione** | **PrezzoUnitario** | **Giacenza** |
| B07BA | 1 | Bullone 7x3,5 brugola | € 0,11 | 2400 |
| B07BX | 2 | Bullone 7x3,5 brugola | € 0,26 | 3760 |
| B07EA | 1 | Bullone 7x3,5 esagonale | € 0,11 | 13720 |
| B07EX | 2 | Bullone 7x3,5 esagonale | € 0,26 | 9320 |
| B09BA | 1 | Bullone 9x3,5 brugola | € 0,11 | 40300 |
| B09BX | 2 | Bullone 9x3,5 brugola | € 0,26 | 14760 |
| B09EA | 1 | Bullone 9x3,5 esagonale | € 0,11 | 15520 |
| B09EX | 2 | Bullone 9x3,5 esagonale | € 0,26 | 2480 |

La chiave primaria è il campo CODICEPRODOTTO, mentre il campo IDCATEGORIA è la chiave esterna che determina l'aggancio con una tabella con le descrizioni delle categorie, chiamata CATEGORIEFERRAMENTA, che contiene questi record:

| CategorieFerramenta | | |
|---|---|---|
| **IDCategoria** | **Categoria** | **Descrizione** |
| 1 | BUA | Bulloni acciaio |
| 2 | BUX | Bulloni inox |
| 3 | CHC | Chiodi acciaio |
| 4 | CHF | Chiodi ferro |
| 5 | RDA | Rondelle acciaio |
| 6 | RDX | Rondelle inox |

Il campo IDCATEGORIA della tabella CATEGORIEFERRAMENTA è la sua chiave primaria e stabilisce la relazione uno a molti fra le due tabelle CATEGORIEFERRAMENTA e MAGAZZINO, che viene visualizzata come nella Figura 4.18.

Vogliamo creare una maschera che consenta all'impiegato che gestisce i prodotti di accedere alla tabella MAGAZZINO e inserire nuovi record selezionando correttamente e comodamente il valore per il campo IDCATEGORIA.

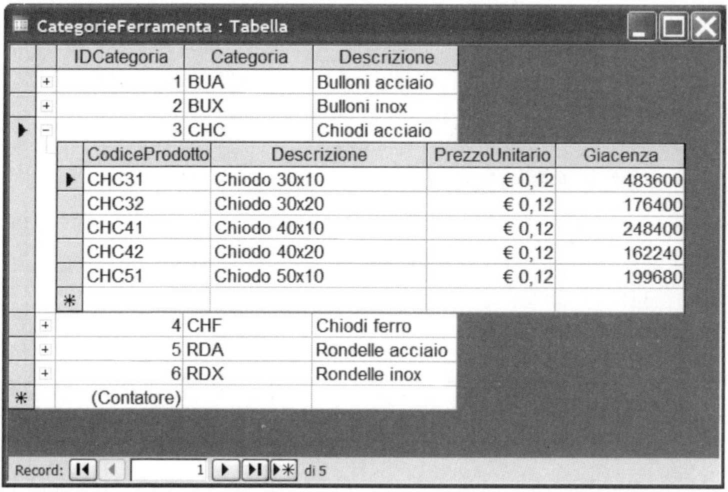


| IDCategoria | Categoria | Descrizione |
|---|---|---|
| 1 | BUA | Bulloni acciaio |
| 2 | BUX | Bulloni inox |
| 3 | CHC | Chiodi acciaio |
| 4 | CHF | Chiodi ferro |
| 5 | RDA | Rondelle acciaio |
| 6 | RDX | Rondelle inox |
| (Contatore) | | |

| CodiceProdotto | Descrizione | PrezzoUnitario | Giacenza |
|---|---|---|---|
| CHC31 | Chiodo 30x10 | € 0,12 | 483600 |
| CHC32 | Chiodo 30x20 | € 0,12 | 176400 |
| CHC41 | Chiodo 40x10 | € 0,12 | 248400 |
| CHC42 | Chiodo 40x20 | € 0,12 | 162240 |
| CHC51 | Chiodo 50x10 | € 0,12 | 199680 |

**Figura 4.18** La relazione uno a molti fra la tabella CategorieFerramenta (lato uno) e la tabella Magazzino (lato molti).

Cominciamo col preparare una nuova query, che salviamo col nome `qryCategorieFerramenta`, che estrae i campi IDCategoria e Descrizione dalla tabella CategorieFerramenta ordinando i risultati in base al campo Descrizione. L'enunciato SQL di questa query è il seguente:

```
SELECT IDCategoria, Descrizione
FROM CategorieFerramenta
ORDER BY Descrizione;
```

Generiamo al volo una maschera standard per la tabella Magazzino e salviamola col nome `MagazzinoConQuery`. Apriamo poi la maschera in visualizzazione Struttura e miglioriamo il layout delle caselle di testo e delle etichette, quindi selezioniamo la casella di testo che è associata col campo IDCategoria, dal menu *Formato* scegliamo il comando *Cambia in* e fra i sottocomandi che si rendono disponibili selezioniamo *Casella combinata*, così come si vede nella Figura 4.19.

Se ora salviamo la modifica, chiudiamo la maschera e torniamo ad aprirla in visualizzazione Maschera, ci accorgiamo che la casella combinata che ha sostituito la casella di testo non contiene alcun elenco di valori, ma si limita a visualizzare il contenuto del campo IDCategoria. Adesso la casella combinata è associata correttamente al campo IDCa-

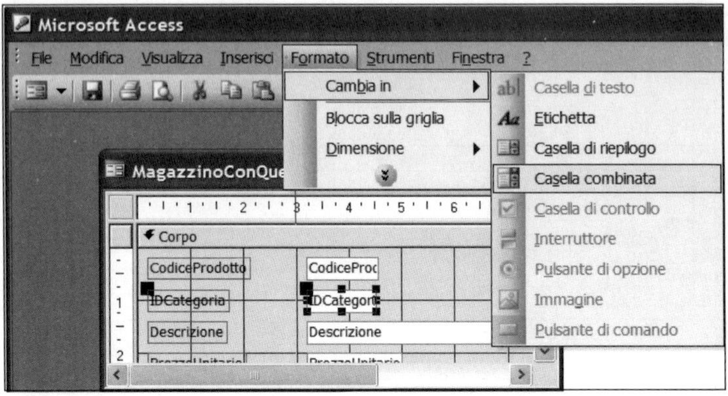


**Figura 4.19** Dal menu Formato è possibile cambiare un controllo in un altro.

TEGORIA, ma deve essere impostata nel modo opportuno per dare la funzionalità che ci interessa: dobbiamo, cioè, creare la seconda associazione che caratterizza questo controllo, quella con i valori che deve presentare.

Riportiamo la maschera MAGAZZINOCONQUERY in visualizzazione Struttura, selezioniamo la casella combinata che abbiamo appena ottenuto e apriamo la sua finestra *Proprietà*. Nella scheda *Dati* impostiamo questi valori:

| **Proprietà** | **Valore** |
|---|---|
| Origine controllo | `IDCategoria` |
| Tipo origine riga | `Tabella/query` |
| Origine riga | `qryCategorieFerramenta` |
| Colonna associata | `1` |
| Solo in elenco | `Sì` |

Nella scheda *Formato*, impostiamo questi valori:

| **Proprietà** | **Valore** |
|---|---|
| Numero colonne | 2 |
| Intestazioni colonne | Sì |
| Larghezza colonne | 1 cm;2 cm |
| Larghezza elenco | 3 cm |

Salviamo le modifiche e apriamo la maschera: la casella combinata adesso presenta un elenco in chiaro dei valori che si possono selezionare (Figura 4.20)

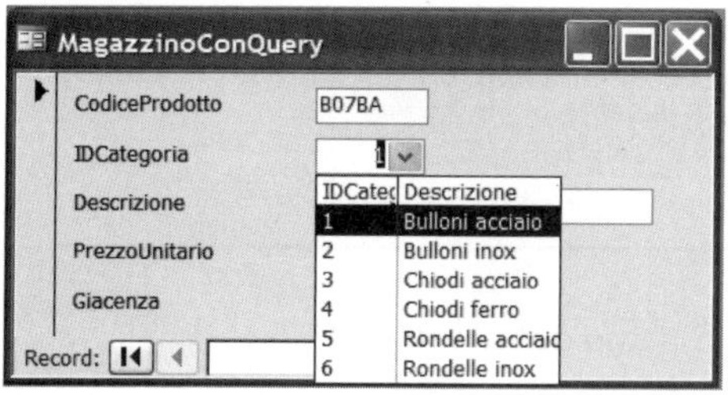


**Figura 4.20** La casella combinata della maschera MagazzinoConQuery elenca i valori che si possono selezionare per l'immissione nel campo IDCategoria.

Per effetto delle impostazioni date nella scheda *Dati*, la casella combinata presenta i risultati della query QRYCATEGORIEFERRAMENTA e li visualizza (grazie alle impostazioni date nella scheda *Formato*) su due colonne intestate col nome del campo d'origine. In questo modo l'operatore può scegliere più facilmente il codice numerico da immettere nel campo IDCATEGORIA perché vede la descrizione a fianco del codice. Nel campo verrà inserito il codice, cioè la prima colonna della tabellina, per via dell'impostazione data alla proprietà *Colonna associata* nella scheda *Dati*. L'impostazione su `Sì` della proprietà *Solo in elenco* nella stessa scheda impedisce all'operatore di digitare un valore diverso da quelli selezionabili. Se si imposta su `No` questa proprietà, l'operatore può selezionare un valore dall'elenco oppure digitarne uno nuovo.

Non è necessario visualizzare nell'elenco a discesa di una casella combinata il valore da inserire nel campo associato, anzi, è prassi comune tenerlo nascosto.

Dal momento che non è rilevante per l'operatore conoscere il codice numerico della categoria, possiamo modificare la struttura della casella combinata in modo che visualizzi soltanto le descrizioni delle categorie.

Creiamo una copia di questa maschera salvandola col nome `MagazzinoConSQL`. Apriamola quindi in visualizzazione Struttura e impostiamo in questo modo le seguenti proprietà nella scheda *Dati*:

| **Proprietà** | **Valore** |
|---|---|
| Origine controllo | `IDCategoria` |
| Tipo origine riga | `Tabella/query` |
| Origine riga | `SELECT IDCategoria, Descrizione FROM CategorieFerramenta ORDER BY Descrizione;` |
| Colonna associata | `1` |
| Solo in elenco | `Sì` |

Nella scheda *Formato*, impostiamo questi valori:

| **Proprietà** | **Valore** |
|---|---|
| Numero colonne | `2` |
| Intestazioni colonne | `Sì` |
| Larghezza colonne | `0 cm;3 cm` |
| Larghezza elenco | `3 cm` |

Quando apriamo la maschera MagazzinoConSQL dopo aver salvato le modifiche, un clic sulla casella combinata presenta l'elenco su una sola colonna che vediamo nella Figura 4.21.

Nella proprietà *Origine riga* della casella combinata di questa maschera abbiamo inserito l'istruzione SQL che genera il risultato della query qryCategorieFerramenta invece del nome della query al solo scopo di far vedere che è consentito inserire in questa proprietà sia il nome di una query (o di una tabella) esistente nel file Access, sia un'istruzione

**Figura 4.21** Nella nuova maschera la casella combinata presenta un elenco composto da una sola colonna.

SQL. Inserendo un riferimento a una query (o a una tabella) esistente, è possibile modificare l'elenco presentato dalla casella combinata cambiando la query o la tabella, senza intervenire sulla struttura della maschera, come sarebbe necessario, invece, se la casella della proprietà *Origine riga* contenesse un enunciato SQL.

Tutte le altre proprietà sono state impostate come nella casella combinata della maschera precedente, a eccezione della proprietà *Larghezza colonne*, che specifica un valore zero per la larghezza della prima colonna (quella con il valore da inserire nel campo IDCATEGORIA): in questo modo la prima colonna, quella col codice numerico della categoria, pur essendo presente (per via dell'impostazione su 2 della proprietà *Numero colonne*) non è visibile.

Se si lascia vuota la casella della proprietà *Larghezza colonne*, la casella combinata presenta una tabellina con un numero di colonne pari al valore impostato nella proprietà *Numero colonne*; questa proprietà deve essere impostata almeno su 1: se lasciata vuota si riceve una segnalazione di errore, mentre non si verifica un errore se si imposta *Numero colonne* su un valore superiore a quello delle colonne generate dalla query definita come *Origine riga*: semplicemente, la tabellina della casella combinata presenta tante colonne vuote quante sono quelle in soprannumero rispetto alle colonne prodotte dalla query.

Per la proprietà *Tipo origine riga* si può selezionare `Elenco valori` in alternativa a `Tabella/query`: in questo caso, nella casella della proprietà *Origine riga* bisogna digitare l'elenco dei valori che verranno elencati nella casella combinata, separando ciascun valore dagli altri con un punto e virgola. Impostata in questo modo, la casella combinata presenta una tabellina formata da una sola colonna, con l'elenco dei valori: questa soluzione può convenire quando l'operatore è in grado di scegliere direttamente il valore da inserire nel campo associato, perché ha un nome che gli è familiare (la sigla di una provincia, per esempio, o la sede di una filiale).

Un'ultima, importante considerazione: quale che sia il numero delle colonne in cui si articola la tabellina presentata da una casella combinata, un clic su una delle sue righe seleziona un solo valore che viene inserito nel campo associato ed è il valore individuato dalla proprietà *Colonna associata*, che può essere visibile oppure no nell'elenco presentato dalla casella combinata; il valore così selezionato deve avere lo stesso tipo di dati del campo associato, altrimenti si genera un conflitto che viene segnalato da Access come errore e impedisce (come è giusto) l'inserimento nel campo di destinazione di un dato con un tipo incoerente.

## Casella di riepilogo

Il nome italiano assegnato dai traduttori di Microsoft a questo controllo è un po' fuorviante, rispetto a quello originale, che è *List Box*: una casella di riepilogo non riepiloga nulla, ma si limita a presentare un elenco fisso di valori, fra i quali se ne sceglie uno da inserire nel campo associato.

Funzionalmente è molto simile a una casella combinata, con un'importante differenza quanto al layout: l'elenco dei valori viene presentato in una casella di dimensioni fisse, che può consumare uno spazio eccessivo nella struttura di una maschera. Proviamo a costruire una casella di riepilogo per vedere concretamente come si può impostare.

Modifichiamo la struttura della nostra tabella MAGAZZINO, aggiungendo un campo che chiamiamo `Provenienza`, con tipo dati *Testo*, impostando la sua lunghezza su due soli caratteri.

Creiamo una tabella di servizio che chiamiamo `Provenienza`, nella quale inseriamo alcuni record di prova, ottenendo un risultato simile a quello che vediamo qui di seguito.

| Provenienza | | |
|---|---|---|
| ID | Paese | Sigla |
| 1 | Italia | IT |
| 2 | Europa | EU |
| 3 | Asia | AS |
| 4 | Stati Uniti | SU |

Creiamo una nuova maschera standard basata sulla tabella MAGAZZINO dopo l'aggiunta del nuovo campo e salviamola col nome `Magazzi-`

noConProvenienza, portandola poi in visualizzazione Struttura, dove facciamo qualche piccolo intervento estetico sulle etichette e le caselle di testo, quindi modifichiamo la casella di testo associata al campo PROVENIENZA in una casella di riepilogo, tramite il comando *Cambia in* dal menu *Formato*.

Mentre la nuova casella di riepilogo è selezionata apriamo la sua finestra *Proprietà* e nella scheda *Dati* facciamo clic sulla casella *Origine riga*, che è una casella combinata e presenta l'elenco delle tabelle e delle query disponibili nel file Access. Qui selezioniamo la tabella PROVENIENZA, come si vede nella Figura 4.22.

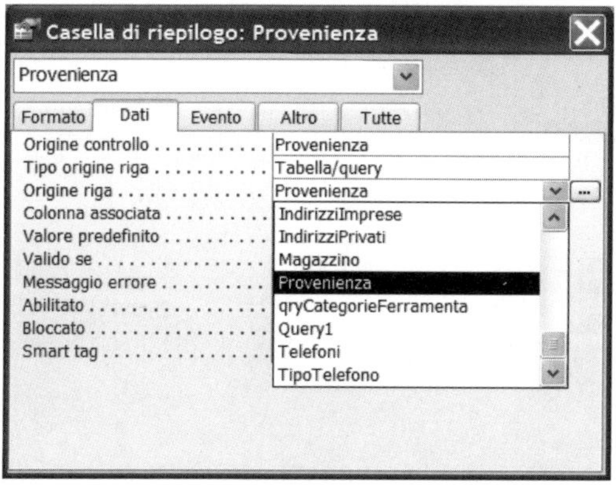


**Figura 4.22** Una casella di riepilogo può selezionare i suoi dati da una tabella oltre che da una query.

Nella casella della proprietà *Colonna associata* digitiamo 3, perché intendiamo immettere il contenuto della terza colonna della tabella PROVENIENZA (la SIGLA) nel campo PROVENIENZA della tabella MAGAZZINO.

Passiamo alla scheda *Formato*, dove impostiamo i seguenti valori:

| Proprietà | Valore |
|---|---|
| Numero colonne | 3 |
| Intestazioni colonne | No |
| Larghezza colonne | 0 cm;4 cm;0 cm |

Salviamo le modifiche, chiudiamo la visualizzazione Struttura e apriamo la maschera in visualizzazione Maschera, per controllare come si presenta la casella di riepilogo: eventualmente riportiamo la maschera in visualizzazione Struttura per adattare le dimensioni della casella di riepilogo al contenuto che deve rappresentare. Il risultato finale dovrebbe presentarsi come nella Figura 4.23.

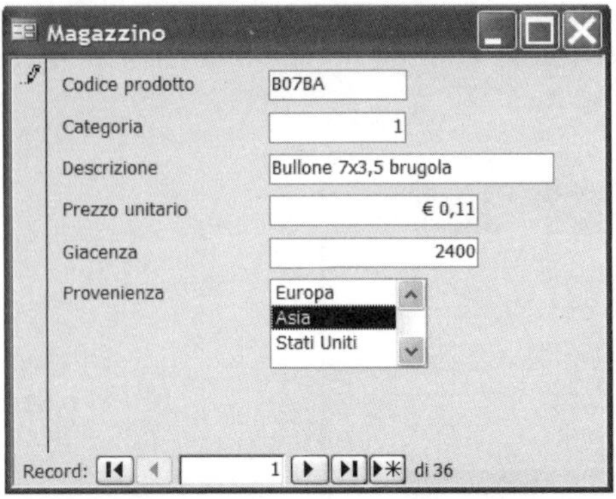


**Figura 4.23** La casella di riepilogo della nuova maschera consente di selezionare un valore da inserire nel campo associato Provenienza.

Per effetto dell'impostazione data alla proprietà *Larghezza colonne*, la tabellina della casella di riepilogo si articola in tre colonne, ma di queste soltanto la seconda è visibile, presentando il contenuto del campo PAESE della tabella PROVENIENZA: selezionando un paese, viene inserito nel campo associato PROVENIENZA della tabella MAGAZZINO il contenuto della terza colonna, SIGLA, come stabilito nell'impostazione della proprietà *Colonna associata*.

Quando il riquadro che circonda le opzioni elencate in una casella di riepilogo è troppo piccolo per visualizzarle tutte, il controllo presenta una barra di scorrimento verticale se è impostato per visualizzare una sola colonna (come si vede nella figura); se le colonne da visualizzare sono più di una compare anche una barra di scorrimento orizzontale. La visualizzazione automatica delle barre di scorrimento consente di limitare l'ingombro di una casella di riepilogo a spese, però, della facilità d'uso, perché bisogna scorrere le opzioni per selezionare quella che interessa.

## Gruppo di opzioni

Come dice il suo nome, questo controllo raggruppa un certo numero di opzioni, fra le quali l'operatore ne sceglie una per inserire un valore nel campo associato al gruppo di opzioni.

L'aspetto grafico del gruppo di opzioni è quello di un riquadro che incornicia un gruppo di altri controlli, che possono essere pulsanti di opzione, interruttori o anche caselle di controllo. Integrata nella linea continua che disegna questo controllo c'è un'etichetta, nella quale si scrive una dicitura che spiega il significato del gruppo di opzioni.

Quando è inserito nella struttura di una maschera, un gruppo di opzioni può essere associato con un campo della tabella sulla quale si basa la maschera: il valore che viene inserito nel campo associato è quello del pulsante di opzione o dell'interruttore – contenuto nel gruppo di opzioni – sul quale si fa clic. Un esempio chiarirà il funzionamento di questo meccanismo.

Apriamo la tabella MAGAZZINO in visualizzazione Foglio dati e inseriamo nel campo PROVENIENZA dei primi record un numero da 1 a 4 corrispondente al valore della chiave primaria di uno dei record della tabella PROVENIENZA, quindi 1 per Italia, 2 per Europa e così via.

Generiamo automaticamente per la tabella così modificata una nuova maschera standard che salviamo col nome `MagazzinoConGruppoDiOpzioni`. Portiamo questa maschera in visualizzazione Struttura e miglioriamo l'aspetto delle etichette e delle caselle di testo, quindi eliminiamo la casella di testo associata al campo PROVENIENZA, agganciamo col mouse il bordo inferiore della sezione *Corpo* della maschera e lo trasciniamo verso il basso per creare un po' di spazio. Nell'area che si è creata inseriamo un controllo *Gruppo di opzioni* prelevandolo dalla *Casella degli strumenti*.

Nella casella integrata nel bordo del gruppo di opzioni sostituiamo la scritta predefinita con la dicitura `Provenienza`, quindi apriamo la finestra *Proprietà* di questo controllo e nella scheda *Dati* scegliamo il campo PROVENIENZA nell'elenco a discesa associato alla proprietà *Origine controllo*.

Nella scheda *Formato* scegliamo un aspetto diverso per il nuovo controllo, selezionando `Ombreggiato` per la proprietà *Aspetto* e `3pt` per lo *Spessore bordo*.

Preleviamo poi un controllo *Pulsante di opzione* dalla *Casella degli strumenti* e lo inseriamo all'interno del gruppo di opzioni, quindi col co-

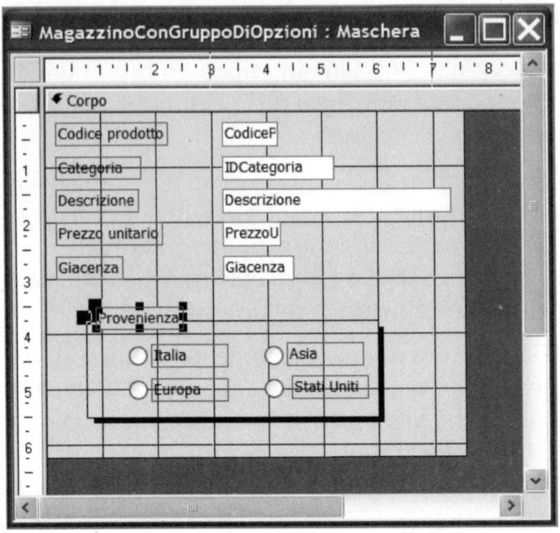


**Figura 4.24** La nuova maschera con il gruppo di opzioni è in costruzione.

mando *Duplica* del menu *Modifica* generiamo altre tre copie dello stesso controllo, ignorando le segnalazioni di errore che provengono da Access, dovute al fatto che i nuovi pulsanti di opzione non sono ancora associati con nulla: lo sappiamo ed è quello che per il momento intendiamo fare.

Modifichiamo le etichette dei nuovi pulsanti di opzione, scrivendo in ciascuna di queste una dicitura esplicativa, in modo che alla fine di questo lavoro di preparazione la maschera si presenti come nella Figura 4.24.

Selezioniamo quindi uno per uno i quattro pulsanti di opzione e apriamo la loro finestra *Proprietà*, digitando per ciascuno un numero diverso (da 1 a 4) nella casella della proprietà *Valore opzione* contenuta nella scheda *Dati*: avremo quindi 1 per il pulsante di opzione con l'etichetta `Italia`, 2 per `Europa`, 3 per `Asia` e 4 per `Stati Uniti`.

Salviamo tutte le modifiche, chiudiamo la Struttura e apriamo la maschera, che si dovrebbe presentare come nella Figura 4.25.

Scorrendo i record con la maschera, possiamo notare che il valore contenuto nel campo PROVENIENZA di ciascun record è evidenziato dal pulsante di opzione corrispondente, che appare attivato (puntino

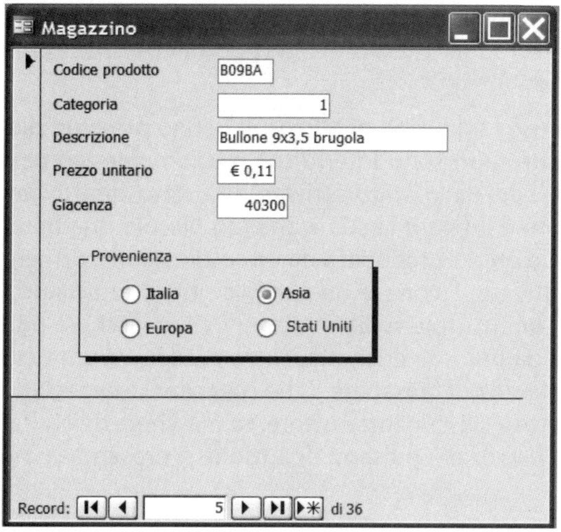


**Figura 4.25** La maschera segnala come attivato il pulsante di opzione associato a uno specifico valore del campo Provenienza.

all'interno del cerchietto) mentre gli altri non lo sono (cerchietto senza puntino).

Se facciamo clic su un pulsante di opzione non attivato, il puntino scompare dal pulsante che era attivato in precedenza e compare in quello che abbiamo selezionato: contestualmente, il valore nel campo associato PROVENIENZA viene sostituito dal valore predisposto per la proprietà *Valore opzione* del pulsante di opzione che abbiamo attivato.

Di norma si aggregano all'interno della cornice di un gruppo di opzioni due o più controlli pulsante di opzione, come nell'esempio che abbiamo appena costruito, oppure due o più controlli interruttore. Quando sono disposti in questo modo, uno solo di essi può essere attivato oppure possono essere tutti disattivati; la loro attivazione è mutuamente esclusiva: attivandone uno con un clic si disattiva l'unico altro controllo attivato. L'attivazione trasferisce il valore della proprietà *Valore opzione* del controllo attivato al gruppo di opzioni, che a sua volta lo immette nel campo al quale è associato. Se si piazzano più pulsanti di opzione in una maschera senza inserirli in un gruppo di opzioni, rimangono indipendenti gli uni dagli altri ed è possibile attivarne più di uno.

Possiamo provare a rigenerare la maschera MAGAZZINOCONGRUPPODIOPZIONI usando gli interruttori all'interno del gruppo di opzioni, invece dei pulsanti di opzione.

Anche per gli interruttori i traduttori di Microsoft hanno preso un piccolo abbaglio, in quanto non sono interruttori ma *commutatori* perché passano, con un clic, dallo stato attivato allo stato disattivato: quando un interruttore è attivato la sua icona (un piccolo quadrato) appare con uno sfondo grigio circondato da un sottile riquadro, mentre, quando non è attivato, l'icona è un semplice quadrato bianco. Quando si piazza un interruttore nella struttura della maschera non viene accompagnato da una sua etichetta, come accade invece per i pulsanti di opzione, quindi per far sapere a che cosa serve è necessario aggiungere un'etichetta a ciascun interruttore. La maschera rielaborata con gli interruttori invece dei pulsanti di opzione si presenta come nella Figura 4.26.

**Figura 4.26** Questa maschera è uguale a quella della figura precedente, ma utilizza interruttori invece di pulsanti di opzione.

Anche per gli interruttori vale la proprietà *Valore opzione*, il cui valore viene trasferito al gruppo di opzioni quando si fa clic su un interruttore attivandolo.

Il comportamento degli interruttori raggruppati in un gruppo di opzioni è uguale a quello dei pulsanti di opzione: possono essere tutti disattivati oppure se ne può attivare uno solo, disattivando contestualmente un eventuale interruttore attivato. Se più interruttori sono inseriti in una maschera senza essere inquadrati in un gruppo di opzioni restano indipendenti gli uni dagli altri, come accade per i pulsanti di opzione, ed è possibile attivarne contemporaneamente più di uno.

## Casella di controllo

Le caselle di controllo si usano abitualmente per rappresentare in modo grafico il contenuto di un campo il cui tipo di dato è *Sì/no*, cioè può avere soltanto uno dei due valori logici possibili: `Vero` o `Falso`. Quando una tabella contiene campi di tipo *Sì/no*, la semplice creazione di una maschera standard basata su quella tabella piazza automaticamente una casella di controllo, completa di etichetta esplicativa, in corrispondenza del campo *Sì/no*. Verifichiamo come stanno le cose riprendendo la struttura della tabella MAGAZZINO e aggiungendo due campi con tipo dati *Sì/no* che chiamiamo `Disponibile` e `Prenotato`. Dopo aver salvato la modifica alla struttura portiamo la maschera in visualizzazione Foglio dati e impostiamo su `Sì` oppure su `No` a caso i campi PRENOTATO e DISPONIBILE di un po' di record, poi chiudiamo la tabella e diamo il comando per generare la maschera standard, che possiamo vedere aperta, con qualche piccolo aggiustamento estetico, nella Figura 4.27.

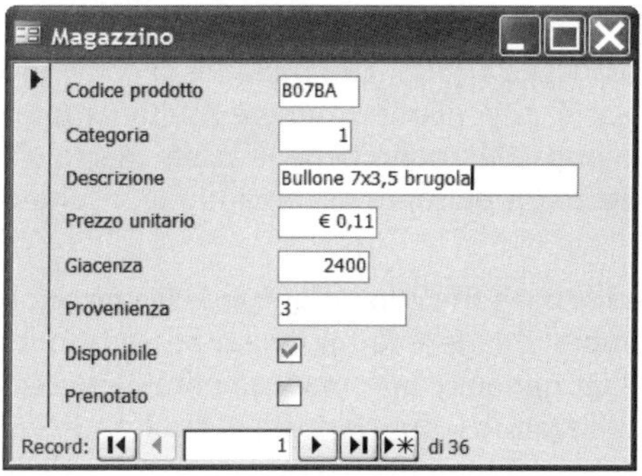


**Figura 4.27** La maschera per il magazzino presenta due caselle di controllo associate ai due campi con tipo dati Sì/no.

L'unico utilizzo sensato delle caselle di controllo è in associazione con un campo di tipo *Sì/no*. Nulla vieta (Access non dà segnalazione di errore se lo si fa) di associare una casella di controllo a un campo di tipo *Numerico* o *Testo*, ma si otterrebbe un effetto curioso: la casella di controllo si presenterebbe sempre col segno di spunta (valore logico `Vero`) quando il campo contiene un valore di tipo *Numerico* e senza segno di spunta (valore logico `Falso`) se associata a un campo di tipo *Testo*; se si commuta con un clic l'impostazione della casella di controllo da `Vero` a `Falso` o da `Falso` a `Vero`, il valore del campo associato viene cancellato se di tipo *Numerico* oppure sostituito col valore `-1` se il campo associato è di tipo *Testo*.

Le caselle di controllo hanno una certa somiglianza grafica con i pulsanti di opzione (entrambi i controlli passano con un clic da attivato a disattivato e viceversa) e possono essere inserite all'interno di un gruppo di opzioni; quando sono disposte in questo modo prevale la logica del gruppo di opzioni: è possibile attivare una sola casella di controllo per volta e quando si attiva o si disattiva una casella di controllo il suo valore viene attribuito al gruppo di opzioni che la contiene.

## Pulsante di comando

Questo controllo serve per far eseguire ad Access un comando, che deve essere predisposto in modo opportuno sotto forma di azione macro o di routine VBA. Nelle maschere delle applicazioni create con Access si ricorre molto spesso ai pulsanti di comando per consentire all'operatore di passare da una maschera a un'altra, per esempio, oppure per avviare la stampa di un report.

La macro o la routine VBA associata al clic su un pulsante di comando può essere molto complessa, se si vogliono ottenere risultati importanti, e quindi è necessario conoscere molto bene le azioni macro o il linguaggio VBA per ottenere da un pulsante di comando un risultato di rilievo.

Quando l'azione che si intende eseguire con un pulsante di comando è molto semplice, per esempio chiudere la maschera attiva oppure aprirne un'altra, è possibile far generare automaticamente da Access la routine VBA necessaria, utilizzando le funzionalità del pulsante *Creazioni guidate Controllo*, quello che sta nella seconda posizione della *Casella degli strumenti*.

Per provare queste funzionalità creiamo una maschera non associata, che salviamo col nome `ProvaPulsanti` dopo aver impostato nel modo seguente queste proprietà della scheda *Formato* della sua finestra *Proprietà*:

| | |
|---|---|
| Barre scorrimento | No |
| Selettori record | No |
| Pulsanti spostamento | No |
| Casella menu controllo | No |
| Pulsanti ingrand./riduzione | Nessuno |
| Pulsante chiusura | No |

Quando apriamo la maschera ProvaPulsanti abbiamo di fronte un riquadro completamente privo di elementi attivabili e per chiudere la maschera possiamo soltanto scegliere il comando *Chiudi* dal menu *File*.

Torniamo ad aprire la maschera in visualizzazione Struttura, facciamo clic sul pulsante *Creazioni guidate Controllo* nella *Casella degli strumenti* e da questa preleviamo un pulsante di comando, tracciandone lo schema col mouse in un punto qualunque del corpo della maschera. Si attiva contestualmente la Creazione guidata, con la schermata che vediamo nella Figura 4.28.

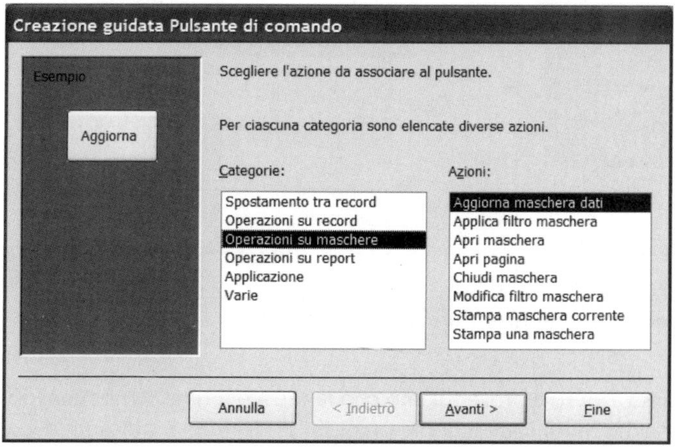


**Figura 4.28** La prima schermata della Creazione guidata Pulsante di comando permette di scegliere l'azione da eseguire fra diverse categorie.

La schermata presenta al centro due caselle di riepilogo intitolate rispettivamente CATEGORIE e AZIONI, mentre a sinistra un riquadro grafico intitolato ESEMPIO mostra un'immagine diversa in funzione della voce che si seleziona nella casella di riepilogo CATEGORIE.

Scegliamo la categoria `Operazioni su maschere` e nella casella di riepilogo AZIONI selezioniamo `Chiudi maschera`, ottenendo nel riquadro ESEMPIO la comparsa di un'icona che rappresenta una porta che si chiude.

Proseguiamo con un clic sul pulsante AVANTI e nella schermata successiva la creazione guidata ci dà la possibilità di scegliere l'aspetto del pulsante di comando che stiamo creando: possiamo optare fra un testo predefinito (che è sempre possibile cambiare in un secondo tempo) o un'icona; se optiamo per l'icona in questa finestra di dialogo, ne abbiamo due predefinite fra le quali scegliere e, se preferiamo una immagine diversa, possiamo andare a cercarla premendo il pulsante SFOGLIA (Figura 4.29).

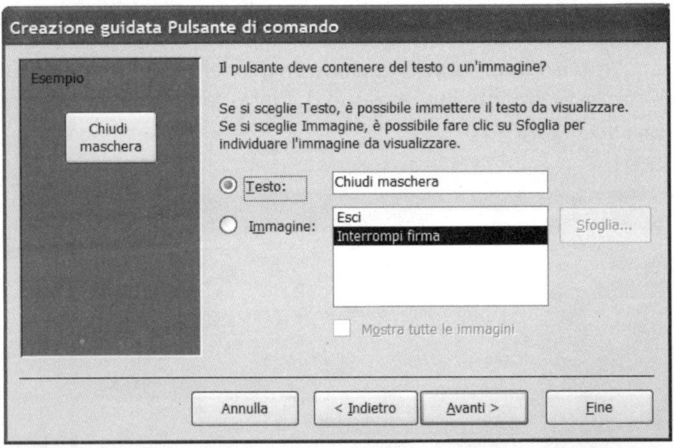


**Figura 4.29** Nella seconda schermata della Creazione guidata Pulsante di comando si sceglie l'aspetto grafico del nuovo pulsante di comando.

Scegliamo `Testo` e proseguiamo con la terza e ultima schermata, dove possiamo modificare il nome predefinito del nuovo pulsante di comando: digitiamo `cmdChiudi` nella casella di testo per il nome e concludiamo l'operazione con un clic sul pulsante *Fine*.

La finestra della creazione guidata si chiude e nella nostra maschera ora compare un pulsante di comando che contiene al suo interno la dicitura `Chiudi maschera` che abbiamo scelto nella seconda schermata della creazione guidata.

Salviamo le modifiche e apriamo la maschera: adesso possiamo chiuderla con un clic sul pulsante di comando che abbiamo collocato al suo interno, senza passare per il menu *File* come eravamo costretti a fare prima.

La procedura che abbiamo seguito ha creato, oltre al pulsante di comando con la dicitura `Chiudi maschera` al suo interno, anche una routine VBA, che è stata generata automaticamente e inserita in un modulo associato alla maschera. Per vedere questo modulo dobbiamo portare la maschera in visualizzazione Struttura, selezionare il pulsante di comando e far uscire la sua finestra *Proprietà*, scegliendo in questa la scheda *Evento*. Nella casella a fianco della proprietà *Su clic* c'è la dicitura `Routine evento`: un clic su questa casella fa uscire all'estremità destra il solito pulsante *Genera*, premendo il quale si apre il modulo associato alla maschera, dandoci accesso alla routine VBA che è stata creata per noi dalla *Creazione guidata Pulsante di comando*. Vediamo il modulo nella Figura 4.30.

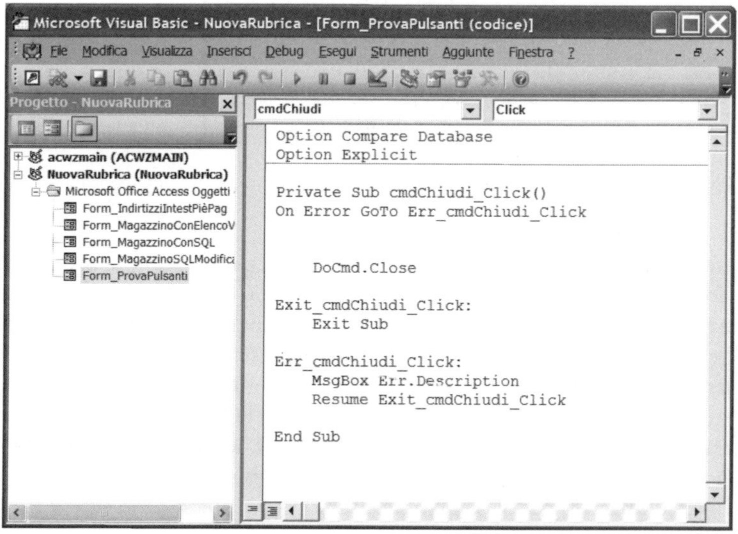


**Figura 4.30** Il modulo VBA associato alla maschera contiene la routine evento per il clic sul pulsante di comando cmdChiudi.

Non è ancora il momento di approfondire l'argomento delle routine VBA, quindi chiudiamo il modulo con un clic sul pulsante di chiusura che sta all'estremità destra della sua barra del titolo e torniamo alla struttura della nostra maschera PROVAPULSANTI.

La gamma di opzioni offerte dalla *Creazione guidata Pulsante di comando* è veramente notevole: per curiosità, proviamo a crearne un altro, seguendo la procedura che abbiamo descritto prima, ma optando per la categoria `Varie` nella casella di riepilogo CATEGORIE e scegliendo l'opzione `Composizione automatica` nella casella di riepilogo AZIONI; scegliamo poi la prima delle due icone che ci vengono proposte nella schermata successiva e concludiamo dando il nome `cmdTelefona` al nostro nuovo pulsante di comando.

Successivamente apriamo la finestra *Proprietà* del pulsante di comando CMDTELEFONA e nella casella della proprietà *Testo descrizione controllo* nella scheda *Altro* digitiamo `Fare clic per telefonare`. Salviamo le modifiche, usciamo dalla struttura e apriamo la maschera, che ora si presenterà come nella Figura 4.31, se appoggeremo, senza fare clic, il puntatore del mouse sul nuovo pulsante di comando.

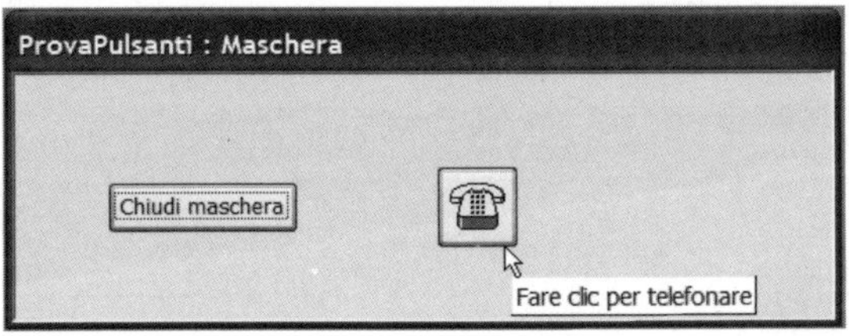


**Figura 4.31** Un nuovo pulsante di comando consente di fare una telefonata.

Un clic sul nuovo pulsante di comando esegue una routine VBA che fa aprire una finestra di dialogo predefinita, nella quale veniamo invitati a digitare un numero di telefono, lancia subito dopo un programma di servizio interno a Windows, chiamato *Composizione automatica*, che – usando il modem connesso col nostro computer – compone il numero di telefono che abbiamo digitato: quando la persona che abbiamo chiamato risponde, non dobbiamo fare altro che alzare il ricevitore del nostro telefono e cominciare la conversazione. Non c'è che dire, un bel risultato con pochi colpi di mouse!

## Altri controlli

I controlli *Immagine, Cornice oggetto non associato* e *Cornice oggetto associato* servono per inserire in una maschera documenti creati con altre applicazioni, per esempio fogli di lavoro Excel o documenti Word o anche file contenenti immagini.

Il più semplice di questi controlli è *Immagine*, col quale si inserisce un'immagine direttamente in una maschera a scopi decorativi, per esempio un logo o una fotografia. Il suo utilizzo è molto semplice:

1. si fa clic sul pulsante *Immagine* nella *Casella degli strumenti*, quindi si traccia col mouse un riquadro nella sezione della maschera in cui si vuole inserire un'immagine,
2. si apre una finestra di dialogo intitolata *Inserisci immagine*, con la quale si esplora il disco rigido alla ricerca dell'immagine da inserire,
3. trovato il file, si fa clic su clic sul pulsante OK: la finestra di dialogo *Inserisci immagine* si chiude e nel riquadro tracciato sulla maschera compare l'immagine selezionata.

Le proprietà più rilevanti di questo controllo stanno nella scheda *Formato* e sono le seguenti:

*Immagine* – Contiene il nome, completo di percorso, del file grafico.Una volta inserita l'immagine si tratta di dimensionarla opportunamente agendo sui quadratini di ridimensionamento che circondano il controllo *Immagine* quando è selezionato.

*Tipo immagine* – Questa proprietà può assumere due valori: `Incorporata` e `Collegata`; in entrambi i casi l'immagine è integrata nella maschera, ma se è `Incorporata` non risente delle modifiche fatte al file dal quale proviene, perché l'immagine ne è una copia, mentre se è `Collegata` eventuali modifiche fatte al file grafico con il programma che lo ha generato vengono riflesse nell'immagine collegata con la maschera.

*Modalità ridimensionamento* – La proprietà può assumere tre valori: `Ritaglia`, `Ridimensiona` e `Zoom`. Nel primo caso, se l'immagine è più grande del riquadro tracciato nella maschera per il controllo *Immagine*, viene ritagliata in modo da occupare l'intero riquadro. L'opzione `Ridimensiona` forza l'intera immagine nel riquadro destinato a contenerla, stirandola in orizzontale o in verticale se il riquadro è troppo piccolo. L'opzione `Zoom` adatta l'immagine alle dimensioni del riquadro di destinazione, mantenendo le proporzioni dell'originale.

**Figura 4.32** Una maschera con una fotografia inserita in un controllo Immagine.

La Figura 4.32 mostra una maschera che contiene un controllo *Immagine* con la proprietà *Modalità ridimensionamento* impostata su `Zoom`.

Con il controllo *Cornice oggetto non associato* si può ottenere lo stesso risultato che abbiamo visto sopra con il controllo *Immagine*, ma integrando nella struttura della maschera un qualunque file, grafico oppure no. Nella Figura 4.33 si vede una maschera con controllo *Cornice oggetto non associato* che contiene un foglio di lavoro Excel.

I dati contenuti nel foglio di lavoro Excel sono leggibili, ma non è possibile selezionare singoli valori, perché ai fini pratici l'oggetto è un'immagine.

Si utilizza il controllo *Cornice oggetto associato* quando l'oggetto (di solito un'immagine) da visualizzare nella maschera è presente in un campo con tipo dati *Oggetto OLE* dei record della tabella sulla quale è basata la maschera. Un esempio tipico dell'utilizzo del controllo *Cornice oggetto associato* si può vedere nell'applicazione Northwind: la tabella CATEGORIE contiene un campo di tipo *Oggetto OLE* chiamato IMMAGINE; la maschera CATEGORIE associata alla tabella omonima mostra, per ogni record, un'immagine diversa, ottenuta inquadrando in una *Cornice oggetto associato* il contenuto del campo IMMAGINE.

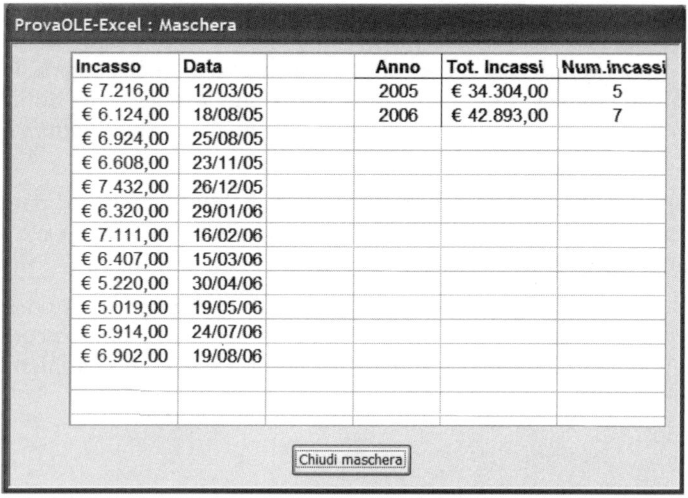


| Incasso | Data | | Anno | Tot. Incassi | Num.incassi |
|---|---|---|---|---|---|
| € 7.216,00 | 12/03/05 | | 2005 | € 34.304,00 | 5 |
| € 6.124,00 | 18/08/05 | | 2006 | € 42.893,00 | 7 |
| € 6.924,00 | 25/08/05 | | | | |
| € 6.608,00 | 23/11/05 | | | | |
| € 7.432,00 | 26/12/05 | | | | |
| € 6.320,00 | 29/01/06 | | | | |
| € 7.111,00 | 16/02/06 | | | | |
| € 6.407,00 | 15/03/06 | | | | |
| € 5.220,00 | 30/04/06 | | | | |
| € 5.019,00 | 19/05/06 | | | | |
| € 5.914,00 | 24/07/06 | | | | |
| € 6.902,00 | 19/08/06 | | | | |

**Figura 4.33** Una maschera con un foglio di lavoro Excel inserito mediante una Cornice oggetto non associato.

L'espressione *Oggetto OLE* deriva dal nome di una tecnica sviluppata da Microsoft e chiamata *Object Linking and Embedding*, che permette di collegare (*link*) o incorporare (*embed*) un elemento software all'interno di un altro. Questa tecnica ha bisogno di un'enorme quantità di informazioni per gestire gli oggetti collegati o incorporati, generando un massiccio appesantimento del file Access per il sovraccarico dovuto ai meccanismi OLE, per cui è opportuno utilizzare con molta parsimonia questi controlli o, meglio ancora, non utilizzarli affatto e ricorrere a un collegamento ipertestuale quando è necessario richiamare da una maschera un oggetto esterno al database.

I controlli *Linea* e *Rettangolo* servono per aggiungere elementi decorativi molto semplici a una maschera e il loro utilizzo è estremamente intuitivo, quindi possiamo darli per conosciuti.

Il controllo *Interruzione di pagina* è un'eredità delle prime versioni di Access, quando poteva essere necessario sezionare in due o più pagine maschere che si sviluppavano molto in lunghezza. Il problema di far stare molti controlli in uno spazio relativamente contenuto si risolve nelle versioni più recenti di Access con il controllo chiamato *Struttura a schede*, che consente di disporre più strati di controlli su un rettangolo di dimensioni contenute, assegnando a ciascuno strato un nome inserito in una linguetta, come nella finestra *Proprietà* dei controlli: un clic su una linguetta porta in primo piano lo strato, detto *Pagina*, consentendo di accedere ai controlli inseriti in quella pagina. In una pagina di una *Struttura a schede* si possono inserire tutti i tipi di controlli che abbiamo visto fin qui, a eccezione di un'altra *Struttura a schede*.

Per avere un'idea concreta di come è fatto e che funzionalità può dare un controllo Struttura a schede si può aprire la maschera IMPIEGATI nell'applicazione Northwind.

Concludiamo qui la panoramica generale sulle maschere, le sottomaschere e i loro controlli: riprenderemo l'argomento nel capitolo conclusivo. Adesso passiamo a esaminare altri due importanti strumenti per l'interfaccia utente: i report e le pagine di accesso ai dati.

Capitolo 5

# I report e le pagine di accesso ai dati

Pur essendo strumenti molto diversi fra loro, i report e le pagine di accesso ai dati sono accomunati dal fatto che servono per generare gli output di un'applicazione gestionale creata con Access. Hanno molto in comune anche dal punto di vista strutturale, perché sono organizzati come le maschere, con propri controlli molto simili a quelli che abbiamo descritto nel capitolo precedente. Fra i due esiste, però, una differenza sostanziale: una pagina può anche essere interattiva, come una maschera, mentre un report non lo è: acquisisce un flusso di record col quale è associato e genera con questo un output a stampa, senza altro intervento dell'operatore oltre al comando di esecuzione della stampa. Esaminiamo prima le caratteristiche dei report e poi quelle delle pagine.

## Caratteristiche dei report

I report di Access sono strumenti di lavoro concepiti per stampare flussi di dati prelevati da tabelle o da query, organizzati secondo schemi che sono nati studiando la struttura dei documenti che si producono abitualmente su carta a fini gestionali o amministrativi.

I report si articolano in sezioni, dette anche *bande* o *fasce*, che servono per dare una struttura al testo stampato, inquadrando una sezione centrale, il corpo, formato da una successione di righe, tutte strutturate nello stesso modo, che contengono i dati derivati dai record. Inoltre, un report può contenere un sottoreport per stampare dati che complementano quelli stampati col report principale, nello stesso modo in cui una maschera può presentare con una sottomaschera record provenienti da un'altra fonte.

Nella sua forma più elementare la struttura di un report si riduce alla sola sezione *Corpo*, come possiamo vedere nella Figura 5.1, che riproduce la semplice struttura di un report dell'applicazione Northwind usato come sottoreport da un report più articolato.

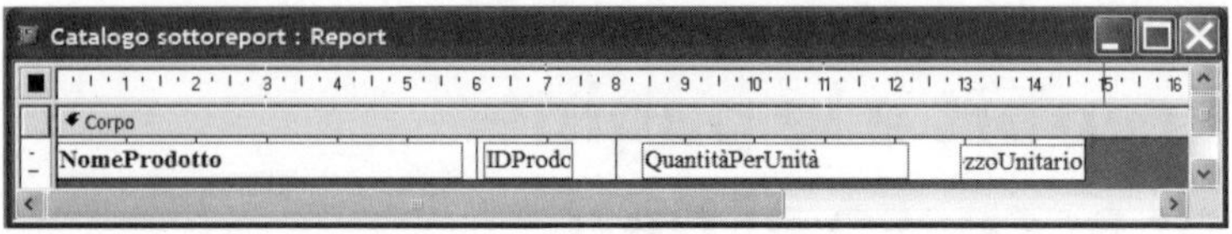


**Figura 5.1** La struttura del sottoreport integrato nel report Catalogo dell'applicazione Northwind.

I report caratterizzati da strutture più complesse si articolano in coppie di sezioni chiamate *Intestazione* e *Piè di pagina*, che possono includere oppure no al loro interno una sezione *Corpo*, secondo lo schema che vediamo nella Figura 5.2.

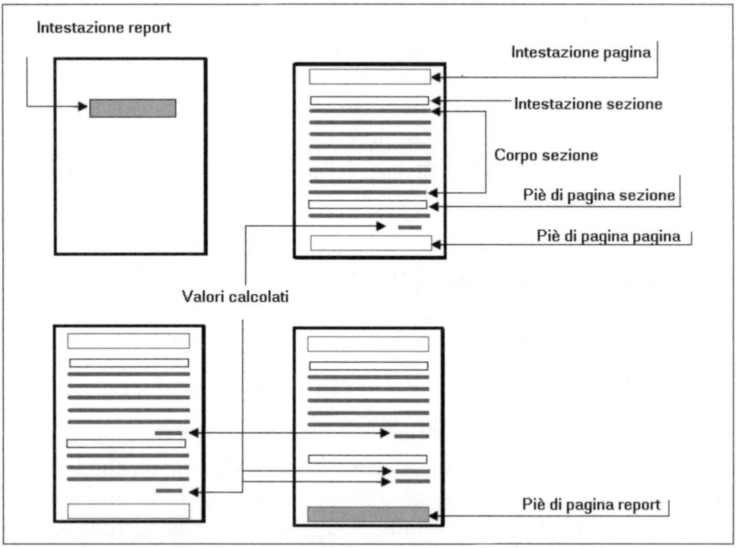


**Figura 5.2** La struttura di un report con più sezioni.

Le *Intestazioni* e i *Piè di pagina* possono contenere controlli associati o non associati e tutto ciò che è inserito in un'intestazione o in un piè di pagina viene stampato una sola volta, mentre una sezione *Corpo* contiene di solito controlli associati, i cui valori vengono stampati tante volte quanti sono i record dai quali provengono i dati: nella Figura 5.3 vediamo una parte del sottoreport Catalogo la cui struttura è riprodotta nella Figura 5.1.

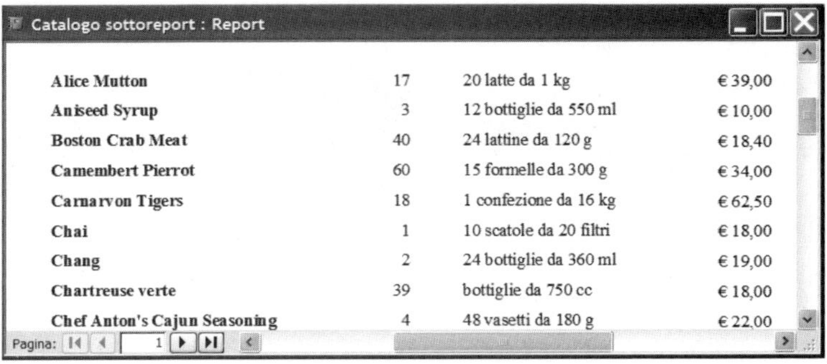


**Figura 5.3** Il sottoreport Catalogo stampa tante righe quanti sono i record dai quali provengono i dati associati alle caselle di testo inserite nella struttura.

Strutturare un report in sezioni non è un'operazione semplicissima, si può eseguirla manualmente, creando un report a partire da zero, ma è sempre preferibile lasciar fare ad Access, creando in prima istanza un report in modo automatico o semiautomatico, per poi modificarlo in seguito, così da ottenere un risultato adeguato all'obiettivo da raggiungere.

# I report standard

Lo stesso comando dalla barra degli strumenti Database che genera automaticamente una maschera standard può produrre un report standard basato sulla tabella o sulla query che è stata selezionata prima di dare il comando. Facciamo una semplice prova, selezionando la tabella MAGAZZINO nel pannello *Tabelle* della finestra Database e quindi facciamo clic sul pulsante di comando *Nuovo oggetto*, facendo scendere l'elenco degli oggetti disponibili, dove scegliamo *Report standard*: immediatamente dopo compare la schermata di anteprima del nuovo report, che si presenta come nella Figura 5.4.

L'aspetto grafico del report ottenuto in questo modo non è proprio esaltante: tutti i campi dei record sono stampati su una riga separata, articolata in due elementi: a sinistra un testo, che riprende il nome attribuito al campo nella tabella, e a destra il valore del campo, giustificato a destra se di tipo *Numerico* e a sinistra se di tipo *Testo*; i valori con tipo dati *Sì/no* sono presentati entro una casella di controllo; una semplice riga vuota separa i vari record.

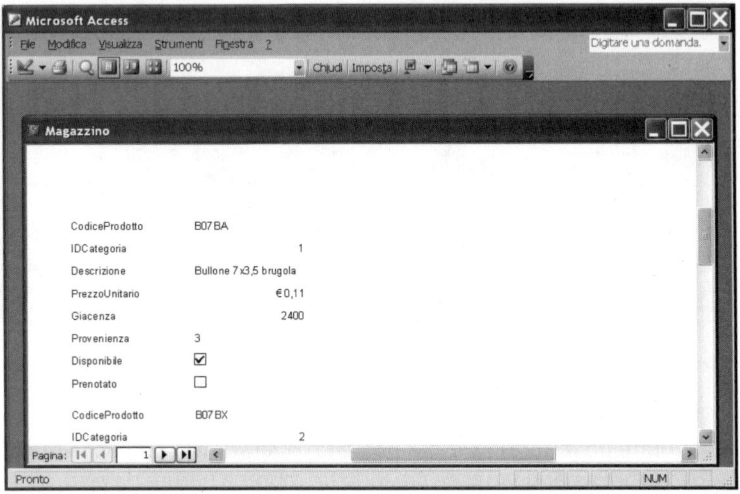


**Figura 5.4** Il report standard generato sulla base della tabella Magazzino.

Salviamo questo report, senza stamparlo, col nome `ReportMagazzinoStandard` e apriamolo in visualizzazione Struttura per vedere come è fatto. La Figura 5.5 ci conferma la sostanziale identità strutturale fra un report e una maschera: questo report è articolato in tre sezioni, quella centrale chiamata *Corpo*, che contiene i controlli associati ai campi della tabella MAGAZZINO, più altre due sezioni, *Intestazione* e *Piè di pagina*, il cui nome è seguito dalla parola *pagina* per distinguerle dalle stesse sezioni (funzionalmente identiche) delle maschere, che si chiamano *Intestazione maschera* e *Piè di pagina maschera*.

La forte somiglianza fra la struttura di un report e quella di una maschera è ulteriormente confermata dal fatto che dalla barra degli strumenti *Struttura report*, nella finestra che stiamo esaminando, possiamo far scendere la stessa *Casella degli strumenti* che è disponile quando si lavora sulla struttura di una maschera, con gli stessi 17 controlli, che si possono tutti piazzare nelle varie sezioni di un report anche se quelli che hanno funzionalità interattive, quali i gruppi di opzioni, le caselle combinate, i pulsanti di comando e la caselle di riepilogo, sono del tutto inutilizzabili, perché un report non è un oggetto interattivo come lo è invece una maschera.

Fin qui le somiglianze, almeno in termini di struttura, fra report e maschere. Esistono tuttavia differenze, molto nette, fra i due oggetti in

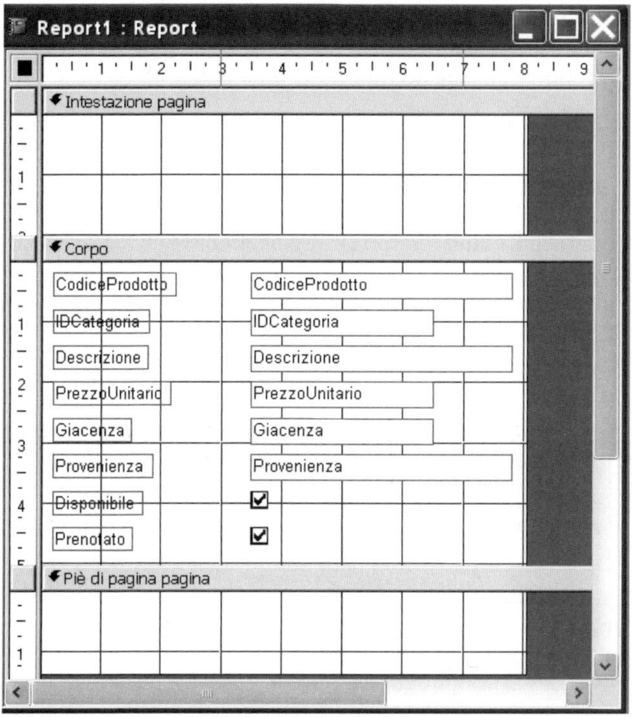


**Figura 5.5** La semplice struttura del report standard.

termini di prestazioni. La sezione *Corpo* di un report, come quella di una maschera, è concepita per ospitare un certo numero di controlli associati con i campi dei record della tabella o della query d'origine. Mentre, però, la maschera presenta il contenuto di un record per volta, il report genera in un colpo solo un flusso di dati da stampare, formato da tante righe o blocchi di righe quanti sono i record della tabella associata; questo flusso di dati viene sezionato in gruppi omogenei che compongono le *pagine* del report: queste pagine, in generale, non coincidono con i singoli record, come invece accade per le maschere, ma il loro contenuto è molto variabile, in funzione del modo in cui sono stati disposti i campi da stampare.

L'esame della struttura di un report standard non ci aiuta molto a capire come è fatto questo strumento e quali funzionalità può offrire; fortunatamente, abbiamo a disposizione una Creazione guidata, che ci permette di ottenere con pochissima fatica report decisamente migliori, non soltanto esteticamente, di quelli standard: generiamo quindi un nuovo report con questo meccanismo e vediamo come si presenta.

## I report semiautomatici

Per le prove dei report utilizzeremo la stessa tabella MAGAZZINO che abbiamo usato per le prove delle maschere nel capitolo precedente, riorganizzandone la struttura in modo che risultino le seguenti relazioni fra questa tabella e le due tabelle CATEGORIEFERRAMENTA e PROVENIENZA (Figura 5.6):

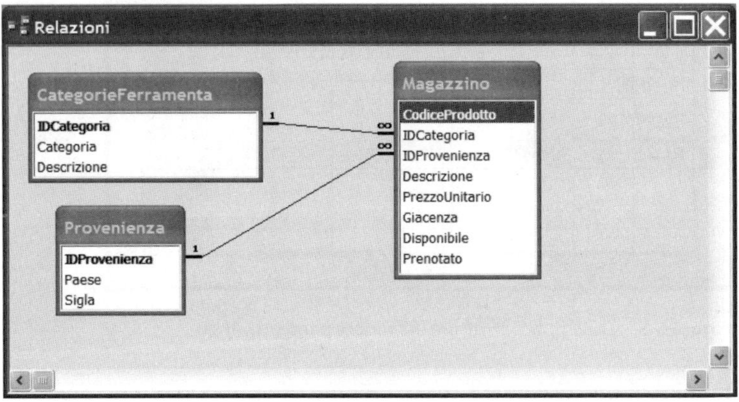


**Figura 5.6** Le relazioni fra le tabelle utilizzate per i report.

Eliminiamo anche il campo PRENOTATO, in modo che il contenuto della tabella si presenti in questo modo:

| Magazzino | | | | | | |
|---|---|---|---|---|---|---|
| **CodiceProdotto** | **ID Categoria** | **ID Provenienza** | **Descrizione** | **PrezzoUnitario** | **Giacenza** | **Disponibile** |
| B07BA | 1 | 1 | Bullone 7x3,5 brugola | € 0,11 | 2400 | Sì |
| B07BX | 2 | 1 | Bullone 7x3,5 brugola | € 0,26 | 3760 | Sì |
| B07EA | 1 | 2 | Bullone 7x3,5 esagonale | € 0,11 | 13720 | Sì |

Costruiremo il nostro report basandolo su una query che estrae dati dalle tre tabelle, strutturata come nella Figura 5.7. Salviamo questa query col nome `qryMateriali`. La tabella virtuale generata dalla query contiene i record che vediamo qui di seguito.

**qryMateriali**

| Categoria | Descrizione | Paese | Prezzo | Giacenza | Disponibile |
|---|---|---|---|---|---|
| Bulloni acciaio | Bullone 10x3,5 brugola | Italia | € 0,11 | 14700 | No |
| Bulloni acciaio | Bullone 7x3,5 brugola | Italia | € 0,11 | 2400 | Sì |
| Bulloni acciaio | Bullone 12x3,5 esagonale | Asia | € 0,11 | 1320 | Sì |
| Bulloni acciaio | Bullone 12x3,5 brugola | Europa | € 0,11 | 20700 | No |

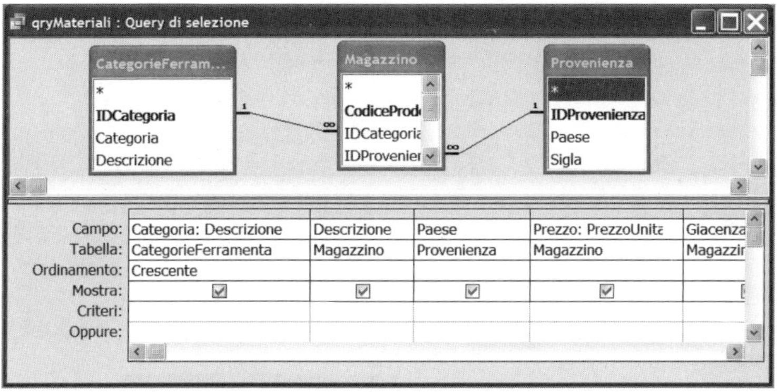


**Figura 5.7** La query utilizzata come origine dati del report.

A questo punto, non dobbiamo fare altro che avviare la procedura semiautomatica con un doppio clic sul comando *Crea un report mediante una creazione guidata* nel pannello *Report* della finestra Database.

La *Creazione guidata Report* si sviluppa per sette schermate e offre, all'interno di alcune di queste, la possibilità di esaminare qualche esempio per orientarsi meglio fra le opzioni disponibili, che sono numerose e non tutte semplici da capire.

Nella prima schermata selezioniamo la query che fornirà i dati per il report e trasferiamo tutti i campi dalla casella di riepilogo *Campi disponibili* alla casella di riepilogo *Campi selezionati*, con lo stesso ordine che hanno nell'origine.

La schermata successiva (Figura 5.8) presenta sulla destra uno schema del report in costruzione e a sinistra l'elenco delle tabelle sulle quali si basa la query: lo schema propone di visualizzare i dati aggregandoli in base al campo DESCRIZIONE della tabella CATEGORIEFERRAMENTA. Premendo un pulsante di comando che si trova sulla sinistra, con la dicitura *Altre informazioni*, si accede a una serie di schermate dimostrative che aiutano a capire come orientarsi fra le opzioni di questa schermata. Diamo per scontato che l'aggregazione dei record in base al valore del campo DESCRIZIONE sia quello che ci interessa e passiamo alla schermata seguente.

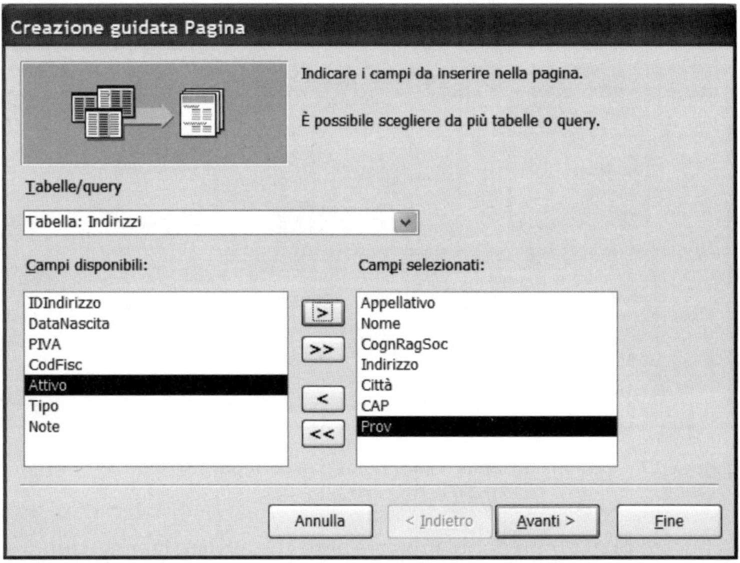


**Figura 5.8** Nella seconda schermata della Creazione guidata Report si sceglie un campo in base al quale aggregare le righe che verranno stampate.

La terza schermata ci dà la possibilità di "aggiungere livelli di gruppo". Per il momento ignoriamo questa opzione e con un clic su *Avanti* passiamo alla quarta schermata, dove possiamo scegliere come ordinare i record che verranno stampati; un pulsante di comando intitolato *Opzioni di riepilogo* apre una schermata subalterna, che permette di inserire nel report valori numerici calcolati su gruppi di record. Trascuriamo questa possibilità e ci limitiamo a selezionare PAESE nella prima casella di riepilogo della schermata, in modo che le righe del report siano ordinate (nell'ambito di ciascuna CATEGORIA) in base al PAESE.

Passiamo alla quinta schermata, dove possiamo scegliere fra sei schemi di layout per il nostro report: facendo clic su ognuno dei pulsanti di opzione associati ai nomi degli schemi possiamo vedere in un riquadro di anteprima a sinistra come si presenterebbe il report con quel particolare layout; scegliamo l'ultima opzione (*Allineato a sinistra 2*) e passiamo alla sesta schermata, dove selezioniamo lo stile *Società* fra i sei stili tipografici predefiniti. Ancora un clic su *Avanti* ci porta alla settima e ultima schermata della *Creazione guidata Report*, dove digitiamo un nome per il nostro nuovo report (`Ferramenta per categorie`) e quindi usciamo con un clic su *Fine*.

Il report che abbiamo creato interattivamente si apre in visualizzazione *Anteprima di stampa*, con l'aspetto che vediamo nella Figura 5.9.

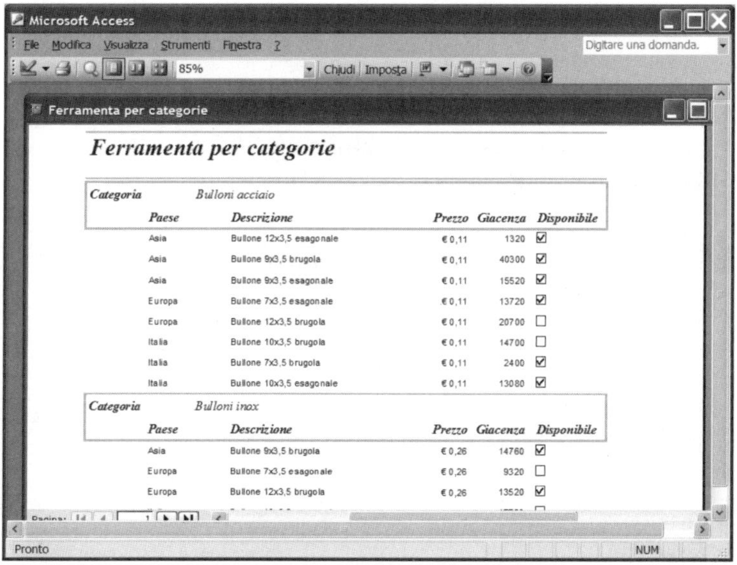


**Figura 5.9** Il report Ferramenta per categorie in Anteprima di stampa.

Possiamo esaminare il report scorrendone le pagine sullo schermo oppure stampandolo, per vedere come si presenta su carta: noteremo che il suo aspetto è decisamente più ricco e professionale della povera cosa generata automaticamente come report standard:

- i dati sono raggruppati per categorie e all'interno delle categorie le righe sono ordinate in base al paese di provenienza dei materiali;
- la prima pagina contiene un titolo (che è il nome dato al report);
- in fondo a ogni pagina è stato inserito automaticamente un numero progressivo, espresso nel formato "Pagina x di y";
- sulla stessa riga finale, a sinistra dell'indicazione del numero di pagina, compare la data in cui viene visualizzato o stampato il report.

La *Creazione guidata Report* mette a disposizione un numero maggiore di funzionalità rispetto alla stessa creazione guidata che abbiamo utilizzato nel capitolo precedente per le maschere, questo perché è consuetudine stampare serie di dati raggruppandoli in base a uno o più tipi, spesso inserendo nel prospetto stampato valori ottenuti per sommatoria o conteggio di uno o più gruppi di dati.

## La struttura dei report

Per capire come funziona questo report apriamolo in visualizzazione Struttura, dove si presenterà come nella Figura 5.10.

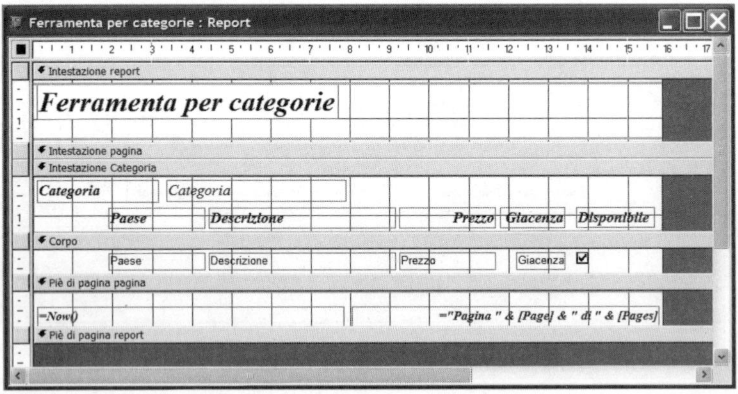


**Figura 5.10** La struttura del report Ferramenta per categorie.

Diversamente da quella del report standard, che contiene soltanto tre sezioni, due delle quali sono vuote (si veda sopra, la Figura 5.5), la struttura del nostro report è articolata in sei sezioni distinte: tre *Intestazione*, due *Piè di pagina* e un *Corpo*

La prima sezione si chiama *Intestazione report* e contiene un'etichetta con la dicitura che viene stampata soltanto all'inizio della prima pagina del report e non viene più ripetuta nel resto del documento.

La sezione *Intestazione pagina* serve per aggregare elementi (dati da campi associati e/o etichette) da stampare in testa a ogni pagina del report: in questo caso è vuota, non c'è spazio fra questa sezione e la successiva, che si chiama *Intestazione Categoria*, quindi il report non stampa un'intestazione in testa alle singole pagine.

Nella sezione *Intestazione Categoria* ci sono un'etichetta con la dicitura *Categoria* e una casella di testo destinata a contenere il valore del campo CATEGORIA; nella stessa sezione sono distribuite orizzontalmente quattro etichette, che fungono da intestazione per i dati che vengono presentati nel *Corpo* del report. Questa sezione viene stampata tante volte quanti sono i valori diversi presenti nel campo CATEGORIA col quale la sezione è associata.

Il *Corpo* contiene una sola riga, composta con tre caselle di testo e una casella di controllo, associate ai dati effettivi: la riga impostata in questa sezione viene stampata tante volte quanti sono i record raggruppati nella stessa categoria indicata nell'*Intestazione Categoria*.

Infine, la sezione *Piè di pagina pagina* contiene due caselle di testo predisposte per visualizzare la data in cui si visualizza o si stampa il report e il numero di ciascuna pagina: il contenuto di questa sezione viene stampato in fondo a ognuna delle pagine in cui si articola il report.

Non è prevista alcun testo a chiusura del report, quindi la sezione *Piè di pagina report*, che potrebbe ospitare un testo a questo scopo, è vuota.

## Ordinamento e raggruppamento

La prima colonna della query associata al report FERRAMENTA PER CATEGORIE si chiama CATEGORIA e viene dalla colonna DESCRIZIONE della tabella CATEGORIAFERRAMENTA, come si vede dalla struttura della query QRYMATERIALI (Figura 5.7).

Nel corso della *Creazione guidata Report* e precisamente nella seconda schermata (quella riportata nella Figura 5.8) la procedura ha proposto di organizzare i dati in base al campo Categoria e abbiamo accettato la proposta, passando poi alle schermate successive. Questa decisione ha fatto creare la sezione chiamata Intestazione Categoria che vediamo nella Figura 5.10; la sezione contiene sei etichette e una casella di testo, associata al campo Categoria: la presenza di questo campo nella sezione Intestazione Categoria fa sì che i record generati dalla query qryMateriali vengano raggruppati per categoria, facendo precedere ogni gruppo da un'intestazione composta con le sei etichette e la casella di testo Categoria, che per ogni sezione Intestazione Categoria presenta un valore diverso, corrispondente a ciascuna delle sei categorie, come si vede nella Figura 5.9.

Questa struttura è stata ottenuta dalla *Creazione guidata Report* impostando una particolare proprietà dei report, alla quale si accede aprendo una finestra di dialogo intitolata *Ordinamento e raggruppamento*, che si visualizza premendo il pulsante omonimo nella barra degli strumenti *Struttura report*: la vediamo nella Figura 5.11.

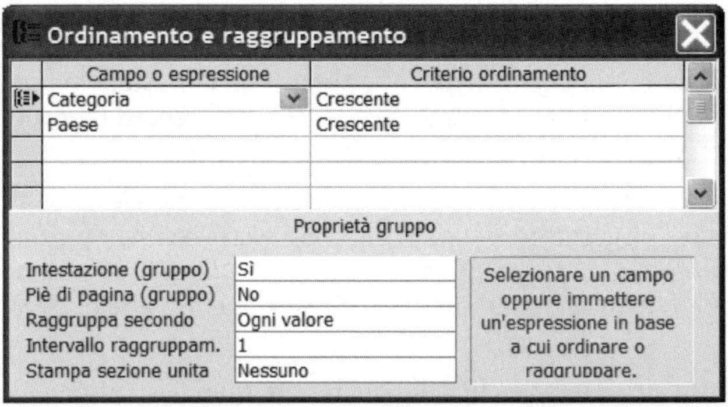


**Figura 5.11** Nella finestra di dialogo Ordinamento e raggruppamento si stabiliscono i criteri per raggruppare e ordinare le righe da stampare in un report.

La finestra di dialogo *Ordinamento e raggruppamento* è il cuore della struttura di un report e raccoglie le specifiche per ordinare i record e raggrupparli in sezioni o fasce.

La finestra è articolata in due pannelli: quello superiore contiene due colonne – *Campo o espressione* e *Criterio ordinamento* – composte da caselle combinate; nella prima colonna si possono selezionare i nomi dei campi contenuti nell'origine dati del report, mentre nella seconda si sceglie un criterio di ordinamento (`Crescente` o `Decrescente`) per i valori del campo selezionato a sinistra.

Quando si selezionano il nome di un campo nella colonna *Campo o espressione* e un criterio di ordinamento nella colonna *Criterio ordinamento* i record verranno stampati nell'ordine indicato in questo modo; è consentito scegliere più di un campo per l'ordinamento, creando criteri di ordinamento *annidati*, per esempio Regione, seguito da Provincia, per avere una stampa dei record ordinati in base al valore del campo Regione (Liguria, Lombardia, Piemonte...) e all'interno di ciascuna Regione ordinati per Provincia (Genova, La Spezia, Savona ...).

Il campo selezionato nel pannello superiore può essere utilizzato sia come base per ordinare i record da stampare sia come criterio per creare gruppi di record da stampare in sezioni specifiche. In questo secondo caso, bisogna impostarne alcune proprietà nel pannello inferiore, intitolato *Proprietà gruppo*.

La selezione di ciascuna delle caselle di questo pannello fa comparire una descrizione della sua funzionalità e abilita la scelta di un'opzione per la proprietà selezionata: il contenuto del pannello *Proprietà gruppo* è riepilogato nella Tabella 5.1.

**Tabella 5.1** Le proprietà per un campo usato come raggruppamento e le opzioni relative.

| Proprietà | Descrizione Access | Opzioni disponibili |
|---|---|---|
| Intestazione (gruppo) | Visualizza un'intestazione per questo gruppo | Sì, No |
| Piè di pagina (gruppo) | Visualizza un piè di pagina per questo gruppo | Sì, No |
| Raggruppa secondo | Selezionare il valore o l'intervallo di valori per iniziare un nuovo gruppo | Ogni valore, Caratteri iniziali |
| Intervallo raggruppam. | Intervallo o numero di caratteri in base al quale raggruppare | [un numero intero] |
| Stampa sezione unita | Mantiene il gruppo su una sola pagina | Nessuno, Gruppo intero, Col primo dettaglio |

Dopo che è stato selezionato un campo nella prima colonna, le prime due caselle combinate del pannello *Proprietà gruppo* risultano impostate sui valori predefiniti `No`, quindi il campo serve soltanto per ordinare i record da stampare.

Se si modifica da `No` a `Sì` il valore della prima proprietà (*Intestazione (gruppo)*), accanto al nome del campo selezionato compare l'icona del *Raggruppamento*, per indicare che nel report verrà creato un gruppo sulla base di quel campo; dopo aver impostato su `Sì` il valore della prima proprietà è possibile accettare o modificare le opzioni per le altre proprietà del gruppo, scegliendo fra i valori elencati nella Tabella 5.1. Il significato di queste opzioni è il seguente:

– *Piè di pagina (gruppo)* A un'*Intestazione* può essere associato un *Piè di pagina* oppure no; impostando su `Sì` il valore di questa proprietà, nella struttura del record viene predisposto lo spazio per la sezione *Piè di pagina* corrispondente, che può essere eventualmente lasciata vuota.

– *Raggruppa secondo* Si può scegliere se raggruppare le righe in base all'intero valore del campo scelto per il raggruppamento (`Ogni valore`), oppure soltanto in base a una parte del valore (`Caratteri iniziali`).

– *Intervallo raggruppamento* Se si sceglie `Caratteri iniziali` per la proprietà, precedente, in questa casella si specifica il numero di caratteri da prendere in considerazione per distinguere un gruppo.

L'ultima proprietà che si può impostare in questo pannello – *Stampa sezione unita* – merita un discorso a parte e la vedremo più avanti.

Per avere un'idea più chiara di come funzionano le impostazioni che si possono selezionare nella finestra di dialogo *Ordinamento e raggruppamento* possiamo fare una semplice prova. Creiamo una copia del report FERRAMENTA PER CATEGORIE e salviamola col nome `Ferramenta senza raggruppamento`, quindi apriamo la copia in visualizzazione Struttura e apriamo la finestra di dialogo *Ordinamento e raggruppamento*. Qui selezioniamo con un clic sull'icona del raggruppamento l'intera prima riga e premiamo il tasto Canc: compare la severa finestra di messaggio che vediamo nella Figura 5.12.

Prendiamo atto dell'avvertimento e confermiamo la nostra decisione con un clic su *Sì*: nella struttura del report scompare la sezione INTESTAZIONE CATEGORIA. Salviamo le modifiche e apriamo entrambi i report FERRAMENTA PER CATEGORIE e FERRAMENTA SENZA RAGGRUPPAMENTO in visualizzazione Report: come si vede dalla Figura 5.13, pur essendo basati sulla stessa query, i report ora presentano i dati con una struttura molto diversa.

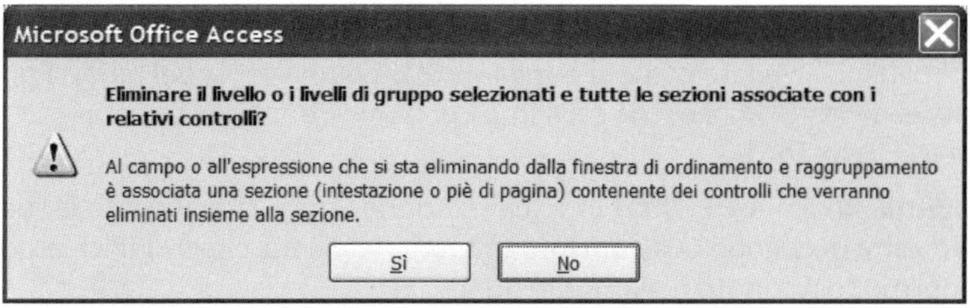


**Figura 5.12** Quando si dispone l'eliminazione di un raggruppamento Access segnala le conseguenze sulla struttura dl report.

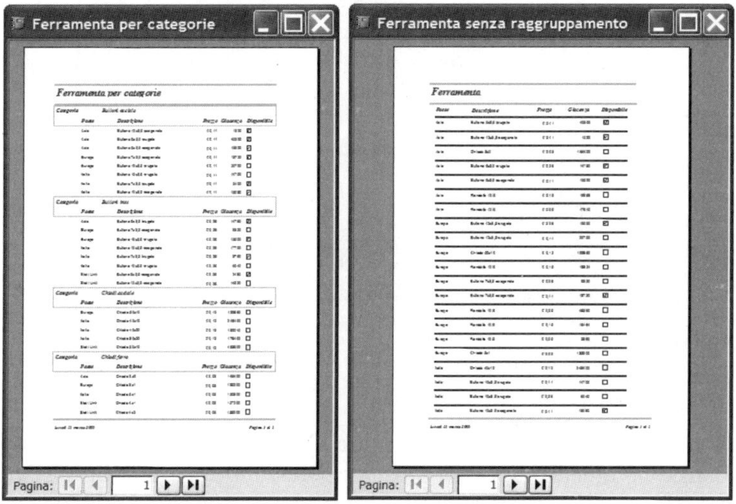


**Figura 5.13** Eliminando un raggruppamento gli stessi dati sono stampati con un'organizzazione diversa.

## Valori calcolati

Sfruttando opportunamente le opzioni offerte dalla finestra di dialogo *Ordinamento e raggruppamento* si possono inserire nella struttura di un report valori calcolati sull'insieme dei record stampati in una sezione. Supponiamo di voler stampare nel report sui materiali tre valori numerici per ciascuna categoria:

1. il prezzo medio dei prodotti,
2. la somma delle quantità giacenti in magazzino,

**3.** il conteggio degli articoli che risultano disponibili.

Proviamo a vedere come si può fare creando una copia del report FERRAMENTA PER CATEGORIE, che salviamo col nome `Ferramenta con totalizzazioni`.

Mettiamo il nuovo report in visualizzazione Struttura e apriamo la sua finestra di dialogo *Ordinamento e raggruppamento*, che modifichiamo nel modo riportato nella Figura 5.14.

**Figura 5.14** La nuova impostazione delle proprietà di Ordinamento e raggruppamento per il report Ferramenta con totalizzazioni.

Abbiamo aggiunto un nuovo gruppo *Piè di pagina*, basato sul campo CATEGORIA come il gruppo *Intestazione* preesistente. Nella struttura così modificata del report FERRAMENTA CON TOTALIZZAZIONI avremo quindi sia un'Intestazione sia un Piè di pagina per il gruppo che aggrega tutti i record appartenenti alla stessa categoria.

Chiudiamo la finestra di dialogo *Ordinamento e raggruppamento*, apriamo la *Casella degli strumenti* e da questa preleviamo tre caselle di testo, che andiamo a collocare nella nuova sezione *Piè di pagina Categoria*, piazzandoli nel modo illustrato dalla Figura 5.15.

Non essendo associate con alcun campo della query che alimenta il report, le tre nuove caselle di testo entrano nella struttura accompagnate da un'etichetta che contiene una dicitura generica, mentre nelle caselle di testo vere e proprie compare l'indicazione `Non associato`.

**Figura 5.15** Le tre caselle di testo per i valori calcolati inserite nella sezione Piè di pagina Categoria.

Modifichiamo i contenuti delle etichette in modo che diventino `Prezzo medio`, `Totale giacenza` e `Articoli disponibili`; visualizziamo la finestra *Proprietà* delle caselle di testo e nella casella della proprietà *Origine controllo* di ciascuna digitiamo rispettivamente le seguenti formule:

```
=Media([Prezzo])
=Somma([Giacenza])
=Abs(Somma([Disponibile]))
```

Le formule contengono funzioni, espressioni di calcolo del linguaggio VBA che hanno la forma:

ParolaChiave(*argomento*)

dove `ParolaChiave` è il nome di una funzione e *argomento* individua il valore sul quale agisce la funzione e deve essere inserito fra parentesi tonde.

Le funzioni `Media()` e `Somma()` non hanno bisogno di particolari spiegazioni: nella formulazione che abbiamo usato, calcolano:

- la somma dei valori contenuti nel campo GIACENZA, in un caso e di quelli del campo DISPONIBILE nell'altro;
- la media dei valori contenuti nel campo PREZZO.

Per la casella di testo che deve presentare il numero degli articoli disponibili (cioè di quelli che hanno il valore logico `Vero` nel campo DISPONIBILE, che è di tipo *Sì/no*) la funzione `Somma([Disponibile])` è racchiusa fra le parentesi tonde della funzione `Abs()`, quindi è un argomento di quest'ultima: perché?

Il campo DISPONIBILE è di tipo *Sì/no* e nei campi con dati di questo tipo Access inserisce 0 se l'operatore imposta il valore `Falso` e -1 se imposta `Vero`. La funzione `Somma([Disponibile])` produce zero se tutti i campi DISPONIBILE della categoria sono impostati su `Falso`, oppure un numero negativo pari alla somma di tutti i valori -1 dei campi impostati su `Vero`: la funzione `Abs()` estrae il valore assoluto del numero che viene indicato come suo argomento, quindi, per evitare la comparsa di un numero negativo fra i risultati, eseguiamo sul risultato della funzione `Somma()` la funzione `Abs()`, ottenendo un numero senza segno quando il risultato della funzione `Somma([Disponibile])` è diverso da zero.

Salviamo le modifiche e apriamo il report in *Anteprima*: dovrebbe presentarsi come nella Figura 5.16.

Approfondiremo le funzioni nel prossimo capitolo, per il momento ricordiamo che la data visualizzata in fondo a sinistra in un report ottenuto con la *Creazione guidata Report* è generato da una funzione che si chiama `Now()`, inserita in una casella di testo nella sezione *Piè di pagina pagina*; all'estremità destra della stessa sezione la Creazione guidata inserisce anche una formula basata sulle funzioni `Page` e `Pages`, che restituiscono, rispettivamente, il numero della pagina e il totale delle pagine che compongono un report, per cui – in un report che si sviluppa su 10 pagine – in fondo alla pagina 3 questa formula:

```
="Pagina " & [Page] & " di " & [Pages]
```

genera la scritta:

Pagina 3 di 10

### Forzare la stampa di gruppi e sezioni

Se scorriamo sullo schermo l'anteprima del report FERRAMENTA CON TOTALIZZAZIONI che abbiamo appena costruito (oppure se lo stampiamo su carta) ci accorgiamo che l'inserimento delle righe con i valori calcolati ha modificato le dimensioni delle sezioni *Corpo* di ciascuna categoria,

Ferramenta con totalizzazioni

*Ferramenta con totalizzazioni*

| Categoria | Bulloni acciaio | | | |
|---|---|---|---|---|
| Paese | Descrizione | Prezzo | Giacenza | Disponibile |
| Asia | Bullone 12x3,5 esagonale | € 0,11 | 1320 | ☑ |
| Asia | Bullone 9x3,5 brugola | € 0,12 | 40300 | ☑ |
| Asia | Bullone 9x3,5 esagonale | € 0,11 | 15520 | ☑ |
| Europa | Bullone 7x3,5 esagonale | € 0,14 | 13720 | ☑ |
| Europa | Bullone 12x3,5 brugola | € 0,14 | 20700 | ☐ |
| Italia | Bullone 10x3,5 brugola | € 0,11 | 14700 | ☐ |
| Italia | Bullone 7x3,5 brugola | € 0,11 | 2400 | ☑ |
| Italia | Bullone 10x3,5 esagonale | € 0,15 | 13080 | ☑ |
| | *Prezzo medio:* | 0,1237 | | |
| | *Totale giacenza:* | | 121.740 | |
| | *Articoli disponibili:* | | | 6 |

Pagina: 1

**Figura 5.16** Il nuovo report Ferramenta con totalizzazioni presenta valori calcolati alla fine di ogni sezione.

per cui adesso l'intestazione di una categoria compare isolata in fondo a una pagina, mentre l'elenco dei record si trova nella pagina successiva, dove appaiono privi di intestazione (Figura 5.17)

Si può prevenire questo sgradevole fenomeno, dopo aver verificato con l'anteprima che in qualche pagina si verifica, impostando opportunamente per la sezione che si vuole mantenere unita uno dei valori possibili per la proprietà *Stampa sezione unita* nella finestra di dialogo *Ordinamento e raggruppamento.*

L'impostazione predefinita per questa proprietà è `Nessuno`, che consente la stampa di un gruppo separando l'intestazione dal corpo e dal piè di pagina, col risultato che vediamo nella figura.

Selezionando l'impostazione `Gruppo intero` si forza un cambio di pagina, nel caso che il gruppo rischi di venire spezzato in due parti, per cui l'intero gruppo viene stampato sulla pagina successiva.

Se questa impostazione produce, come può accadere, troppi vuoti nelle pagine che non riescono a contenere un intero gruppo, si può selezionare l'impostazione `Con primo corpo`, grazie alla quale l'inte-

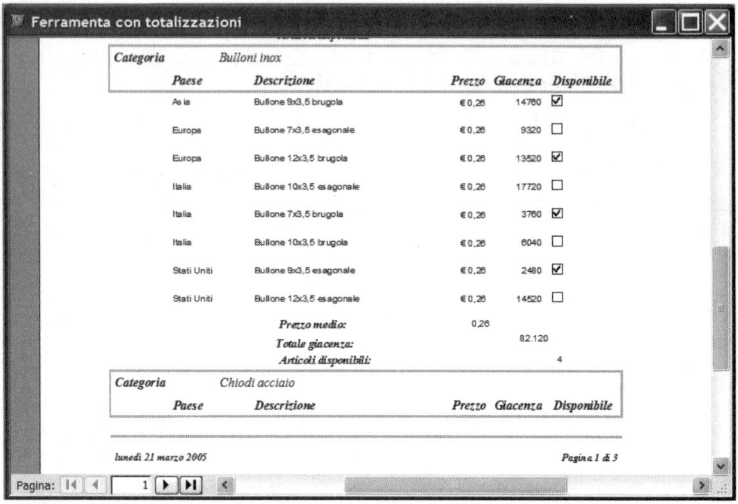


**Figura 5.17** L'intestazione di questa categoria viene stampata in fondo a una pagina, mentre i suoi record di dettaglio compaiono senza intestazione nella pagina successiva.

stazione di gruppo viene stampata su una pagina solo se rimane spazio sufficiente per stamparvi subito dopo anche il primo record del corpo.

## Le etichette

A volte è necessario estrarre da un database di indirizzi o di dati sui prodotti pochi elementi da una tabella o da una query per stampare etichette, da incollare su buste nel caso di indirizzi o sulle confezioni dei prodotti da spedire. Per soddisfare esigenze di questo tipo è disponibile una comoda funzionalità, che si attiva scegliendo il comando *Nuovo* nella barra degli strumenti del pannello Report e selezionando *Creazione guidata Etichetta* nella finestra di dialogo *Nuovo report*.

Nella stessa finestra di dialogo bisogna selezionare i dati da utilizzare agendo sulla casella combinata *Scegliere la tabella o la query di origine dei dati dell'oggetto*.

La prima schermata della *Creazione guidata Etichetta* permette di selezionare il tipo e le dimensioni delle etichette da stampare, presentando un vasto assortimento di formati standard di fogli con etichette autoadesive, disponibili comunemente in commercio.

La schermata successiva serve per scegliere le caratteristiche della stampa (tipo di carattere, corpo e stile) e con la terza schermata, che vediamo nella Figura 5.18, si costruisce interattivamente l'etichetta selezionando a uno a uno i campi che interessano nella casella di riepilogo *Campi disponibili* per trasferirli nella casella di riepilogo *Etichetta modello* con un clic sul pulsante a freccia posto fra le due caselle.

I campi così selezionati vengono trasferiti sulla stessa riga nella casella di riepilogo di destra, ma è possibile:

- premere il tasto Invio dopo aver posizionato il puntatore del mouse in questa casella per mandare a capo un campo;
- digitare direttamente caratteri intermedi fra più campi (spazi o parentesi) della stessa riga;
- digitare testi liberi, non ricavati dalla casella di riepilogo *Campi disponibili*, come nella figura.

Per correggere una riga creata in modo sbagliato nella casella *Etichetta modello* si seleziona col mouse la stringa errata e si preme il tasto Canc.

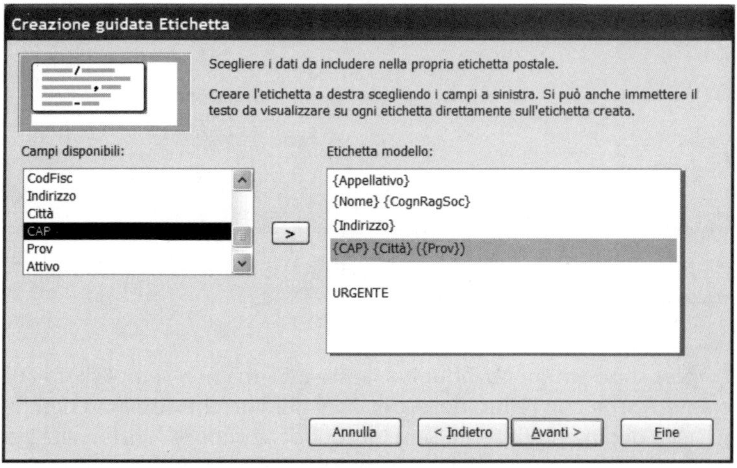


**Figura 5.18** La composizione di un'etichetta nella terza schermata della Creazione guidata Etichetta.

La quarta schermata dà la possibilità di scegliere uno o più campi per ordinare le etichette che verranno generate: per questo ordinamento non si è limitati a selezionare uno dei campi utilizzati per l'etichetta, quindi si possono ordinare le etichette in base al valore di un eventuale campo Categoria o Codice, anche se questo campo non comparirà nelle etichette.

La *Creazione guidata Etichetta* si conclude con una quinta e ultima schermata, dove si sceglie il nome del report con le etichette, il cui aspetto, in *Anteprima*, potrebbe essere come quello che vediamo nella Figura 5.19.

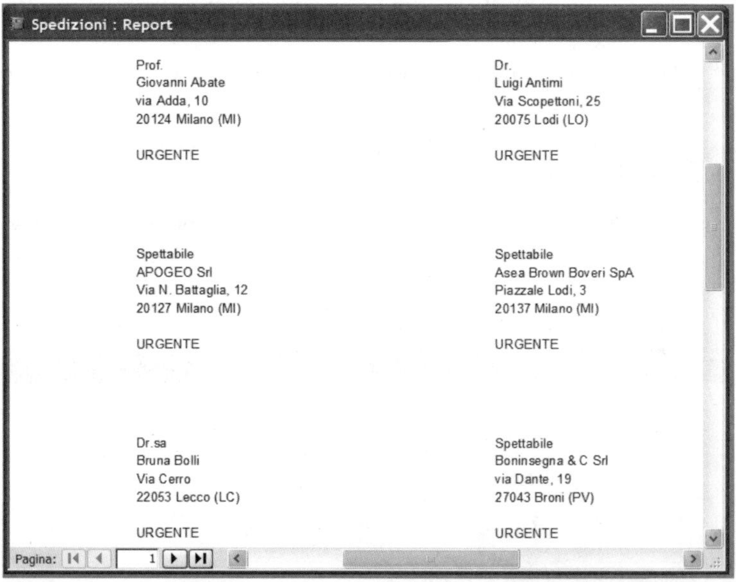


**Figura 5.19** Le etichette pronte per la stampa, costruite in base alle selezioni visualizzate nella figura precedente.

I report sono strumenti indubbiamente utili, ma non semplicissimi da creare, anche con l'aiuto delle creazioni guidate che abbiamo descritto nelle pagine precedenti. Se si ha confidenza con le funzionalità per la stampa dei documenti Word o dei fogli di lavoro Excel si può aggirare le complessità dei report di Access e stampare una selezione di record da un database in questo modo:

1. si crea una query per generare la tabella virtuale da stampare,
2. si seleziona la query e si fa clic sul pulsante *Collegamenti Office* della barra degli strumenti *Database*,
3. dall'elenco a discesa associato a quel pulsante si seleziona una delle opzioni *Pubblica con Microsoft Office Word* o *Analizza con Microsoft Office Excel*.

Si apre un nuovo documento Word oppure un foglio di lavoro Excel, nel quale viene inserito automaticamente tutto il contenuto della query selezionata: si utilizzano poi le funzionalità del nuovo contesto per stampare i dati provenienti da Access nel modo che si preferisce.

## Le pagine di accesso ai dati

Una pagina di accesso ai dati (che d'ora in poi chiameremo per brevità *pagina*) è un oggetto con struttura e funzionalità molto simili a quelle di una maschera, però non è integrato nel file .mdb come tutte le maschere, ma risiede in un file separato ed è scritto in linguaggio HTML.

Le pagine sono state aggiunte alle maschere e ai report, gli strumenti tradizionali con i quali si interagisce con i database, per consentire l'accesso a un database Access a chiunque disponga di un browser Web, quindi all'universo di tutti gli utenti di personal computer, anche se sulle loro macchine non è installato Microsoft Access.

Come per le maschere e i report, il modo più semplice e diretto per ottenere una pagina è la Creazione guidata. Prendiamo quindi subito confidenza con le pagine creandone una in questo modo.

### La Creazione guidata Pagina

Nel pannello *Pagine* della finestra Database facciamo doppio clic sul comando *Crea una pagina di accesso ai dati mediante una creazione guidata*, determinando così l'apertura della prima schermata della *Creazione guidata Pagina*, nella quale selezioniamo la tabella o la query da utilizzare come origine dei dati.

Scegliamo la tabella INDIRIZZI e dalla casella di riepilogo *Campi disponibili* trasferiamo nella casella di riepilogo *Campi selezionati* i campi che vediamo nella Figura 5.20.

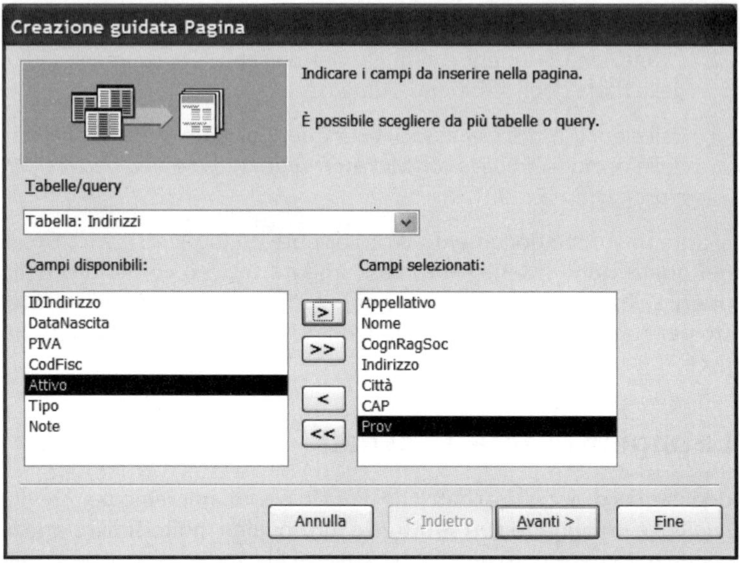


**Figura 5.20** Nella prima schermata della Creazione guidata Pagina si scelgono l'origine dei dati e i campi da gestire con la pagina.

Proseguiamo con la schermata successiva, nella quale possiamo aggiungere livelli di gruppo, come per la Creazione guidata Report: non è il caso per il tipo di dati con i quali stiamo costruendo questa pagina, quindi procediamo alla terza schermata, dove abbiamo la possibilità di indicare fino a quattro campi diversi sui quali ordinare i dati. Scegliamo il campo CognRagSoc sul qual basare l'ordinamento crescente e proseguiamo con l'ultima schermata, dove scegliamo un titolo per la nuova pagina: digitiamo `IndirizziBase` e facciamo clic su *Fine*.

La *Creazione guidata Pagina* si chiude e viene aperta la nuova pagina in visualizzazione Struttura, presentandosi come nella Figura 5.21.

Le differenze più rilevanti fra la visualizzazione Struttura di una nuova pagina e quella di una maschera o di un report sono le seguenti:

- la barra degli strumenti *Struttura pagina* contiene un pulsante per aprire la *Casella degli strumenti*, che vediamo nella figura: contiene 21 controlli, dieci che già conosciamo, contenuti anche nella *Casella degli strumenti* di maschere e report e undici nuovi, specifici delle pagine;

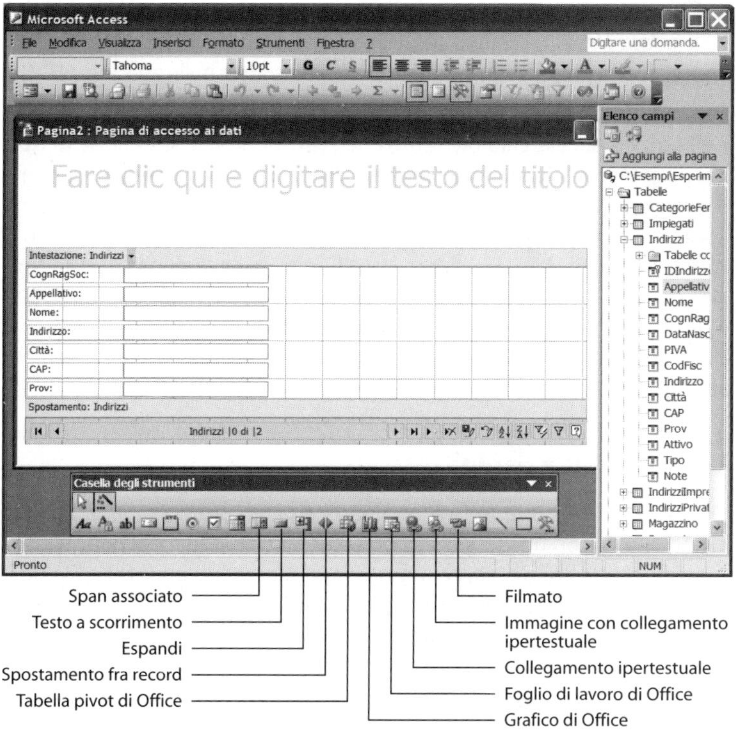


**Figura 5.21** La struttura della nuova pagina ottenuta con la Creazione guidata Pagina.

- un clic sul pulsante *Elenco campi* nella stessa barra degli strumenti fa uscire la finestra che vediamo sul lato destro, che mostra tutte le tabelle presenti nel database;
- un clic sul pulsante *Struttura dati* fa aprire una finestra (non mostrata nella figura) con l'elenco dei campi associati alla pagina;
- una scritta nella parte superiore della pagina invita a farvi sopra un clic per digitare un titolo.

Per il momento non facciamo alcuna modifica alla struttura, salvo digitare `Indirizzi base` nella zona indicata per il titolo, quindi salviamo la nuova pagina con un clic sul pulsante *Salva*: si apre la finestra di dialogo Windows intitolata *Salva come pagina di accesso ai dati*, dove possiamo scegliere una cartella in cui salvare il nuovo file, per il quale è predisposto il nome che avevamo scelto nell'ultima schermata della *Creazione guidata Pagina*, completato dall'estensione *.htm*, che sta a indicare che la nuova pagina verrà salvata come file scritto in linguaggio HTML.

Quando il nuovo file viene salvato, compare una finestra di messaggio nella quale Access ci fa presente che la stringa di connessione di questa pagina specifica un indirizzo assoluto, cosa che potrebbe compromettere la connessione tramite rete ai dati associati a questa pagina, invitandoci a specificare invece di un indirizzo assoluto un percorso di rete in formato UNC. Possiamo chiudere tranquillamente questa finestra di messaggio facendo clic su OK: i richiami alla "stringa di connessione" e ai percorsi di rete in formato UNC sono rilevanti soltanto quando si utilizzano le pagine in modalità più complesse di quella che stiamo provando e che è l'unica che tratteremo.

## Utilizzo di una pagina

Dopo aver salvato la nuova pagina la sua struttura è ancora aperta: chiudiamola con un clic sul suo pulsante di chiusura e nel pannello *Pagine* della finestra *Database* ora troviamo un collegamento al file della pagina, INDIRIZZIBASE.HTM. Un doppio clic sul collegamento ci apre la pagina, che si presenta come nella Figura 5.22.

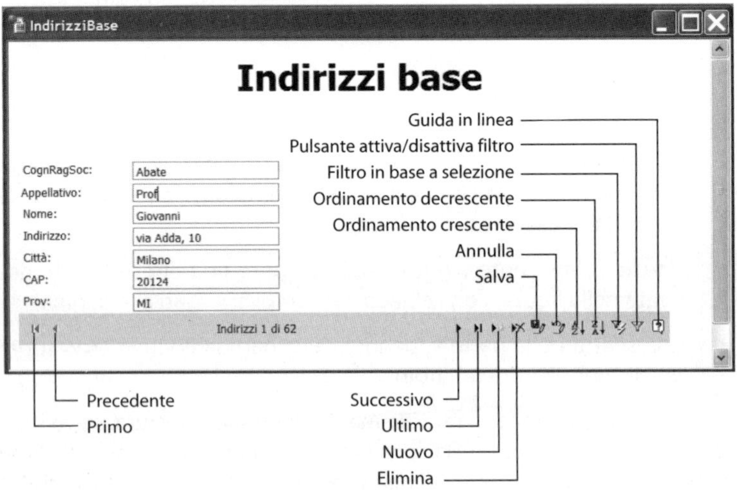


**Figura 5.22** La nuova pagina aperta da Access.

Alla base della pagina notiamo una lunga barra degli strumenti, con tredici pulsanti, che incorpora le funzionalità dei pulsanti di spostamento delle maschere più altri, che si trovano abitualmente nella barra degli strumenti *Visualizzazione Maschera* di Access. Questa speciale barra degli strumenti è il controllo *Spostamento fra record*, che si può inserire in una pagina, mentre si lavora sulla sua struttura, prelevandolo dalla *Casella degli strumenti*. Questo particolare controllo per così dire "multiplo" o "composito" si giustifica per il fatto che la stessa pagina si può aprire e utilizzare anche con un browser Web, Internet Explorer, per esempio, e nel browser non può essere presente la barra degli strumenti *Visualizzazione Maschera* di Access.

Le modifiche che si fanno in una pagina visualizzata con un browser Web si rispecchiano puntualmente nei dati associati alla pagina e contenuti nel database Access dal quale provengono e, naturalmente, vale anche il contrario: se con l'applicazione Access dalla quale deriva la pagina si cambiano i contenuti dei campi associati, queste modifiche verranno visualizzate nella pagina quando si tornerà ad aprirla. Possiamo spostarci fra i record agendo sui primi quattro pulsanti del controllo *Spostamento fra record*, creare un nuovo record premendo il pulsante *Nuovo*, eliminare un record selezionato agendo sul pulsante *Elimina* e, se modifichiamo il contenuto di una qualunque casella di testo, possiamo confermare la modifica con un clic sul pulsante *Salva* o annullarla facendo clic sul pulsante *Annulla*. Un clic su uno dei due pulsanti *Ordinamento crescente* oppure *Ordinamento decrescente* cambia l'ordine dei record. Ci occuperemo nel prossimo capitolo del "filtro" al quale fanno riferimento i due pulsanti successivi. Agendo sul pulsante *Guida in linea* si apre la guida di Access sull'argomento delle pagine, se Access è installato nella macchina con la quale si sta esaminando la pagina (che, come abbiamo detto più volte, può essere aperta anche da un computer privo di Access).

Per modificare la struttura di una pagina si procede come per le maschere e i report: si apre l'oggetto in visualizzazione Struttura e si agisce sui controlli, spostandoli e ridimensionandoli col mouse e impostando specifiche proprietà nella loro finestra Proprietà, che, per misteriose ragioni, presenta i nomi delle proprietà in inglese anche se si usa una versione italiana di Access 2003.

Per spostare e ridimensionare i controlli basta farvi sopra un clic e poi agire sui quadratini che lo circondano: se il puntatore del mouse appoggiato su uno dei quadratini assume la forma di una mano nera con le dita allargate quel quadratino ha funzionalità di spostamento, quindi trascinandolo col mouse si sposta il controllo; se il puntatore del mouse prende la forma di una freccia a due punte, trascinando il quadratino si ridimensiona il riquadro del controllo.

Concludiamo qui la rassegna degli strumenti Access per interfacciare il database. Nel prossimo e ultimo capitolo vedremo come si possono aggiungere funzionalità personalizzate a questi strumenti per creare un'applicazione gestionale.

Capitolo 6

# Le macro e i moduli

Nei capitoli precedenti abbiamo passato in rassegna gli oggetti Access che costituiscono un database, le tabelle e le query, e quelli che si utilizzano per accedere al database, quindi maschere, report e pagine di accesso ai dati. Combinando opportunamente un certo numero di questi oggetti si crea un'applicazione gestionale fondata su un database, il prodotto finito da ottenere con Access.

Affinché un'applicazione di questo genere dia risultati professionali è necessario, però, aggiungere alle funzionalità dei vari oggetti fin qui descritti altre funzionalità specifiche, che si costruiscono utilizzando i due linguaggi di programmazione interni ad Access, il Visual Basic for Applications (in sigla VBA) e lo Structured Query Language, noto anche come SQL. Le istruzioni SQL e le routine VBA risiedono in macro e moduli. Prima di procedere a descrivere le caratteristiche di questi due oggetti vediamo per quale ragione è necessario disporre di altre funzionalità in aggiunta a quelle, pur numerosissime, che caratterizzano gli oggetti Access esaminati fin qui.

## Le funzionalità aggiuntive

Apriamo in visualizzazione Maschera una delle maschere che abbiamo creato per prova nel Capitolo 4, con la quale possiamo accedere alla tabella INDIRIZZI; questa tabella dimostrativa contiene una sessantina di indirizzi, che in un'applicazione reale potrebbero essere molti di più, centinaia o migliaia.

Supponiamo di aver bisogno di rintracciare una persona della quale ricordiamo soltanto che abita nella provincia di Pavia. Scorrere tutti gli indirizzi a uno a uno cercando quelli che hanno la sigla PV nella casella PROVINCIA può essere un'impresa lunga e noiosa. Se potessimo ridurre l'ambito della ricerca e visualizzare soltanto i record della provincia di Pavia l'operazione durerebbe sicuramente meno. Possiamo ottenere questo risultato attivando una funzionalità chiamata genericamente *filtro*, disponibile quando si apre il Foglio dati di una tabella o di una query e nella visualizzazione Maschera di una maschera. Il filtro funziona nel modo illustrato dalla Figura 6.1: dopo aver trovato, scorrendo manualmente i record, il primo che ha la sigla PV nel campo PROVINCIA, facciamo clic su quel campo e premiamo il pulsante *Filtro in base a selezione*, che sta nella barra degli strumenti *Visualizzazione maschera*.

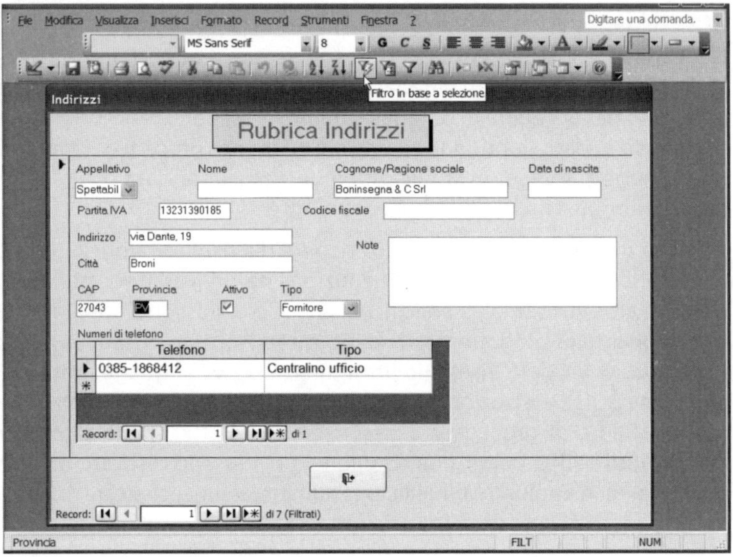


**Figura 6.1** La maschera sulla quale è stato impostato un filtro mostra soltanto 7 record invece di 62.

Alla destra dei pulsanti di scorrimento compare ora una dicitura col numero dei record che hanno il valore PV nella casella PROVINCIA, seguito dall'indicazione `(Filtrati)` per segnalare che in realtà i record sottostanti alla maschera sono più numerosi di quelli accessibili in questo momento.

Con i record potenziali ridotti a sette facciamo molto in fretta a trovare quello che ci interessa, scorrendo soltanto quelli filtrati. Per disattivare il filtro e tornare ad avere accesso a tutti i record della tabella INDIRIZZI ci basta fare clic sul pulsante *Rimuovi filtro*, che sta appena a destra dal pulsante *Filtro in base a selezione*.

Fin qui tutto bene: conosciamo Access e sappiamo come usare i vari pulsanti che compongono le sue numerose barre degli strumenti. Ma per usare un'applicazione creata con Access non dovrebbe essere necessario conoscere Access: all'utente finale, cioè all'operatore della società cliente che ci ha commissionato l'applicazione, interessa poter consultare i dati con maschere chiare e facili da usare e se gli facesse comodo filtrare i record in base a un determinato criterio non dovrebbe andare a cercare comandi Access da qualche parte, ma dovrebbe averli a disposizione, in forma chiara e intuitiva, nella maschera stessa con la quale sta lavorando. È in questo spirito, d'altronde, che abbiamo inserito un pulsante di comando nel piè di pagina di questa maschera (si veda il paragrafo "Pulsante di comando" del Capitolo 4), in modo che l'operatore possa chiuderla agevolmente, senza cercare il comando Access di chiusura in un menu o in una barra degli strumenti.

Attivare e disattivare un filtro in base al valore di un campo predefinito, chiudere una maschera con un pulsante di comando personalizzato e magari aprirne contestualmente un'altra o avviare la stampa di un report selezionandolo entro un gruppo di opzioni, sono questi i tipi di funzionalità aggiuntive che fanno di un file Access un'applicazione gestionale e per crearle si deve ricorrere alle macro o ai moduli.

## Lavorare con le macro

Sviluppiamo ora un semplice esempio per capire come aggiungere funzionalità a una maschera con l'aiuto di un paio di macro e di qualche nuovo controllo.

In primo luogo, creiamo una nuova query basata sulla tabella INDIRIZZI, che estrae, disponendole in ordine alfabetico, tutte le sigle delle province dal campo PROV della tabella INDIRIZZI. Impostiamo inoltre la proprietà della query in modo che generi soltanto valori univoci, come si vede nella Figura 6.2.

Salviamo la query col nome `qryListaProvince` ed eseguiamola per prova: i record della tabella INDIRIZZI sono 62, ma le righe estratte dalla query sono soltanto 24. Se in futuro, aggiungendo nuovi record alla tabella INDIRIZZI, si avranno nel loro campo PROV valori diversi da quelli già esistenti, la query produrrà un elenco aggiornato con i nuovi valori univoci.

Facciamo una copia della maschera INDIRIZZI salvandola col nome `IndirizziConFiltro`, quindi in visualizzazione Struttura inseriamo in

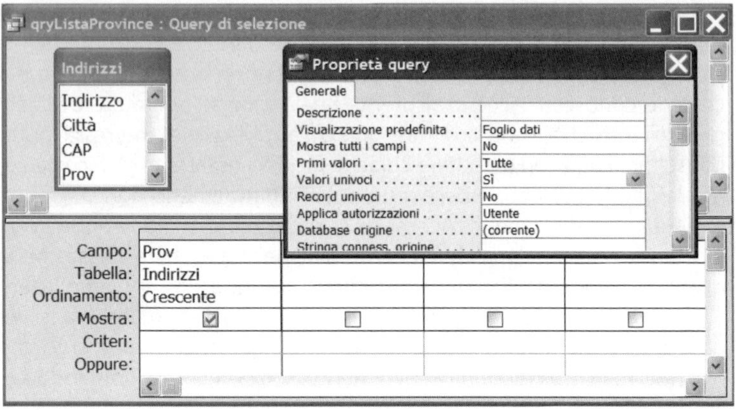


**Figura 6.2** La query estrae tutte le sigle delle province, ignorando i valori ripetuti.

una zona libera del *Corpo* di questa maschera una casella combinata e un pulsante di comando.

Impostiamo alcune proprietà dei nuovi controlli nel modo riepilogato qui di seguito:

| **Proprietà** | **Casella combinata** | **Pulsante di comando** |
|---|---|---|
| Nome elemento | `cboSceltaProv` | `cmdTutti` |
| Etichetta | | `Mostra tutti` |
| Tipo origine riga | `Tabella/query` | |
| Origine riga | `qryListaProvince` | |
| Colonna associata | `1` | |
| Solo in elenco | `Sì` | |

Nell'etichetta associata alla casella combinata cboSceltaProv digitiamo `Scegli Provincia`, quindi salviamo le modifiche e apriamo la maschera così modificata: facendo clic sulla casella combinata scenderà l'elenco delle province derivato dall'associazione fra questo controllo e la query che abbiamo creato prima. Un clic sul pulsante di comando non ha, per ora, alcun effetto.

Chiudiamo la maschera e portiamoci sul pannello *Macro*, dove creiamo una nuova macro scegliendo l'azione `ApplicaFiltro` nella prima casella combinata della colonna *Azione*. Contestualmente a questa selezione si aprono due caselle nel pannello inferiore *Argomenti azione*: trascuriamo la prima casella e nella seconda, intitolata *Condizione WHERE*, digitiamo, con l'aiuto del comando *Zoom*, questa riga di codice:

```
[Prov]=[Maschere]![IndirizziConFiltro]![cboSceltaProv]
```

L'azione `ApplicaFiltro` equivale al comando *Filtro in base a selezione* che abbiamo visto prima, nella Figura 6.1: la riga di codice per l'argomento *Condizione WHERE* stabilisce che il filtro va applicato sul campo PROV e il criterio per filtrare è il valore contenuto nel controllo CBOSCELTAPROV della maschera INDIRIZZICONFILTRO.

Salviamo la macro col nome `ScegliProvincia` e chiudiamola senza provarla. Creiamo una seconda macro, selezionando nella prima casella combinata della colonna *Azione* l'azione `MostraOgniRecord`, che non richiede argomenti, e subito sotto selezioniamo l'azione `ImpostaValore`, che richiede due argomenti: nel primo, chiamato *Elemento*, digitiamo questa stringa di caratteri:

```
[Maschere]![IndirizziConFiltro]![cboSceltaProv]
```

e nella casella del secondo argomento, chiamato *Espressione*, digitiamo una coppia di virgolette doppie.

L'azione `MostraOgniRecord` non ha bisogno di argomenti e ha lo stesso effetto del comando *Rimuovi filtro* dato dalla barra degli strumenti.

L'azione `ImpostaValore` assegna un valore a un controllo della maschera, indicato nell'argomento *Elemento* (in questo caso la casella combinata CBOSCELTAPROV della maschera INDIRIZZICONFILTRO); il valore da impostare è quello digitato per l'argomento *Espressione*, cioè due virgolette doppie senza niente in mezzo, che è una stringa vuota: l'esecuzione delle due azioni di questa macro toglie un filtro, se è impostato, e inserisce una stringa vuota nella casella combinata CBOSCELTAPROV.

Salviamo questa seconda macro col nome `Tutti` e chiudiamola. Torniamo alla maschera INDIRIZZICONFILTRO che apriamo in visualizzazione Struttura e completiamo come indicato nella pagina seguente le proprietà dei controlli CBOSCELTAPROV e CMDTUTTI:

Le proprietà selezionate appartengono alla categoria delle proprietà *Evento*, e i valori impostati fanno sì che:

| Controllo | Proprietà | Valore |
|---|---|---|
| Casella combinata CBOSCELTAPROV | *Su modifica* | `ScegliProvincia` |
| Pulsante di comando CMDTUTTI | *Su clic* | `Tutti` |

- quando si seleziona un valore nella casella combinata, modificandone il contenuto, venga eseguita la macro SCEGLIPROVINCIA;
- quando si fa clic sul pulsante di comando venga eseguita la macro TUTTI.

Salviamo le modifiche e apriamo la maschera, che si presenterà come nella Figura 6.3: selezionando un valore dalla casella combinata con l'etichetta `Scegli Provincia` si applica automaticamente il filtro corrispondente alla provincia selezionata, che resta attivo fino a quando si preme il pulsante di comando con l'etichetta `Mostra tutti`, che svuota il contenuto della casella combinata e disattiva il filtro, per cui la maschera mostra tutti i record.

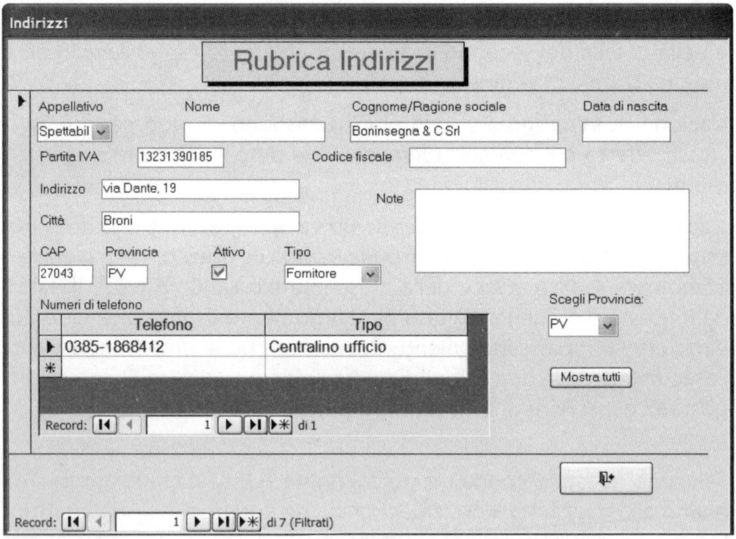


**Figura 6.3** La maschera IndirizziConFiltro in azione.

Poter ridurre l'ambito di ricerca di un record ai soli indirizzi di una determinata provincia, selezionando la provincia con un semplice clic è già un passo avanti, ma si può fare molto di più.

Dalla barra degli strumenti *Visualizzazione Maschera* si può attivare un comando chiamato *Trova* premendo il pulsante con l'icona di un binocolo.

Diamo questo comando dopo aver selezionato il campo con il cognome o la ragione sociale. Sulla maschera si sovrappone la finestra di dialogo *Trova e sostituisci*, articolata in due schede, *Trova* e *Sostituisci*. Selezionando opportunamente le opzioni disponibili nella prima scheda possiamo trovare un record che contiene un determinato valore in un campo.

La scheda *Trova* presenta quattro caselle combinate e due caselle di controllo, per impostare le opzioni disponibili in questo modo:

*Trova* – In questa casella combinata si digita il valore da cercare; se sono già state fatte altre ricerche per valori diversi, questi si possono reperire selezionandoli dall'elenco a discesa.

*Cerca in* – Si può selezionare il campo entro il quale cercare il valore (che corrisponde al campo selezionato nel momento in cui si è dato il comando *Trova*) oppure selezionare il nome della tabella, indicando così che la ricerca va fatta in tutti i campi di ogni record.

*Confronta* – Sono disponibili tre opzioni:

1. `Parte del campo`, per un valore che può trovarsi in un punto qualunque del campo;
2. `Campo intero`, per un valore che deve coincidere con l'intero contenuto del campo;
3. `Inizio campo`, per un valore che deve trovarsi all'inizio del campo.

*Cerca in* – Anche qui si hanno tre opzioni:

1. `Tutto`, la ricerca viene eseguita sull'intera tabella;
2. `Giù`, si esplorano soltanto i record successivi a quello selezionato;
3. `Su`, si esplorano soltanto i record che precedono quello selezionato

*Maiuscole/minuscole* – Se questa casella di controllo è selezionata, la ricerca tiene conto delle differenze fra maiuscole e minuscole fra il valore digitato nella casella *Trova* e quelli reperiti nell'area indicata nella casella *Confronta*.

*Cerca in campi come formattati* – Selezionando questa casella di controllo si precisa che il valore da trovare deve avere lo stesso formato del valore indicato in *Trova*.

Se si selezionano le opzioni della scheda *Trova* nel modo che vediamo nella Figura 6.4, un clic sul pulsante *Trova successivo* reperisce un primo record col contenuto che appare evidenziato nella maschera che sta in secondo piano.

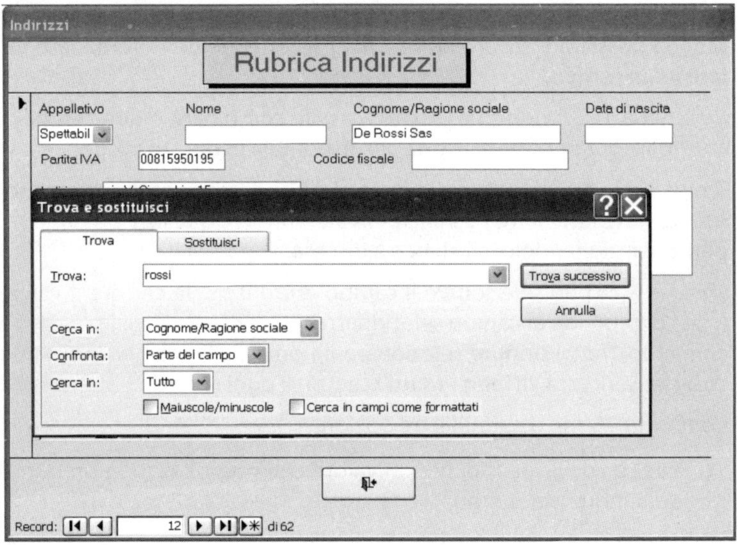


**Figura 6.4** Il funzionamento del comando Trova.

Le impostazioni date per la ricerca, nell'esempio illustrato dalla figura, dicono: "Trova un record che contenga in un punto qualunque del campo COGNOME/RAGIONE SOCIALE la stringa `rossi`, ignorando la differenza fra maiuscole e minuscole e il formato ed esplorando tutti i record iniziando dal primo"

Come si può vedere, la ricerca ha individuato un record che contiene nel campo COGNOME/RAGIONE SOCIALE la stringa `De Rossi sas`, che nei caratteri che vanno dal quarto all'ottavo corrisponde al valore da cercare (`rossi`), ignorando la differenza fra maiuscole e minuscole.

Ulteriori clic sul pulsante di comando *Trova successivo* fanno riprendere la ricerca fino a quando non si trovano più record che soddisfano le condizioni poste nella scheda *Trova*.

È indiscutibile che *Trova* sia un comando molto potente e flessibile, ma richiede, ancor più del comando *Filtro in base a selezione*, che abbiamo visto prima, una notevole dimestichezza con Access, una dimestichezza che non possiamo dare per scontata in chi userà la nostra applicazione.

Con l'aiuto di un paio di macro e l'aggiunta di una casella di testo e di un pulsante di comando possiamo trasferire direttamente in una maschera tutte le funzionalità del comando *Trova*, rendendole facilmente accessibili a chi usa la maschera, senza che debba ricorrere alla barra degli strumenti o al menu di Access.

Facciamo una copia della maschera IndirizziConFiltro, salvandola col nome IndirizziConRicerca, quindi inseriamo nel piè di pagina della nuova maschera una casella di testo e due pulsanti di comando, impostando queste loro proprietà:

| **Proprietà** | **Casella di testo** | **Etichetta della casella di testo** | **Pulsante di comando 1** | **Pulsante di comando 2** |
|---|---|---|---|---|
| Nome elemento | txtTrova | | cmdTrova | cmdAncora |
| Etichetta | | Cognome da trovare: | Trova | Ancora |
| Testo descrizione controllo | | | Clic per avviare la ricerca | Clic per ripetere la stessa ricerca |

Disponiamo i nuovi controlli nel modo indicato nella Figura 6.5.

**Figura 6.5** I nuovi controlli inseriti nella sezione Piè di pagina della maschera IndirizziConRicerca.

I nomi usati per la casella di testo e per i pulsanti di comando, insieme con le descrizioni che compaiono quando si appoggia il puntatore del mouse sui pulsanti di comando, rendono chiaro all'operatore che per cercare un record con un determinato cognome deve scrivere il cognome da trovare nella casella di testo e premere il pulsante Trova per trovare il primo e poi il pulsante Ancora per trovarne altri, se ce ne sono.

Perché questo accada dobbiamo creare due macro che vengano eseguite quando si fa clic su uno o l'altro dei due pulsanti di comando. Possiamo creare una sola macro composta da due gruppi di azioni, in questo modo:

1. dal pannello *Macro* diamo il comando *Nuovo*;
2. nella finestra di struttura facciamo clic sul pulsante *Nomi macro* della barra degli strumenti *Struttura macro*, facendo così apparire una nuova colonna, intitolata `Nome macro`, nella griglia del pannello superiore;
3. nella prima casella di questa colonna digitiamo il nome `PrimaVolta`, selezionando poi nella casella combinata immediatamente a fianco l'azione `VaiAControllo`;
4. per l'unico argomento previsto per questa azione (*Nome controllo*) nel pannello *Argomenti azione*, digitiamo `CognRagSoc` (che è il nome della casella di testo della maschera associata col campo che contiene il cognome o la ragione sociale);
5. ancora nella griglia superiore scegliamo l'azione `TrovaRecord`, impostando nel modo seguente i sette argomenti previsti per questa azione:
    1. *Trova* `=[Maschere]![IndirizziConRicerca]![txtTrova]`
    2. *Confronta* `Parte del campo`
    3. *Maiuscole/minuscole* `No`
    4. *Cerca in* `Tutto`
    5. *Come formattato* `No`
    6. *Solo campo corrente* `Sì`
    7. *Trova primo* `Sì`

Lasciamo libera qualche riga nella griglia superiore e digitiamo `Successivo` nella casella della colonna *Nome macro*, poi impostiamo le stesse due azioni `VaiAControllo` e `TrovaRecord`, assegnando all'argomento della prima azione lo stesso valore usato per l'azione precedente e impostando nel modo che segue i sette argomenti dell'azione `TrovaRecord`:

| | |
|---|---|
| *Trova* | `=[Maschere]![IndirizziConRicerca]![txtTrova]` |
| *Confronta* | `Parte del campo` |
| *Maiuscole/minuscole* | `No` |
| *Cerca in* | `Giù` |
| *Come formattato* | `No` |
| *Solo campo corrente* | `Sì` |
| *Trova primo* | `No` |

Alla fine del lavoro di preparazione, salviamo la macro col nome `Trova`: la finestra della macro dovrebbe presentarsi come nella Figura 6.6.

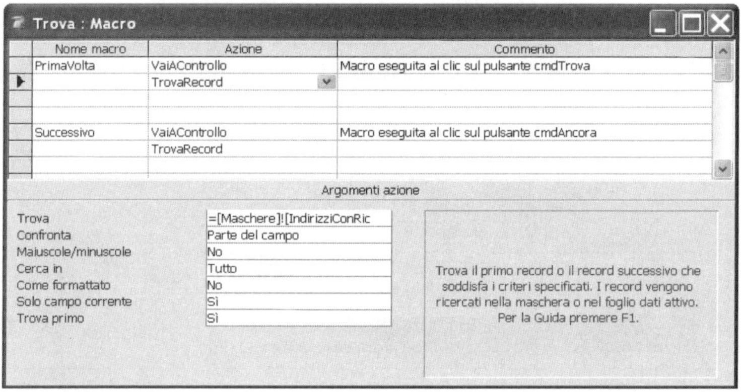


**Figura 6.6** La macro Trova contiene due gruppi di azioni, distinti per nome.

I due gruppi di azioni corrispondono all'esecuzione del comando *Trova* con le impostazioni dell'esempio che abbiamo visto sopra, nel caso del gruppo chiamato PRIMAVOLTA (si veda la Figura 6.4), mentre il gruppo che abbiamo chiamato SUCCESSIVO esegue lo stesso comando, ma esplorando i record successivi a quello trovato quando è stato eseguito il primo gruppo di azioni.

Si tratta adesso di associare l'esecuzione di uno e dell'altro gruppo di azioni della macro TROVA ai due pulsanti di comando, operazione che si esegue semplicemente impostando le loro proprietà *Su clic* in questo modo:

| **Pulsante di comando** | **Proprietà Evento *Su clic*** |
|---|---|
| CMDTROVA | `Trova.PrimaVolta` |
| CMDANCORA | `Trova.Successivo` |

Dopo aver salvato tutte le modifiche, apriamo la maschera INDIRIZZICONRICERCA in visualizzazione Maschera, scriviamo un gruppo di caratteri nella casella di testo con l'etichetta `Cognome da trovare`, premiamo il pulsante di comando con la dicitura `Trova` e otteniamo il risultato che vediamo nella Figura 6.7.

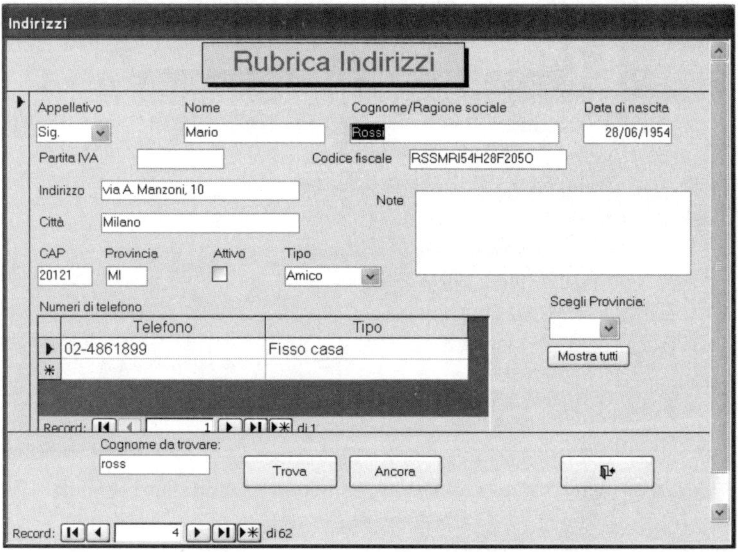


**Figura 6.7** Nella maschera arricchita di funzionalità si può cercare un record che contenga un determinato valore nel campo del cognome.

Dai due semplici esempi che abbiamo presentato fin qui si dovrebbe cominciare a capire l'importanza delle funzionalità aggiuntive di questo tipo per migliorare l'interazione fra l'operatore e l'applicazione Access e il ruolo che le macro possono svolgere per creare e attivare questo genere di funzionalità.

Le azioni macro disponibili in Access 2003 sono 56: organizzandole in gruppi, come abbiamo visto nell'esempio precedente e come si può capire meglio esaminando l'applicazione dimostrativa Northwind, si possono ottenere funzionalità di notevole interesse da aggiungere a maschere associate e non associate per renderle più efficaci e più facili da utilizzare.

***Studiare le macro***

*Come tutti sappiamo, la Guida in linea di Access è spesso ardua e farraginosa da consultare, quindi per studiare le caratteristiche delle azioni macro e farsi un'idea di quello che si può ottenere con questi strumenti è opportuno consultare qualche testo che tratti l'argomento con maggiore chiarezza: a questo scopo può essere utile il libro* Costruire applicazioni con Access, *di Mike Davis, pubblicato da Apogeo, che dedica una sessantina di pagine alle azioni macro e le descrive una per una in modo semplice e accurato.*

Tutto bene, quindi? Le macro offrono tutti gli strumenti di cui potremmo aver bisogno per sviluppare con Access applicazioni gestionali di qualità professionale? Beh, non esattamente, come vediamo nel prossimo paragrafo.

## I limiti delle macro

Torniamo ad aprire la maschera IndirizziConRicerca che abbiamo appena arricchito con la macro Trova e premiamo il pulsante Trova senza aver prima digitato una stringa di caratteri nella casella di testo Cognome da trovare. Sulla nostra maschera si sovrappone una finestra di messaggio Access che segnala un errore (la prima riprodotta nella Figura 6.8). Se, dopo aver letto attentamente il testo della segnalazione, facciamo clic su *OK*, si apre semplicemente una finestra di dialogo, molto criptica (la seconda della figura), nella quale l'unica opzione che ci è concessa è chiuderla con un clic sul pulsante *Interrompi*.

La prima segnalazione di errore non è un capolavoro di chiarezza, ma il testo del primo capoverso fa capire – a chi conosce i termini tecnici di Access – che non è stato possibile eseguire l'azione macro `TrovaRecord` perché non le è stato passato un valore per l'argomento *Trova*, che è, ovviamente, obbligatorio. Il resto del messaggio è quasi impenetrabile e induce a sperare che, premendo il pulsante *OK*, si possa risolvere il problema che ha causato l'errore: ma non è così, perché la successiva finestra di messaggio è soltanto per addetti ai lavori e non consente alcun intervento correttivo. Chiuso il secondo avvertimento ci si ritrova davanti alla maschera, sulla quale non è stata eseguita alcuna azione.

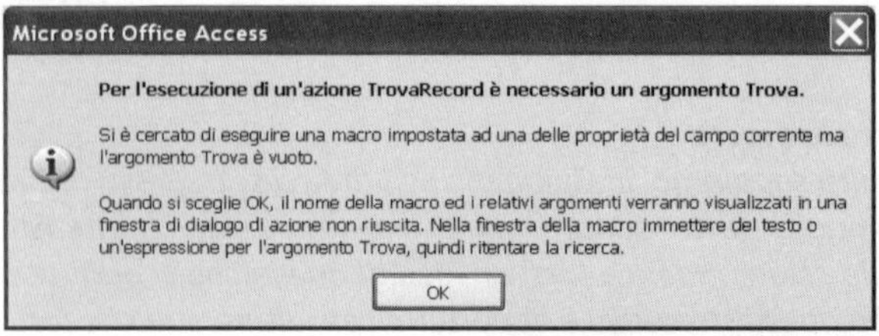


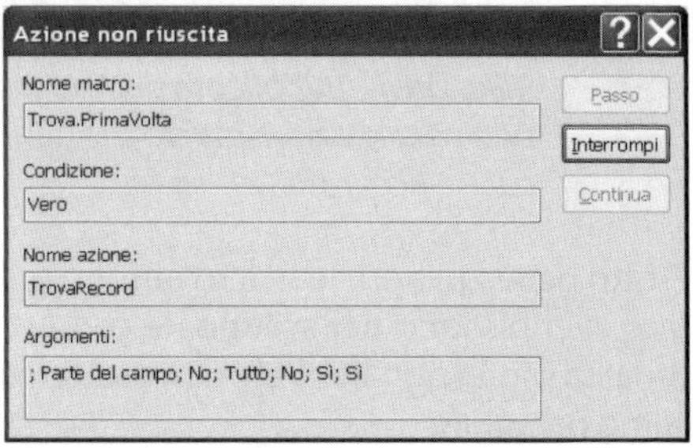


**Figura 6.8** Le segnalazioni di errore generate da una macro.

Qualche lettore potrebbe obiettare che non ha senso premere il pulsante di comando Trova nella maschera IndirizziConRicerca senza aver prima digitato nella apposita casella un testo da trovare. Giusto, non ha senso, ma può succedere, per una svista, una manovra sbagliata o altre imperscrutabili e imprevedibili ragioni, che un operatore faccia clic sul pulsante sbagliato nel momento sbagliato.

Una manovra scorretta dell'operatore può provocare uno scompenso all'interno di Access, chiamato *errore di run-time*, cioè un errore che si manifesta durante l'esecuzione dell'applicazione e la blocca.

Gli errori di run-time non sempre sono generati da manovre sbagliate dell'operatore. Per esempio, stiamo lavorando tramite una maschera su una tabella che risiede nel disco rigido di un altro computer collegato in rete: se qualcuno spegne quel computer si verifica un errore di run-time, perché la maschera non "vede" più i dati ai quali è associata. Errori di run-time possono manifestarsi anche quando si usano dati organizzati in modo scorretto; immaginiamo di avere una query di calcolo che ottiene una serie di valori dividendo il contenuto del campo di una tabella per quello del campo di un'altra tabella: se in uno dei record della seconda tabella il campo usato come divisore contiene un valore zero, quando la query lo prende in considerazione si verifica un errore di run-time, perché in aritmetica non è consentito dividere un numero per zero.

Quando si verifica un errore di run-time dovuto a una manovra scorretta dell'operatore (non *se* si verifica, ma *quando*, perché succede sempre) e a maggior ragione se l'errore dipendesse da altre cause, l'applicazione non deve bloccarsi, non deve dare segnalazioni di errore inintelligibili e deve consentire a chi ha sbagliato di rimediare. Tutto questo con le sole macro non si può fare, purtroppo: per gestire correttamente i potenziali errori di run-time bisogna utilizzare routine VBA scritte *ad hoc*, con le quali si può intercettare un errore, dare a chi sta usando l'applicazione spiegazioni chiare e rassicuranti e metterlo in condizione di proseguire nel suo lavoro senza intoppi.

# I moduli

Le azioni macro sono, in realtà, routine o funzioni predefinite, scritte in linguaggio Visual Basic for Applications, che vengono completate con i valori previsti come argomento per ciascuna azione. Per questa loro caratteristica è possibile convertire una macro in una funzione VBA, da utilizzare come tale, integrandola con opportuni enunciati per gestire eventuali errori dell'operatore.

Per la conversione di una macro nel suo equivalente in codice VBA bastano un paio di comandi dati dal menu principale di Access. Proviamo quindi a convertire la nostra macro TROVA per vedere che cosa succede.

Nel pannello *Macro* della finestra *Database* selezioniamo la macro da convertire (TROVA, in questo caso), quindi dal menu *Strumenti* scegliamo il comando *Macro* e da questo il sottocomando *Converti macro in Visual Basic*, ottenendo l'apertura della piccola finestra di dialogo che è riportata nella Figura 6.9.

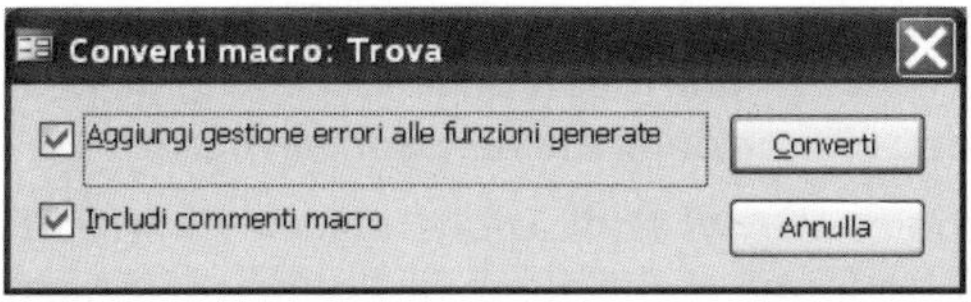


**Figura 6.9** Le opzioni per la conversione in VBA di una macro.

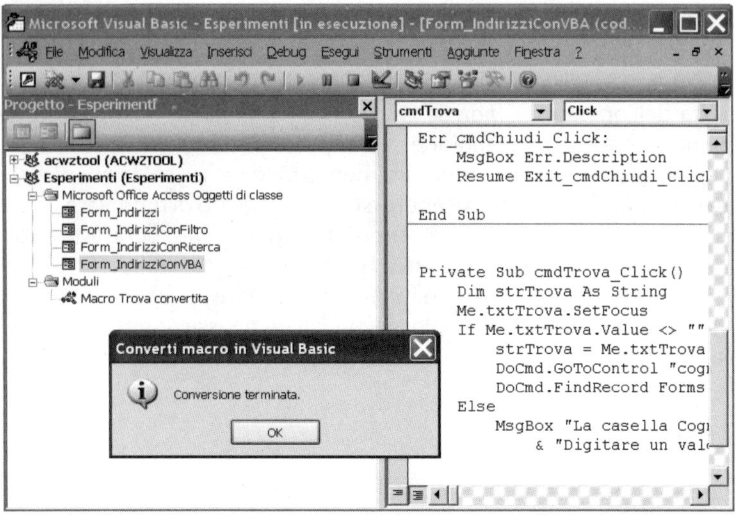


**Figura 6.10** La fine della conversione della macro in VBA viene segnalata con la contestuale apertura dell'Editor di Visual Basic.

Spuntiamo entrambe le caselle di controllo e facciamo clic sul pulsante *Converti*. Dopo un attimo si apre una nuova finestra, quella dell'Editor di Visual Basic, sulla quale campeggia una finestra di messaggio che ci avverte che la conversione è terminata (Figura 6.10).

Chiudiamo la finestra di messaggio con un clic su OK e restiamo di fronte alla nuova finestra, che è quella dell'Editor di Visual Basic, aperta su un modulo chiamato MACRO TROVA CONVERTITA.

Nel Capitolo 1 abbiamo esaminato brevemente i moduli e l'Editor di Visual Basic col quale i moduli si gestiscono, si creano e si modificano, quindi sappiamo con che cosa abbiamo a che fare. Quando riceve un comando di conversione di una macro in VBA, Access apre l'Editor di Visual Basic e gli fa creare un nuovo modulo, che salva automaticamente col nome `Macro xxx convertita`, dove `xxx` è il nome della macro (che rimane nella sua forma originale nel pannello *Macro*).

Il modulo contiene il codice VBA di ogni azione macro, completata con i suoi argomenti, sotto forma di funzione. Gli enunciati VBA che costituiscono le due funzioni ottenute dalla conversione delle due azioni della macro TROVA sono riportati qui di seguito:

```
'------------------------------------------------------------
' Trova_PrimaVolta
'
'------------------------------------------------------------
Function Trova_PrimaVolta()
On Error GoTo Trova_PrimaVolta_Err

   ' Macro eseguita al clic sul pulsante cmdTrova
   DoCmd.GoToControl "CognRagSoc"
   DoCmd.FindRecord Forms!IndirizziConRicerca!txtTrova, _
   acAnywhere, False, , False, acCurrent, True

Trova_PrimaVolta_Exit:
   Exit Function

Trova_PrimaVolta_Err:
   MsgBox Error$
   Resume Trova_PrimaVolta_Exit

End Function


'------------------------------------------------------------
' Trova_Successivo
'
'------------------------------------------------------------
Function Trova_Successivo()
On Error GoTo Trova_Successivo_Err

   ' Macro eseguita al clic sul pulsante cmdAncora
   DoCmd.GoToControl "CognRagSoc"
   DoCmd.FindRecord Forms!IndirizziConRicerca!txtTrova, _
   acAnywhere, False, acDown, False, acCurrent, False

Trova_Successivo_Exit:
   Exit Function

Trova_Successivo_Err:
   MsgBox Error$
   Resume Trova_Successivo_Exit

End Function
```

Le righe di codice che iniziano con un apostrofo (e che nell'Editor di Visual Basic sono evidenziate in verde) sono *commenti*, ricavati dai commenti che avevamo scritto nella griglia della macro o generati automaticamente dal processo di conversione.

Anche le righe che terminano con il carattere due punti non sono enunciati, come non lo sono i commenti, ma *etichette*, come si chiamano nel gergo VBA, cioè segnaposti utilizzati dagli enunciati che gestiscono gli errori.

Gli enunciati operativi veri e propri, che eseguono le azioni macro convertite, in questo caso sono quelli che iniziano con la parola chiave `DoCmd`, quindi quattro in tutto, due per l'azione PRIMAVOLTA e due per l'azione SUCCESSIVO; gli altri enunciati servono per la gestione degli errori.

Per capire come funziona questa gestione bisogna sapere che, normalmente, gli enunciati che compongono una routine o una funzione vengono eseguiti uno dopo l'altro fino all'enunciato di chiusura; se si verifica un errore, di qualunque tipo, l'esecuzione della routine si arresta.

Il primo enunciato che si trova subito dopo il nome della funzione ha il compito di intercettare qualunque errore di run-time e di saltare l'esecuzione degli enunciati operativi, andando a eseguire quelli che vengono dopo una etichetta:

```
On Error GoTo Trova_PrimaVolta_Err
```

Tradotto in italiano, questo enunciato dice: "In caso di errore vai direttamente all'etichetta Trova_PrimaVolta_Err".

Subito sotto l'etichetta `PrimaVolta_Err` si trovano due enunciati, il primo presenta una finestra di messaggio con un testo predefinito e il secondo:

```
Resume Trova_PrimaVolta_Exit
```

è l'ordine di continuare l'esecuzione della funzione (dopo che l'utente ha chiuso la finestra di messaggio), riprendendo dal punto segnato da un'altra etichetta (`Trova_PrimaVolta_Exit:`). Dopo questa etichetta c'è un enunciato:

```
Exit Function
```

che fa chiudere la funzione.

La struttura della funzione ottenuta convertendo la macro SUCCESSIVO è identica, cambiano soltanto le etichette, generate automaticamente a partire dal nome della macro.

Per vedere l'effetto che si ottiene usando il codice VBA ottenuto dalla conversione delle macro, non dobbiamo fare altro che modificare il riferimento alla macro TROVA nella casella della proprietà *Su clic* dei due pulsanti di comando, in questo modo:

| **Pulsante di comando** | **Proprietà Evento *Su clic*** |
|---|---|
| CMDTROVA | `=Trova_PrimaVolta()` |
| CMDANCORA | `=Trova_Successivo()` |

Questa notazione significa "Quando il pulsante di comando sente un clic deve chiamare la funzione il cui nome è scritto dopo il segno di uguale" e può essere utilizzata soltanto con le funzioni VBA e non con le routine.

***Funzioni e routine***

*Nel gergo della programmazione le funzioni si "chiamano" mentre le routine si "eseguono": la differenza lessicale nasce dal fatto che le funzioni sono programmi che possono essere eseguiti soltanto con un comando emesso da un oggetto software (che le "chiama"), mentre le routine possono essere eseguite anche con un comando manuale oltre che con un comando emesso da un altro oggetto software.*

*Le funzioni restituiscono il risultato della loro elaborazione all'oggetto software che le ha chiamate, mentre le routine non lo fanno, perché non possono rilevare se l'ordine di esecuzione è venuto da un operatore o da un oggetto software.*

Salviamo le modifiche e proviamo a ripetere deliberatamente l'errore, premendo il pulsante Trova senza aver prima digitato una stringa di caratteri nella casella di testo. L'input incoerente produce un errore di run-time, che viene intercettato dall'enunciato per la gestione degli errori, la funzione si arresta e viene eseguito l'enunciato:

```
MsgBox Error$
```

che apre la finestra di messaggio che vediamo nella Figura 6.11. Si tratta di un messaggio standard, quindi troppo generico per essere di aiuto all'operatore, ma almeno non è ingombrante e farraginoso come la coppia di finestre di messaggio della Figura 6.8.

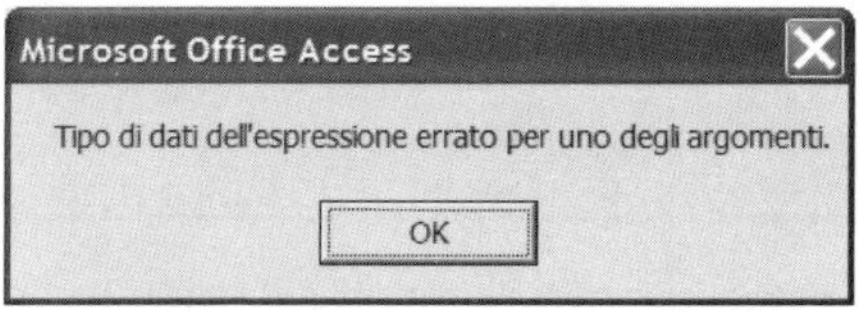


**Figura 6.11** La finestra di messaggio attivata dalla funzione VBA segnala l'errore in un modo diverso.

Possiamo migliorare notevolmente le cose con una semplice modifica dell'enunciato che segnala l'errore. Questo enunciato è composto dalla parola chiave `MsgBox`, un'istruzione che apre una finestra di messaggio, seguita dal nome di una variabile, `Error$`, che contiene la descrizione standard per l'errore rilevato. Mettiamo la maschera in visualizzazione Struttura e facciamo clic sul pulsante *Codice* della barra degli strumenti *Struttura maschera*. Il comando apre l'Editor di Visual Basic dando così accesso alle due funzioni che abbiamo visto prima.

Selezioniamo in ciascuna di esse l'intera riga che contiene l'enunciato `MsgBox Error$` e digitiamo al suo posto l'enunciato seguente:

```
MsgBox "La casella col cognome da cercare è vuota"
```

Salviamo le modifiche, usciamo dall'Editor di Visual Basic e nella finestra di Access apriamo di nuovo la maschera, provocando il solito errore: la segnalazione che compare (Figura 6.12) adesso è più chiara e aiuta l'operatore a capire dove ha sbagliato.

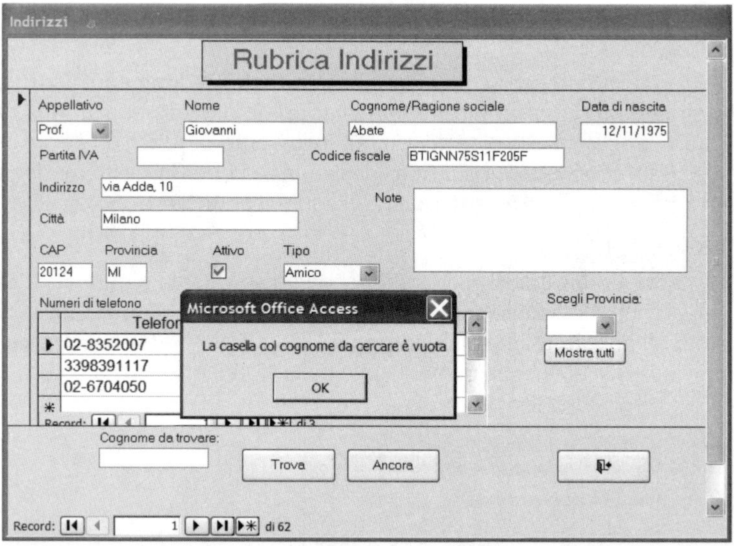


**Figura 6.12** La finestra con un messaggio di errore personalizzato aiuta l'operatore a capire dove ha sbagliato.

I moduli sono contenitori di stringhe di testo, nei quali si scrivono routine e funzioni VBA con l'aiuto dell'Editor di Visual Basic. Dopo aver scritto una routine in un modulo è possibile eseguirla, restando all'interno dell'Editor, per provarla e verificare che i suoi risultati corrispondano a quello che si intende ottenere.

***Scrivere codice di programmazione***

*Nel rispetto delle regole sintattiche rigorose che stanno alla base di tutti i linguaggi di programmazione, si può ottenere lo stesso risultato in molti modi diversi: gli esempi di codice che presentiamo sono, appunto, esempi e non indicazioni vincolanti su come si debbano scrivere le routine e le funzioni VBA.*

Un'applicazione Access può contenere due tipi di moduli: i *moduli standard* e i *moduli di classe.* I primi sono quelli visualizzati nel pannello *Moduli* della finestra Database e possono essere creati liberamente e nel numero che si desidera mediante il comando *Nuovo* nel pannello *Moduli.*

I moduli di classe sono strutturalmente simili a quelli standard, ma non hanno un nome che li individui e può esisterne soltanto uno associato a una maschera o a un report. Un modulo di classe viene aggiunto a una maschera o a un report quando si imposta una delle sue proprietà *Evento* sull'opzione predefinita `(Routine evento)` invece che sul nome di una funzione contenuta in un modulo standard (nel prossimo paragrafo vedremo come si genera un modulo di classe).

Per accedere a tutti i moduli, standard e di classe, contenuti in un'applicazione, si apre l'Editor di Visual Basic e si sceglie il comando *Gestione progetti* dal menu *Visualizza*, ottenendo il risultato che vediamo nella Figura 6.13.

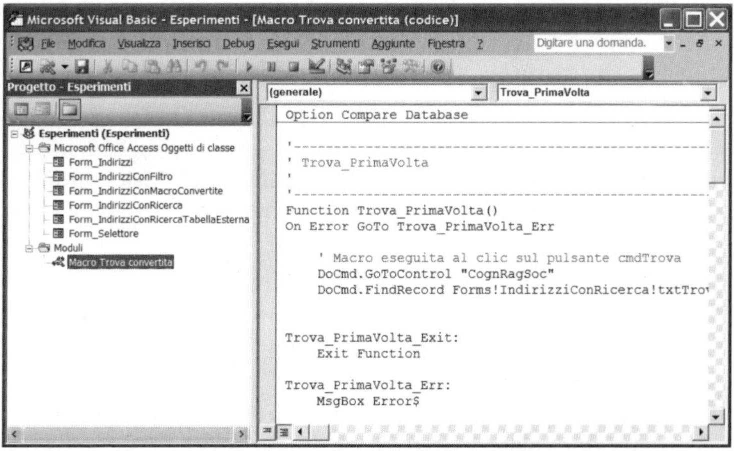


**Figura 6.13** L'Editor di Visual Basic elenca nel riquadro Gestione progetti tutti i moduli presenti nel file .mdb.

Un doppio clic su uno dei nomi elencati nel riquadro di sinistra (quello della *Gestione progetti*) apre nel riquadro a destra (quello dell'Editor vero e proprio) il modulo corrispondente, di classe o standard.

Per lavorare comodamente con l'Editor sul codice di un modulo, dopo averlo aperto con un doppio clic sul suo nome nel riquadro *Gestione progetti* si può chiudere questo riquadro e guadagnare spazio visualizzando soltanto il contenuto del modulo.

## Il linguaggio VBA

Il linguaggio di programmazione Visual Basic for Applications è un sottoinsieme, concepito per le applicazioni Office, di un linguaggio sviluppato da Microsoft per creare applicazioni di qualunque tipo, chiamato Visual Basic, che deriva dal BASIC, un linguaggio nato nel remoto 1964 per insegnare la programmazione dei computer agli studenti delle scuole superiori. Le sue finalità didattiche rendevano il BASIC un linguaggio estremamente semplice da imparare e da utilizzare e questa semplicità è tuttora presente nel Visual Basic e, per estensione, nel VBA, come possiamo vedere dalla breve panoramica che segue.

Il VBA ha un lessico e una sintassi:

- il lessico è composto da una cinquantina di parole chiave, che vanno scritte sempre nello stesso modo;
- la sintassi è un insieme di regole rigide, che stabiliscono come combinare fra loro le parole chiave per ottenere istruzioni ed enunciati.

Le istruzioni sono composte con una o più parole chiave ed equivalgono a ordini dati al computer. Normalmente una istruzione si completa con valori (numeri o stringhe di caratteri) sui quali l'istruzione agisce e l'insieme composto da un'istruzione e dal valore o dai valori che questa utilizza si chiama *enunciato*.

Quasi sempre, invece di scrivere direttamente un valore in un enunciato, si preferisce assegnare un nome convenzionale al valore e scrivere questo nome nell'enunciato; la stringa di caratteri che compone il nome convenzionale assegnato a un valore si chiama *variabile*.

Prima di usare una variabile è necessario definirla mediante un enunciato detto di *dichiarazione*, formato dall'istruzione `Dim`, completata dalla parola chiave As e da un'altra parola chiave che specifica il tipo di dati, nella forma seguente:

```
Dim strSaluto As String
```

il cui significato, in questo caso, è "Definisci una variabile chiamata STRSALUTO con tipo dati `String`".

Vediamo un esempio per capire meglio come funziona questo meccanismo. L'enunciato:

```
MsgBox "Salve ragazzi!"
```

è formato dall'istruzione `MsgBox` completata con il valore assoluto (la stringa racchiusa fra virgolette doppie) sul quale l'istruzione agisce. Eseguendo questo enunciato, si ottiene una finestra di messaggio che contiene al suo interno il testo della stringa.

Se scriviamo lo stesso enunciato nella forma:

```
MsgBox strSaluto
```

l'istruzione `MsgBox` agisce sulla variabile STRSALUTO, il cui contenuto può essere definito a parte, con un enunciato detto di *assegnazione* fatto in questo modo:

```
strSaluto = "Salve ragazzi!"
```

oppure in quest'altro:

```
strSaluto = "Signori buongiorno!"
```

Il segno di uguale usato negli enunciati di assegnazione non stabilisce un'uguaglianza, ma assegna alla variabile, il cui nome si scrive a sinistra, il valore posto a destra del segno. Nel caso di variabili che rappresentano stringhe, il valore che si assegna va racchiuso fra virgolette doppie, mentre, se si assegna un valore numerico, lo si scrive senza virgolette.

La piccola routine esemplificativa che la Figura 6.14 mostra all'interno dell'Editor di Visual Basic, quando viene eseguita apre la finestra di messaggio che compare sotto, nella stessa figura.

Modificando l'enunciato di assegnazione nel modo evidenziato dalla riga in grassetto:

```
Sub TestMessaggio()
   Dim strSaluto As String
   strSaluto = "Signori buongiorno!"
   MsgBox strSaluto
End Sub
```

la routine apre, invece, la finestra di messaggio riprodotta nella Figura 6.15.

Nelle routine VBA si può lavorare con le proprietà degli oggetti Access semplicemente richiamando in un enunciato il nome dell'oggetto e quello della proprietà che si intende utilizzare, congiungendo i due nomi con un carattere punto oppure punto esclamativo

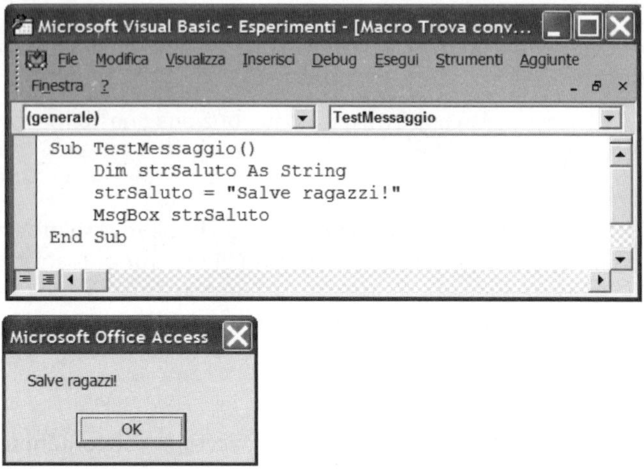


**Figura 6.14** Una semplice routine VBA che apre una finestra di messaggio quando viene eseguita.

**Figura 6.15** Cambiando il valore della variabile cambia anche il contenuto della finestra di messaggio.

I nomi degli oggetti possono essere sostituiti con variabili, che si associano agli oggetti con gli stessi enunciati di assegnazione usati per le variabili che identificano stringhe di caratteri o valori numerici.

All'interno di Access gli oggetti sono organizzati secondo una gerarchia che va dal generale al particolare, per cui il riferimento a un controllo che sta in una maschera va scritto in questo modo in un modulo standard:

```
Forms!IndirizziConRicerca!txtTrova
```

specificando così la casella di testo txtTrova che dipende dalla maschera IndirizziConRicerca, che a sua volta appartiene all'insieme predefinito delle maschere, che si chiama `Forms`.

Nei soli moduli di classe la maschera alla quale è associata il modulo è identificata da una variabile predefinita chiamata `Me`, per cui la stessa casella di testo può essere identificata in un modo più conciso:

```
Me.txtTrova
```

se il modulo di classe è associato alla maschera INDIRIZZICONRICERCA. Nulla vieta di utilizzare anche in un modulo di classe la notazione gerarchica completa che abbiamo visto sopra.

I valori che si impostano per le proprietà dei controlli nelle maschere quando si creano o si modificano in visualizzazione Struttura possono essere modificati dinamicamente da una routine VBA, mediante semplici enunciati di assegnazione. Per esempio, se un pulsante di comando chiamato CMDTEST è abilitato (quindi può essere premuto), la sua proprietà *Abilitato* compare impostata su `Sì` nella scheda *Dati* della sua finestra *Proprietà*. Questa proprietà può essere disattivata da un enunciato VBA come questo:

```
Me.cmdTest.Enabled = False
```

e riattivata con quest'altro enunciato di assegnazione:

```
Me.cmdTest.Enabled = True
```

I due enunciati si scrivono in questo modo quando fanno parte di routine inserite nel modulo di classe associato alla maschera che contiene il controllo CMDTEST.

Gli enunciati che compongono una routine VBA vengono eseguiti sequenzialmente fino all'enunciato di chiusura, che di norma è l'ultima riga (`End Sub` oppure `End Function`), ma può essere anche un enunciato `Exit Sub` o `Exit Function`, collocato prima dell'ultima riga.

Come abbiamo visto prima, parlando della gestione degli errori, questa sequenza si interrompe in caso di errore. Può essere necessario modificare la sequenza deliberatamente, passando a eseguire un enunciato o un altro in funzione del valore assunto da una determinata variabile: a questo scopo si utilizza una istruzione particolare, composta dalle parole chiave `If`, `Then`, `Else` ed `End If`, con la quale si formano enunciati che hanno questa struttura

```
If condizione Then
   [enunciati da eseguire se condizione ha valore logico
   Vero]
Else
   [enunciati da eseguire se condizione ha valore logico
   Falso]
End If
```

l'enunciato di *diramazione* che si costruisce con l'istruzione `If`...Then...End `If` può non contenere la clausola `Else`, nel qual caso assume la forma:

```
If condizione Then
   [enunciati da eseguire se condizione ha valore logico
   Vero]
End If
   [enunciati da eseguire se condizione ha valore logico
   Falso]
```

Terminiamo questa breve panoramica delle caratteristiche essenziali del VBA con un cenno alla parola chiave `DoCmd`, che abbiamo già incontrato negli esempi precedenti. `DoCmd` non è una istruzione VBA ma è il nome di un poderoso oggetto software interno ad Access, in grado di eseguire tutte le azioni macro e lo si utilizza per costruire enunciati molto complessi che hanno la forma:

```
DoCmd.azione argomento1, argomento2, , , argomentoN
```

dove *azione* è il nome di una delle azioni che si possono eseguire con le macro, eccetto alcune (otto, per l'esattezza) e i vari *argomento1*, *argomento2* e così via sono gli argomenti specifici di ciascuna azione; l'ordine in cui vengono elencati gli argomenti permette all'oggetto `DoCmd` di distinguerli uno dall'altro. Per molte azioni è obbligatorio un solo argomento, che va scritto subito dopo il nome dell'azione, separato da uno spazio, mentre gli argomenti facoltativi si possono omettere. Se, però, si scrive espressamente il nome di un argomento facoltativo omettendone alcuni, la loro omissione va segnalata con l'inserimento di una virgola, come nell'enunciato che segue:

```
DoCmd.FindRecord Forms!IndirizziConRicerca!txtTrova,
   acAnywhere, , , , acCurrent, False
```

Ancora un'annotazione: gli enunciati VBA si scrivono su una sola riga, che può estendersi per un numero mostruoso di caratteri. Per non perdere l'orientamento quando si scrive codice VBA è consentito scomporre la riga di un enunciato particolarmente lungo in più spezzoni, avendo cura di inserire nel punto di cesura uno spazio seguito da un trattino basso, in questo modo:

```
DoCmd.FindRecord Forms!IndirizziConRicerca!txtTrova, _
   acAnywhere, False, acDown, False, _
   acCurrent, False
```

Il trattino basso preceduto da uno spazio può essere inserito soltanto dopo un punto o una virgola, cioè nella posizione in cui inizia un elemento distinto dell'enunciato, come nell'esempio indicato sopra. Non è consentito ricorrere a questa tecnica per spezzare righe molto lunghe che assegnano una stringa di testo a una variabile; per esempio, se volessimo attribuire a una variabile chiamata STRDANTE i primi versi della *Divina Commedia*, non è consentito scrivere l'enunciato di assegnazione come segue:

```
strDante = "Nel mezzo del cammin di nostra vita
   ritrovai per una selva oscura, _
   ché la diritta via era smarrita"
```

ma bisogna segmentare la stringa in sottostringhe, ciascuna racchiusa da virgolette doppie, congiungendole con l'operatore di concatenamento, che è il carattere &, in questo modo:

```
strDante = "Nel mezzo del cammin di nostra vita mi" _&
   "ritrovai per una selva oscura, " _& "ché la diritta
   via era smarrita"
```

Sempre per migliorare la leggibilità del codice, si usa inserire una tabulazione in testa ad alcune righe per evidenziare la loro appartenenza a un gruppo omogeneo. Queste tabulazioni non hanno alcun effetto sull'esecuzione del codice.

## Un esempio articolato

Sulla scorta di questa breve panoramica del linguaggio Visual Basic for Applications proviamo a sviluppare un esempio un po' più articolato di quelli visti finora, per capire meglio come si possono aggiungere funzionalità alle maschere di un'applicazione; con l'occasione, esaminiamo anche come si integrano istruzioni SQL in routine VBA.

Abbiamo visto come impostare un filtro su un campo PROVINCIA per ridurre il numero dei record da esplorare con una maschera INDIRIZZI. Sviluppiamo ora una maschera di servizio che consente di fare un passo in più: selezionare una provincia e ottenere contestualmente nella stessa maschera un elenco dei soli nomi delle persone e delle imprese registrate nella tabella INDIRIZZI che corrispondono alla provincia selezionata, come nella Figura 6.16.

Creiamo una maschera non associata che salviamo col nome `Selettore`, dopo aver impostato le proprietà barre di spostamento, pulsanti di ingrandimento/riduzione e così via in modo che la maschera abbia l'aspetto che vediamo nella figura.

Inseriamo alla base della maschera un pulsante di comando, al quale assegniamo il nome `cmdChiusura`, impostando su `[Routine evento]` la sua proprietà evento *Su clic*. Nella casella di questa proprietà facciamo clic sul pulsante *Genera* ottenendo la creazione del modulo

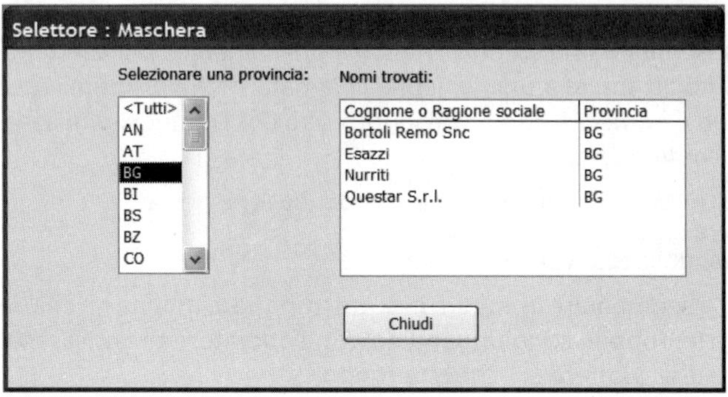


**Figura 6.16** Questa maschera elenca nella casella di riepilogo di destra gli estremi dei record che corrispondono alla provincia selezionata nella casella di riepilogo di sinistra.

di classe della maschera e la contestuale impostazione dello schema vuoto della routine evento. Inseriamo in quello schema un enunciato basato sull'oggetto `DoCmd` in questo modo:

```
Private Sub cmdChiusura_Click()
   'Chiude la maschera
   DoCmd.Close
End Sub
```

Inseriamo due caselle di riepilogo dimensionandole come nella figura e assegniamo a quella di sinistra il nome `ListaProvince` e `NomiRubrica` a quella di destra.

Impostiamo per la casella di riepilogo NomiRubrica queste proprietà:

| **Proprietà** | **Valore** |
| --- | --- |
| *Numero colonne* | `2` |
| *Intestazioni colonne* | `Sì` |
| *Larghezza colonne* | `4 cm;1 cm` |
| *Colonna associata* | `1` |

***Pubblico e privato***

*Quando si attiva la creazione di un modulo di classe associato a una maschera o a un report, i nomi delle routine VBA che vengono automaticamente impostate iniziano con la parola chiave* `Private`. *Le routine così caratterizzate si possono attivare soltanto dall'interno del modulo che le contiene. Volendo rendere accessibile una routine anche da altre parti, si sostituisce* `Private` *con la parola chiave* `Public` *o si omette il qualificatore.*

Apriamo la finestra *Proprietà* della casella di riepilogo LISTAPROVINCE e digitiamo nella casella *Origine riga* della scheda *Dati* la seguente istruzione SQL:

```
SELECT DISTINCT Prov FROM Indirizzi UNION SELECT
   "<Tutti>" FROM Indirizzi;
```

Questa query non si può generare nella griglia di struttura delle query perché è specifica del linguaggio SQL e non di Access: si tratta di una query detta di *unione* perché usa la parola chiave `UNION` e serve per generare una tabella virtuale che contiene i dati di tutti i record specificati in due o più tabelle senza però includere i record duplicati (per includere i duplicati bisogna aggiungere la parola chiave ALL). La tabella virtuale generata da questa query è quella che si vede nella Figura 6.17: tutte le sigle univoche delle province, in ordine alfabetico, precedute dalla stringa `<Tutti>`, che viene generata dal secondo comando `SELECT`.

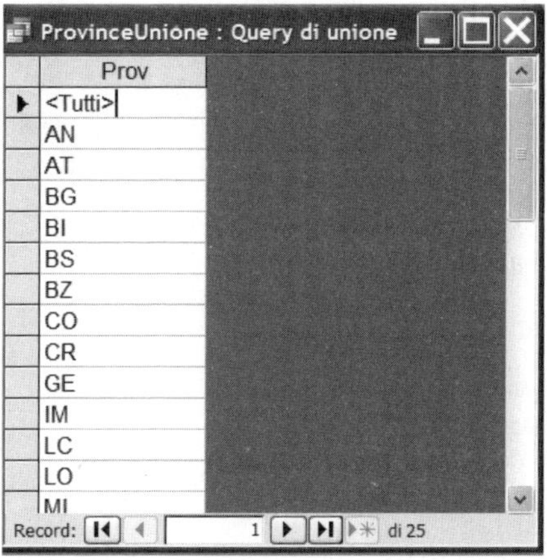


**Figura 6.17** Il risultato della query inserita come origine dati nella casella di riepilogo ListaProvince.

### *Selezionare campi inesistenti*

*L'istruzione SELECT è molto flessibile e consente di selezionare anche campi inesistenti, per cui questa query:*

```
SELECT DISTINCT "<Tutti>"
FROM indirizzi
```

*genera una tabella virtuale formata da un solo record con un unico campo che contiene la stringa* `<Tutti>`.

Passiamo alla scheda *Evento* della finestra *Proprietà* e scegliamo la casella della proprietà *Dopo aggiornamento*, dove selezioniamo l'opzione `[Routine evento]`; facciamo clic sul pulsante *Genera*, provocando la riapertura del modulo di classe generato prima, quando abbiamo inserito la routine evento per il pulsante di comando. Completiamo lo schema della routine evento in questo modo:

```
Private Sub ListaProvince_AfterUpdate()
    'Se nella casella di riepilogo ListaProvince
    'è stato selezionato il valore <Tutti>,
    'imposta la proprietà Origine dati della
    'casella di riepilogo NomiRubrica su una
    'query che estrae i campi CognRagSoc e Prov
    'da tutti i record della tabella Indirizzi...
    If Me.ListaProvince = "<Tutti>" Then
        Me.NomiRubrica.RowSource = _
            "SELECT CognRagSoc AS " _
            & "[Cognome o Ragione sociale], " _
            & "Prov AS [Provincia] " _
            & " FROM Indirizzi " _
            & " ORDER BY Indirizzi.CognRagSoc"

    '... altrimenti imposta la proprietà Origine dati
    'della casella di riepilogo NomiRubrica su una
    'query che estrae i campi CognRagSoc e Prov
    'dai soli record della tabella Indirizzi che
    'hanno nel campo Prov il valore selezionato
    'nella casella di riepilogo ListaProvince
    Else
        Me.NomiRubrica.RowSource = _
            "SELECT CognRagSoc AS " _
            & " [Cognome o Ragione sociale], " _
            & " Prov AS [Provincia] " _
            & " FROM Indirizzi " _
            & "WHERE Prov = '" _
            & Me.ListaProvince & "'" _
            & " ORDER BY Indirizzi.CognRagSoc"
    End If
End Sub

Private Sub NomiRubrica_AfterUpdate()

    'Crea una variabile per contenere il valore
    'selezionato nella
    'casella di riepilogo NomiRubrica
    Dim strSelezione As String

    'Rigenera il contenuto di se stessa
    Me.Recalc

    'Trasferisce nella variabile il valore
```

```
    'selezionato nella
    'casella di riepilogo NomiRubrica
    strSelezione = Me.NomiRubrica

    'Apre la maschera IndirizziConFiltro
    'mostrando soltanto il record
    'che nel campo CognRagSoc contiene
    'il valore assegnato alla variabile strSelezione
    'Attenzione alle virgolette
    'semplici e doppie !
    DoCmd.OpenForm "Indirizzi", , , _
        "CognRagSoc =  '" & strSelezione & "'"
End Sub
```

Salviamo le modifiche e apriamo la maschera in visualizzazione Maschera, che si presenterà, dopo la selezione di un qualunque valore nella casella di riepilogo di sinistra, come nella Figura 6.16.

Adesso che abbiamo un elenco dei soli record della provincia che ci interessa, possiamo selezionare agevolmente il singolo record che vogliamo esaminare facendo clic sul nome che compare nella casella di riepilogo di destra: si apre la maschera INDIRIZZI presentando soltanto il record che ci interessa, come vediamo nella Figura 6.18

Chiudendo la maschera INDIRIZZI si torna alla maschera SELETTORE, dalla quale si può avviare un'altra ricerca.

I commenti inseriti nel codice delle due routine evento dovrebbero essere sufficienti per capire come funzionano. Aggiungiamo comunque qualche chiarimento, in particolare sull'utilizzo delle istruzioni SQL dall'interno di una routine VBA.

La prima routine evento, quella che viene eseguita quando si seleziona un valore nella casella di riepilogo LISTAPROVINCE, è predisposta per assegnare due diverse istruzioni SQL alla proprietà *Origine dati* (in inglese *RowSource*) della casella di riepilogo NOMIRUBRICA; il primo comando SQL ha questa forma, quando la stringa è stata ricomposta dall'operatore di concatenamento &:

```
SELECT CognRagSoc AS [Cognome o Ragione sociale],
   Prov AS [Provincia]
FROM Indirizzi ORDER BY Indirizzi.CognRagSoc
```

e viene eseguita se l'utente ha fatto clic sul valore `<Tutti>` nella casella di riepilogo LISTAPROVINCE; l'esecuzione di questa query genera nella casella di riepilogo NOMIRUBRICA un elenco con i campi COGNRAGSOC e PROV di tutti i record della tabella INDIRIZZI, presentando i due campi con un nome più chiaro (`Cognome o ragione_sociale` e `Provincia`) ottenuto usando la clausola AS.

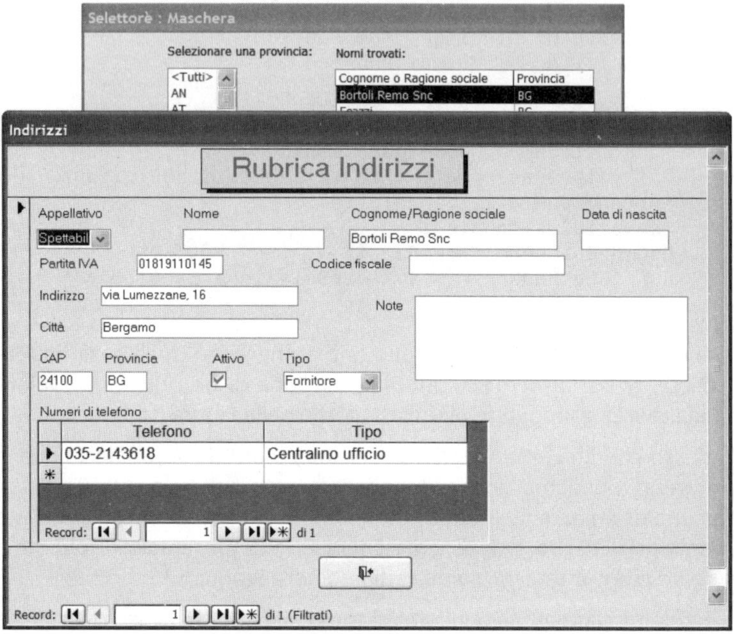


**Figura 6.18** Dalla maschera Selettore si passa direttamente alla maschera Indirizzi, aperta sul singolo indirizzo selezionato nel Selettore.

La seconda istruzione SQL, riportata qui di seguito, ha la stessa finalità ed è quasi uguale alla precedente, però viene eseguita se l'utente ha fatto clic su un valore diverso da `<Tutti>` nella casella di riepilogo ListaProvince e utilizza la clausola WHERE, che stabilisce un criterio di selezione per i record da prendere in considerazione nella tabella Indirizzi: vanno estratti soltanto i record che nel campo Prov hanno lo stesso valore che in quel momento è selezionato nella casella di riepilogo ListaProvince:

```
SELECT CognRagSoc AS [Cognome o Ragione sociale],
   Prov AS [Provincia]
FROM Indirizzi WHERE Prov =  Me.ListaProvince
ORDER BY Indirizzi.CognRagSoc
```

La routine assegna una o l'altra delle istruzioni SQL alla proprietà *Origine record* della casella di riepilogo NomiRubrica mediante un enunciato `If...Then...Else`.

Per effetto delle proprietà impostate per la casella di riepilogo NomiRubrica, questa presenta l'elenco dei suoi valori su due colonne, le colonne hanno un'intestazione generata dalla query SQL e un clic su una delle righe dell'elenco determina l'associazione con il valore della prima colonna.

La routine evento per questo controllo sfrutta l'associazione con la prima colonna e, quando si fa clic su una voce elencata nella casella di riepilogo, trasferisce il valore della prima colonna in una variabile chiamata STRSELEZIONE, definita all'inizio della routine con tipo dati `String`, quindi atta a contenere una stringa di caratteri, qual è il contenuto del campo COGNRAGSOC della tabella INDIRIZZI.

Subito dopo attiva l'oggetto `DoCmd` facendogli eseguire l'azione *TrovaRecord* (*FindRecord*) con gli argomenti necessari, fra i quali, di fondamentale importanza, è l'ultimo, scritto in questo modo:

```
"CognRagSoc =  ' " & strSelezione & " ' "
```

Questo argomento è il valore della *condizione WHERE*, indica cioè il criterio di selezione da utilizzare per l'azione *TrovaRecord*.

Supponiamo che la variabile STRSELEZIONE contenga il valore `Bortoli Remo Snc`: quando la routine viene eseguita, il VBA compone questo spezzone di riga tenendo conto delle virgolette semplici e doppie e degli operatori & di concatenamento e ottiene questo argomento:

```
"CognRagSoc = Bortoli Remo Snc"
```

per cui l'azione dell'oggetto `DoCmd` va a cercare un record che nel campo COGNRAGSOC contenga il valore `Bortoli Remo Snc`.

La successione delle virgolette doppie e semplici utilizzate nella formulazione VBA di questa *condizione WHERE* è di importanza critica. Se non fossero disposte come nella riga che vediamo sopra, il VBA potrebbe comporre l'argomento in questo modo:

```
"CognRagSoc = strSelezione"
```

per cui l'azione *TrovaRecord* andrebbe a cercare un record che contenga nel campo COGNRAGSOC la stringa `strSelezione`, non il valore rappresentato dalla variabile e, naturalmente, non lo troverebbe.

La stessa disposizione di virgolette semplici e doppie vale per la clausola WHERE del secondo enunciato SQL della prima routine evento, scritta in questo modo nel codice:

```
"WHERE Prov = '" & Me.ListaProvince & "'"
```

che viene eseguita dopo essere stata ricomposta nella forma:

```
WHERE Prov = Me.ListaProvince
```

richiamando quindi il valore selezionato nella casella di riepilogo LISTAPROVINCE e non la stringa di caratteri `Me.ListaProvince`.

Concludiamo con questo esempio l'esplorazione degli strumenti Access concepiti per aggiungere funzionalità alle applicazioni database: ulteriori approfondimenti dei due linguaggi di programmazione Visual Basic for Applications e Structured Query Language che si utilizzano nei moduli andrebbero ben oltre i limiti di questa introduzione generale a Microsoft Access e si possono trovare in testi specializzati (come per esempio *Costruire applicazioni con Access*, citato nelle pagine precedenti).

## Strumenti complementari

Nell'ambiente di lavoro di Access sono disponibili numerosi strumenti complementari, che possono essere utili quando si sviluppano applicazioni gestionali. Vediamo brevemente quali sono e a che cosa servono.

### Modelli

Quando si avvia Access si sceglie se aprire un database esistente o crearne uno nuovo; in questo secondo caso, è possibile selezionare nella scheda *Nuovo file* del *Riquadro attività* la voce *In questo computer* dalla sezione *Modelli*, per ottenere l'apertura di una finestra di dialogo intitolata *Modelli*, che, come si vede nella Figura 6.19, ha una scheda *Database* che presenta dieci modelli di applicazioni database.

Un clic su uno dei modelli proposti avvia una *Creazione guidata Database*, molto chiara da seguire per chi ha un po' di familiarità con Access e i database, con la quale si ottiene un'applicazione gestionale completa di dati esemplificativi. In seguito, si può intervenire sui vari oggetti creati automaticamente per modificarli e personalizzarli quanto basta per soddisfare le esigenze specifiche che hanno portato a scegliere quel particolare modello.

Se i dieci modelli che sono disponibili in Access non fossero sufficienti, un clic sull'opzione *Modelli dal sito Office Online*, sempre nella scheda *Nuovo file* del *Riquadro attività*, apre una pagina Web dedicata a Microsoft Office, dove sono reperibili numerosi altri modelli: ovviamente, per utilizzare questa opzione è necessario che il computer sia connesso con Internet.

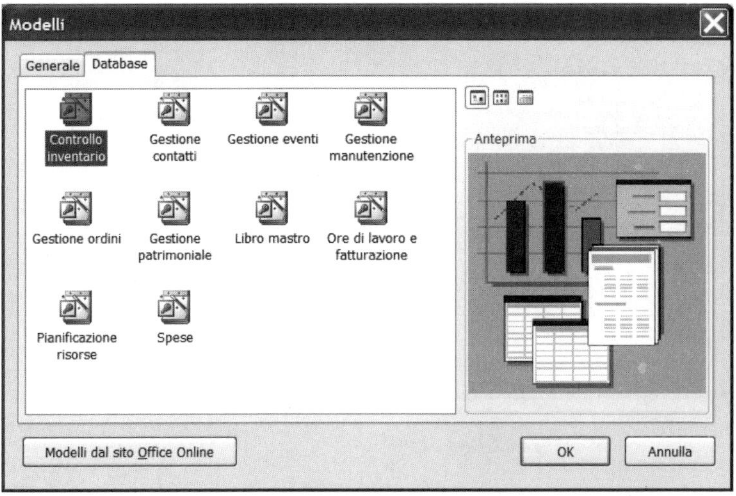


**Figura 6.19** La finestra di dialogo Modelli consente di scegliere un modello predefinito per creare un'applicazione database completa.

## Protezione

Un'applicazione gestionale è di solito uno strumento di lavoro importante, al quale è bene che accedano soltanto le persone qualificate per utilizzarlo. Access mette a disposizione due sistemi per proteggere gli accessi a un file .mdb, uno molto semplice, basato su una password, chiamato protezione a livello di condivisione e un altro, molto più potente ma anche molto complesso da impostare e da gestire, chiamato protezione a livello di utente.

Per proteggere un file Access con una password è necessario aprirlo in modalità esclusiva, cosa che si ottiene selezionando l'opzione *Apertura esclusiva* nell'elenco a discesa associato al pulsante *Apri*, come si vede nella Figura 6.20.

Dopo aver aperto in modalità esclusiva il database da proteggere con una password, dal menu *Strumenti* si sceglie il comando *Protezione* e in questo si seleziona il sottocomando *Imposta password database*: compare una piccola finestra di dialogo che chiede due volte l'immissione della password, la prima per acquisirla e la seconda per avere una conferma; in entrambe le caselle di testo *Password* e *Verifica* mentre si digita

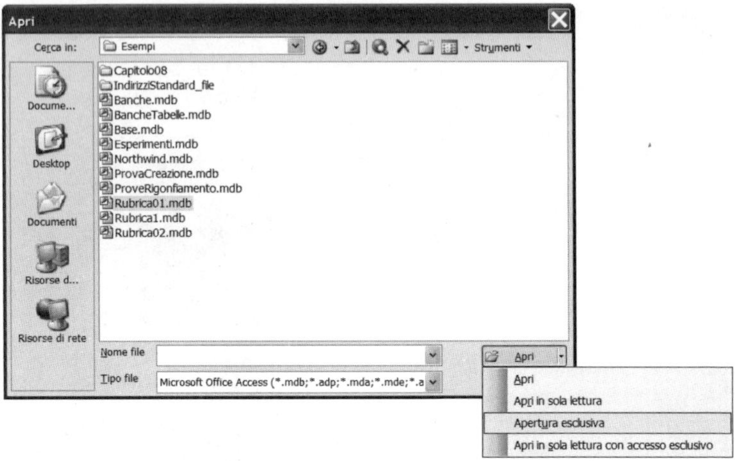


**Figura 6.20** Come si apre un file Access esistente con l'opzione Apertura esclusiva.

la password i suoi caratteri appaiono mascherati da asterischi. Un clic su *OK* conferma l'acquisizione della password per quel file Access.

Successivi comandi di apertura del file Access protetto da password provocano la comparsa di una finestra di dialogo che chiede l'immissione (una sola volta) della password. Se la password digitata non è quella corretta compare una segnalazione di errore.

Per eliminare la password impostata per un file .mdb è necessario aprirlo in modalità esclusiva, come quando si è creata la password, poi si seleziona il sottocomando *Annulla password database* dal menu *Strumenti/Protezione*. Nella finestra di dialogo che compare si deve digitare correttamente la password esistente da eliminare.

Le varie finestre di dialogo che compaiono quando si lavora con le password sono raggruppate nella Figura 6.21.

Il contenuto di un file Access può essere esaminato con un qualunque editor capace di visualizzare il contenuto di file binari: non è necessario ricorrere a strumenti molto sofisticati, può bastare l'applicazione WordPad, disponibile in tutti i computer che lavorano con qualsiasi edizione di Windows. Una volta aperto con uno di questi strumenti un file .mdb, frammezzo a lunghe serie di caratteri binari si trovano tutte le stringhe alfabetiche contenute nelle tabelle, che sono perfettamente leggibili, anche se il file Access è protetto da password.

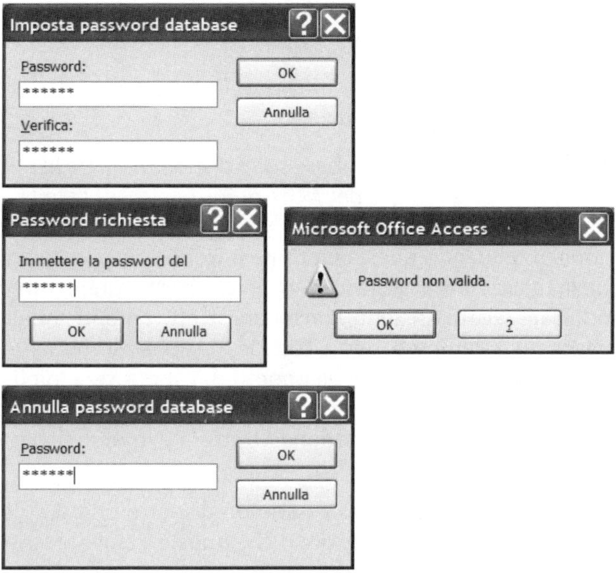


**Figura 6.21** Le finestre di dialogo per gestire la protezione di un file Access mediante password.

Quando un'applicazione database contiene dati molto delicati e che è bene proteggere da sguardi indiscreti (cartelle cliniche, per esempio, valutazioni di risorse umane e simili) la sola protezione mediante password non basta: è necessario cifrare o crittografare il file. A questo scopo si può usare il comando *Codifica/Decodifica database*, accessibile dal menu *Strumenti/Protezione* quando è aperto un file Access. Dando questo comando si apre una finestra di dialogo *Codifica database con nome*, tramite la quale si sceglie il nome da assegnare a una copia del file .mdb, che verrà salvata in forma codificata; l'originale, non codificato, andrà eliminato o trasferito su un supporto esterno.

Per togliere la codifica, dopo aver aperto un file .mdb che è stato codificato si emette di nuovo il comando *Codifica/Decodifica database*: Access constata che il file aperto è codificato e presenta una finestra di dialogo *Decodifica database con nome*, dalla quale si può salvare una nuova copia, non più codificata e con un nome diverso, dello stesso file .mdb.

Aprendo con un editor di file binari un file Access che è stato codificato, si potrà constatare che non è visibile alcuna stringa di caratteri alfabetici che abbia senso, mentre lo stesso file è perfettamente utilizzabile quando lo si apre con Access e non viene richiesta alcuna operazione di decodifica per accedere ai dati.

## Ambiente di lavoro personalizzato

Quando si apre un'applicazione database sono disponibili tutte le funzionalità di Access, oltre a quelle specifiche predisposte per l'applicazione. Questo va molto bene mentre si lavora a mettere a punto un'applicazione, ma quando questa è pronta e viene consegnata agli operatori che la utilizzeranno per accedere al database, inserire nuovi record o modificare record esistenti, consultare selettivamente tabelle mediante maschere e stampare report, tutte le funzionalità che servono per la modifica delle strutture degli oggetti devono essere inibite, per evitare che gli operatori, deliberatamente o per errore, portino qualche oggetto Access in visualizzazione Struttura e lo modifichino, devastando così l'applicazione.

Per evitare che questo accada, è necessario predisporre una serie di vincoli all'utilizzo di un'applicazione, dopo che questa è stata messa a punto e ben collaudata, eliminando dall'ambiente di lavoro tutto quello che non serve, quindi menu, barre degli strumenti e così via. Lo strumento da utilizzare si chiama *Avvio*, lo si attiva dal menu *Strumenti* e presenta la finestra di dialogo riprodotta nella Figura 6.22.

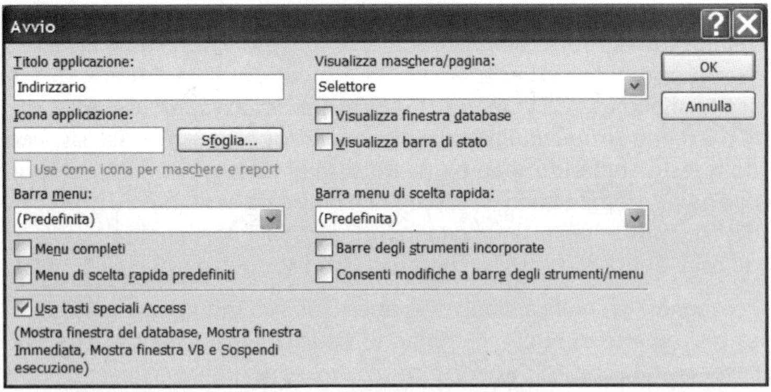


**Figura 6.22** La finestra di dialogo Avvio serve per impostare il modo in cui si presenta Access quando si apre una specifica applicazione.

Nella finestra di dialogo *Avvio* si può digitare un nome che serva da titolo per l'applicazione, associandolo eventualmente con un'icona (comparirà nella barra del titolo) che si può selezionare nel disco rigido del computer premendo il pulsante *Sfoglia*.

Nella casella combinata *Visualizza maschera/pagina* si seleziona l'oggetto Access da aprire al momento dell'avvio dell'applicazione. Le sette caselle di controllo consentono di abilitare o disabilitare la comparsa della finestra Database, dei menu e delle barre degli strumenti predefiniti di Access o di scegliere se visualizzare soltanto barre di menu e di strumenti personalizzate, create appositamente per l'applicazione. Deselezionando tutte le caselle di controllo, all'avvio dell'applicazione non è disponibile alcuno strumento col quale modificare l'applicazione, inibendo così di fatto ogni manovra dell'operatore che non sia fra quelle previste specificamente per lui da chi ha creato l'applicazione.

Per vedere l'effetto delle impostazioni che si possono dare nella finestra di dialogo *Avvio* creiamo un nuovo file Access e vi importiamo gli oggetti principali con i quali abbiamo fatto esperimenti finora: le tabelle INDIRIZZI, TELEFONI e TIPOTELEFONO, le maschere INDIRIZZI, TELEFONI e SELETTORE, la query QRYLISTAPROVINCE.

Salviamo il nuovo file Access col nome `Indirizzario.mdb`, quindi modifichiamo leggermente la struttura della maschera SELETTORE in modo che si capisca meglio a che cosa serve: useremo questa maschera come apertura dell'applicazione INDIRIZZARIO.

Impostiamo quindi, tramite la finestra di dialogo *Avvio*, le opzioni opportune per l'avvio, nel modo indicato sopra (si veda la Figura 6.22).

Chiudiamo ora l'applicazione, uscendo anche da Access e torniamo ad avviare Access aprendo il file INDIRIZZARIO.MDB. La finestra dell'applicazione Access si apre nel modo che vediamo nella Figura 6.23.

Dalla finestra dell'applicazione aperta in questo modo, l'operatore può agire soltanto sulla maschera SELETTORE (che viene aperta contestualmente con l'apertura dell'applicazione) e tramite questa sulla maschera INDIRIZZI.

Nella finestra Access non sono visualizzate barre degli strumenti e i comandi di menu sono ridotti. Se l'operatore chiude la maschera SELETTORE, premendo il suo pulsante CHIUDI, il menu si riduce a un solo comando *File*, dal quale può scegliere soltanto il comando *Esci*, che chiude l'applicazione e chiude Access.

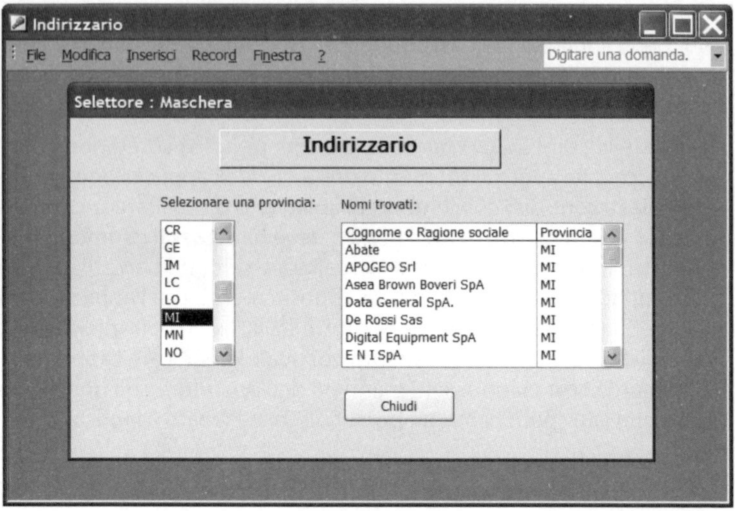


**Figura 6.23** Un'applicazione aperta con impostazioni di Avvio personalizzate.

Le impostazioni predisposte nella finestra di dialogo Avvio si attivano automaticamente quando si apre un'applicazione. Se fosse necessario intervenire su un'applicazione che è stata privata, come quella dell'esempio, di tutte le funzionalità di modifica, basta disattivare le impostazioni per l'avvio ricorrendo a un semplice trucco: dopo aver aperto Access, si seleziona l'applicazione che interessa nella finestra di dialogo *Apri* e in questa si dà il comando *Apri* tenendo premuto il tasto Maiusc; l'applicazione si apre nel contesto completo di Access, con tutte le barre dei menu e degli strumenti attive. Sarà bene evitare che gli utenti finali apprendano questo trucco.